中国历代名言精编

本 社 编

戚同仁 注释·今译·释意

上海古籍出版社

编纂者

编 例 说 明

　　中国古代文化典籍浩如烟海,其中,不乏饱含哲理,启人智慧,造语精警生动的名言。欣赏、涵咏、准确引用先人的这些名言,不仅对广大学生立志、明理、学习、陶冶情操,有着潜移默化的作用,还可使他们谈吐增色,笔下生花。但是学生在繁忙的学习中要寻觅一条自己需要的名言,无异于大海捞针,甚或茫然不知所措。有鉴于此,我们编纂了这本《中国历代名言精编》,旨在根据学生的需求,阅读习惯,选目上求精,编例上有所创新,使之既具有"致用"功能,又便于学生观览和采撷,从而省却翻检之劳。

　　一、本书共收上自先秦,下迄清末,包括诸子百家、正史笔记、诗词歌赋、散文小说、戏曲杂著等各类体裁作品中的名言佳句共1940条。按朝代先后顺序排列,分为先秦、秦·汉、三国·晋·南北朝、隋·唐·五代、宋·辽·金·元、明·清。每一朝代内,又以单个作家为小类(按生卒年先后排列),再择其名言列于下。

　　二、凡所收名言皆出自某作家的一本专著或一篇作品,标题中作家和书名(或篇名)并出。如是出自某作家的多部专著或多篇作品,标题只具作家名。

　　三、每一词条后面依次有:出处、注释、白话翻译、说明意或比喻意、艺术特色、用法。

　　1. 出处。选自专著者,标明书名、卷次;选自单篇作品者,只具篇名。

　　2. 注释。包括字、词、句意、读音,以及人名、地名等。限于篇幅,凡所引典故，理解难度较大，或文字冗长者，则概述其意，并注明出处。典故在本书重出者，也分别注释。

3. 白话翻译。多数条采用直译，不便直译则意译，极少数浅显易懂者不译。

4. 说明意或比喻意。先指出原说明意或比喻意，然后再阐明现在使用的说明意或比喻意。

5. 艺术特色。主要是诗、词、散文，只言片语，点到为止，不作发挥。偶尔引用诗话、词话中的前人评语，目的在于开拓学生思维，使他们不仅知其然，而且知其所以然。

6. 用法。名句的用法不尽相同：或仍用原意，或用其比喻义、引申义，或被赋予新意，或反其意而用之；或用于嘲讽，或用于褒扬与批评。诸如此类，均择其要者，结合名言意蕴加以阐明，以便于学生领会，能准确运用于实践中。

四、为了便于检索，书末附有"词目笔画索引"。

继《中学版古文观止》、《中学版古诗观止》、《中学版四书五经》、《中学版唐诗三百首》、《中学版宋词三百首》之后，我们又推出了这本《中学版历代名言精编》，希望它也能和已出版的"中学版"丛书一样，不是一块燕石，而是一块璞玉，真正成为同学们的良师益友，小书架上不可或缺的励志、参考的精品读物。

2010 年 11 月

目 录

先 秦

《周易》

天行健,君子以自强不息。《易·乾》 天:指自然界。健:刚强。息:停止。 自然的运行刚强劲健,君子也要这样努力向上,永不止息。 这是中国人民励人和自勉的名言,也是炎黄子孙在谋生活、求发展的过程中体现意志力的一种美德。

同声相应,同气相求。《易·乾》 声:声调。气:气质。 声调相同的互相应和,气质相同的互相寻求。 后指志趣相同的人能互相呼应,气质相同的人能互相投合。 造语整饬,具有很强的概括力。

积善之家必有余庆,积不善之家必有余殃。《易·坤》 余:遗留。庆:幸福。殃:灾祸。 好事做得多的人家必然会把幸福传给子孙,坏事做得多的人家必然会把灾祸留给后人。 仅就家风好坏对后代具有重大影响而言,这两句话仍有其现实意义。

虎视眈眈,其欲逐逐。《易·颐》 眈眈(dān dān):向下注视的样子。逐逐:急于获利的样子。 二句形容为急于满足贪欲而凶狠地注视着。 造语生动,富于形象感。

仁者见之谓之仁,知者见之谓之知。《易·系辞上》 仁者:指有仁德的人。知:通"智",聪明。 谓有仁德的人看见它说它符合仁的要求,聪明的人看见它说它符合智的要求。 说明不同的人对事物会有不同的看法。后概括为"仁者见仁","智者见智","见仁见智"。

方以类聚,物以群分《易·系辞上》 方:道术。 二句是说:道术有类,事物有群,而它们各自的异同,导致它们的分离或聚合。 后被改为成语"物以类聚,人以群分",多用以指坏人与坏人常常凑在一起。

二人同心,其利断金。《易·系辞上》 利:锋利。金:金属。 大意是:两个人只要志同道合,就像锋利的刀剑可以截断金属。 比喻同心同德,力量就大,做事就容易成功。

上交不谄，下交不渎。《易·系辞下》
谄(chǎn)：谄媚。渎(dú)：轻慢。
二句意为：与上级交往不奉承，有
自尊；与下级交往不轻慢，有礼貌。

**安而不忘危，存而不忘亡，治而不
忘乱。**《易·系辞下》　安：平安，太
平。治：安定。　在平安的时候
不能忘记危难，在生存的时候不能
忘记灭亡，在安定的时候不能忘记
混乱。　三句昭示：安危、存亡、
治乱都是相互倚伏、互相转化的；
处在有利的条件下，要警惕不利的
一面。无论是修身还是治国，都应
全面地看待。后人常用"居安思
危"或"安不忘危"来概括这一思想。

《书》

克勤于邦，克俭于家。《书·大禹谟》
克：能够。邦：古代诸侯封国之
称，后指国家。俭：节俭。　能
够辛勤地为国家效力，能够节俭持
家。　成语"克勤克俭"本此，意
思是既能勤劳，又能节俭。后也用
作"勤俭建国，勤俭持家"。据说这
是帝舜评论大禹的话，前句指他尽
力于治水工程，后句指他饮食菲
薄，居处简陋。

满招损，谦受益。《书·大禹谟》
自满会招来损害，谦虚会得到教益。

德惟善政，政在养民。《书·大禹谟》

惟：是。　所谓德就是管好政
事，而施政的目的在于养护人民。
这反映了中国上古开明的统治者
对政治工作的理解。

任贤勿贰，去邪勿疑。《书·大禹谟》
贤：有德有才的人。贰：不专一。
邪：恶，这里指坏人。　任用贤
人不要有二心，除掉坏人，不要
疑惑。

无稽之言勿听，弗询之谋勿庸。
《书·大禹谟》　稽(jī)：查核。
弗：不。询：询问。庸：用。
没有根据的话不要听从，不与大家
共商的意见不能采用。　据说
这是帝舜在禅位前嘱咐大禹的话。
表现了中国上古时代的政治家不
信虚言，不自以为是的明智思想。

能自得师者王，谓人莫己若者亡。
《书·仲虺之诰》　王(wàng)：称
王，统治天下。莫己若："莫若己"
的倒装，没有能比上自己的。　意
谓能够主动求得圣贤为师的君主
可以成就王业，如果认为任何人都
不如自己的统治者必将灭亡。

用人惟己，改过不吝。《书·仲虺之
诰》　二句大意是：用别人的主
张如同推行自己的主张一样认真，
改正错误坚决彻底，不加文饰。
据记载，这是商代大臣仲虺(huǐ)称
述汤不自以为是，不坚持错误的美
德。商汤能否如此姑且不论，但这
两句话对后人在施政、修身方面是

有参考价值的。

与人不求备,检身若不及。《书·伊训》 与:通"举",选拔。备:完备。检:收敛,约束。身:自身。二句大意是:选用人的时候,不能要求十全十美;而约束自己却该严格,好像处处不如别人。 提出用人和律己的原则。

天作孽,犹可违;自作孽,不可逭。《书·太甲中》 孽(niè):灾祸,罪恶。违:避开,避免。逭(huàn):逃避。 二句是说:上天降下的灾祸,经过救助和自己的努力,还可以避开;自己犯下的罪过却是逃不脱的,责任终须自己来负。告诫人们要加强自我修养,谨言慎行,切不可造罪作孽。

若升高,必自下;若陟遐,必自迩。《书·太甲下》 陟(zhì):登,行进。遐(xiá):远。迩(ěr):近。如果向高处攀登一定自下边开始;如要往远方去,一定从近处起步。说明做任何事情,都必须循序而渐进,不可一蹴而就。

民罔常怀,怀于有仁。《书·太甲下》 罔(wǎng):无。怀:归向。 大意是:民心没有永远不变的归向,而归向于能施仁政的人。 这是在警告统治者,如果你暴戾昏庸,人民就要离开你,去拥护同情和关心百姓的统治者。 说明人民能够明辨是非,而且有能力选择自己的政治道路。

有言逆于汝心,必求诸道;有言逊于汝志,必求诸非道。《书·太甲下》 逆:抵触,违背。汝:你。诸:"之,于"二字的合音,其。逊:恭顺。四句大意是:如果别人的话违背了你的心意,你要从中探求它合理的部分;别人的话顺从了你的心意,你要从中找出不合理的部分。提醒人们正确对待别人的顺耳之言和逆耳之言,这反映了一个人的修养。

官不及私昵,惟其能;爵罔及恶德,惟其贤。《书·说命中》 私昵(nì):亲近爱幸的人。惟:独,仅。罔(wǎng):不。恶德:指品行坏的人。 意谓不任用自己爱幸的人为官,只任用有才能的人;爵位不赏赐给品德恶劣的人,只赐予有才德的人。 这是商代大臣傅说向商王武丁进言中的几句,希望武丁任贤使能,公正无私。

惟事事乃其有备,有备无患。《书·说命中》 惟:句首助词。乃:你。其:句中助词,表示期望。患:忧患,灾祸。 做任何事情之前都要有准备,有准备才能不发生灾祸。 直到今天,"有备无患"仍是深入人心的至理和广为流传的名言。这是商大臣傅说向商王武丁进言中的两句。

无启宠纳侮,无耻过作非。《书·说命中》 无：勿。启：开。纳：接受。耻过：以过错为耻而加以掩饰。 不要为求宠的人开方便之门，引来对自己的侮慢；不要为了掩饰小错误，而发展成为大错误。

非知之艰，行之惟艰。《书·说命中》 艰：困难。 懂得道理并不困难，实行它才是最困难的。 二句反映出上古时代先民重视实践的思想。

为山九仞，功亏一篑。《书·旅獒》 仞（rèn）：古代长度单位，周制八尺为一仞。亏：差，欠。篑（kuì）：盛土的筐。 堆筑很高的土山，只差一筐土没有成功。 告诫人们做事要认真，要贯彻始终，善始善终。后以成语"功亏一篑"比喻一件事只差最后一点没有完成，表示惋惜。

不学墙面，莅事惟烦。《书·周官》 莅（lì）：临，到。惟：则。 二句意为：如果不学知识，就像面对墙壁，于世事一无所知，办起事来则必烦乱堪。 古人已认识到，学习知识，可以充实自己，了解世事，而且办事也有了准则，不至于误入歧途。

作德心逸日休，作伪心劳日拙。《书·周官》 逸：安闲。休：美，善。大意是：行善积德的人心情安逸，越来越趋于完美；弄虚作假的人心力疲惫，越来越显得窘困。 常

做善事，好事，于己于他人有利，反之则害己害人。古人的告诫值得记取。

《诗经》

如切如磋，如琢如磨。《诗·卫风·淇澳》 切：用刀斧截割。磋（cuō）：磨治象牙。琢（zhuó）：雕镂玉石。磨：用沙石磨擦。切磋指治骨角，琢磨指治玉石，都是工艺要求较严格的工作。 二句本是比喻道德上的不断进修，后来兼指学问上的不断研讨。现在"切磋"和"琢磨"都是商量、研究的意思。

称彼兕觥，"万寿无疆"！《诗·豳风·七月》 称：举杯称颂。兕（sì）觥（gōng）：带角兽形的饮器。万：多。疆：穷尽。 举杯互相祝福长寿无极。 这是《七月》末章的最后两句，写农夫聚在一起，举行年终宴会的情形。"万寿无疆"本是劳动农民相互祝贺的话，以后却成了歌颂皇帝的专用语。

它山之石，可以攻玉。《诗·小雅·鹤鸣》 攻：制作，这里专指雕磨玉器。 别的山上的粗石，可以用来打磨玉器。 比喻虚心向别人学习，取人之长，补己之短。这两句诗来自劳动实践，它以质朴的语言，道出一条含义丰富的真

理。后人常用"攻错"来比喻借鉴别人的长处改正自己的过失。

好言自口,莠言自口。《诗·小雅·正月》　莠(yǒu):丑。　不管好话,坏话,人的嘴是什么都讲得出的。　《正月》是一首忧国愤世的抒情诗,这里摘出的两句,其意思跟俗语"人嘴两张皮,言是又言非"一样,只是略为含蓄,给人玩味的余地更大一点。

战战兢兢,如临深渊,如履薄冰。《诗·小雅·小旻》　战战:恐惧的样子。兢兢:戒备的样子。临:到。渊:深水或潭。履(lǚ):踩踏。　提心吊胆,如同走近深潭,如同踏着薄冰。　诗人用人人都有的生活经验来说明自己的畏惧心情。现在概括为成语"临深履薄",比喻处境艰险,必须十分谨慎。

不敢暴虎,不敢冯河。《诗·小雅·小旻》　暴虎:徒手打虎。冯(píng)河:徒步渡河。　两句都指不敢冒险。　后人则用"暴虎冯河"成语,比喻冒险行事。《论语·述而》载孔子的话:暴虎冯河,死了也不悔悟的人,我不打算跟他共事!可见孔子是欣赏这两句诗并加以应用的。

骄人好好,劳人草草。《诗·小雅·巷伯》　骄人:指专会进谗言的人。因他们进谗得宠,跌扈骄横,所以称之骄人。好好:小人得志所表现出的傲慢的样子。劳人:劳碌的人,指被谗的人。草草:忧愁、神伤的样子。　二句意为:进谗而骄傲的人得意洋洋,遭谗而辛劳的人则灰溜溜的。　写出了得意的人和失意的人之间两种精神状态的对比。

溥天之下,莫非王土;率土之滨,莫非王臣。《诗·小雅·北山》　溥(pǔ):同"普",普遍,全面。率土之滨:循行水滨所到的地方。古人认为中国四周都有大海,因而举国土周围的水滨来概括全国。率,循,沿着。　整个天下都是周天子的国土;四海之内所居住的人都是周天子的臣民。　后人常用这四句话指称独占、专权的统治状况。

高山仰止,景行行止。《诗·小雅·车舝》　仰:瞻望。止:句末助词,无实义。景行(háng):大道。遇到高山就尽情瞻望,遇到大路就顺利通行。　这两句诗本来是描述娶亲的车子,马匹驯良,赶车人艺高,在途中顺利行驶的情形。后来把"高山"比为道德崇高,把"景行"比为行为正大,概括为"高山景行"的成语,意思是品德像大山一样崇高的人,就会有人敬仰他;行为光明正大的人,就会有人效法他。

靡不有初,鲜克有终。《诗·大雅·

荡》 靡（mǐ）：无，没有。鲜（xiǎn）：少。克：能。 没有人不肯善始，但很少有人能够善终。《荡》是西周末年的诗，可能是一位年老的大臣为伤周王朝衰败而作的。诗中讲了治国为君的道理。这里摘出的两句，是诗人长期体察社会生活得出的总结，指办事凭着热情开个头是容易的，但要坚持到底就难了。

白圭之玷，尚可磨也；斯言之玷，不可为也。《诗·大雅·抑》 圭（guī）：一种玉制礼器，上尖下方。玷（diàn）：白玉上的斑点，引申为缺点、错误。 白玉之圭有了斑点还可以磨掉，话要讲错了就不可收拾了。

匪面命之，言提其耳。《诗·大雅·抑》 匪：同"非"。命：教，告。大意是：非但当面指教，而且要提耳叮咛。后紧缩为成语"耳提面命"，形容教诲殷切或耐心嘱咐唯恐不周。

诲尔谆谆，听我藐藐。《诗·大雅·抑》 诲：教导。尔：你。谆谆（zhūn）：恳切的样子。藐藐（miǎo）：轻视疏意的样子。 二句大意是：我不知疲倦地教诲你，你却对我的话不以为意。

令仪令色，小心翼翼。《诗·大雅·烝民》 令：善，美。仪：态度。色：脸色。翼翼：恭敬的样子。二句是称赞周宣王的贤臣樊侯仲山甫道德修养高，大意是说他态度好，表情和善，办事恭顺小心。现在常用"小心翼翼"来形容言行十分谨慎，丝毫不敢疏忽。

既明且哲，以保其身。《诗·大雅·烝民》 明：指能辨是非。哲：指能察善恶。 既能辨是非又能察善恶的人，能够保全自己。后以"明哲保身"指回避斗争保全个人利益。

予其惩，而毖后患。《诗·周颂·小毖》 予：我。其：将。惩：受到损伤而知警戒。毖（bì）：谨慎。旧说《小毖》是周成王作的，成王经过管蔡之乱，得到许多教训。二句意为：我要警戒过去的教训，慎防以后招来祸患。后以"惩前毖后"说明把以前的错误作为教训，使今后可以谨慎些，不致重犯。

春秋·鲁国·左丘明《左传》

多行不义，必自毙。《左传·隐公元年》 行：做。毙：死亡。 多做坏事的人，一定会自取灭亡。

以德和民，不闻以乱。《左传·隐公四年》 二句大意是：用仁爱的政治团结人民，没听说过以内乱能团结人民。

善不可失，恶不可长。《左传·隐公善不可丢失,恶不能让它滋长。　　明确提示人们要为善去恶。

度德而处之,量力而行之。《左传·隐公十一年》　　度(duó):估计,推测。　　度量自己的德行如何,从而决定怎样处理事情,估量力量大小,从而决定怎样行动。　　谓当有自知之明,不要作不称职的官,不要办不胜任的事。现缩为成语"度德量力"。

匹夫无罪,怀璧其罪。《左传·桓公十年》　　匹夫:指平常的人。璧:平而圆、中心有孔的玉器。　　一个人没有罪,怀藏着美玉就是他的罪。　　比喻人的善往往遭受嫉害。　　据载:虞叔有一块美玉,虞公知道后,便向虞叔索取。虞叔舍不得,但想起周人谚语云云,便赶紧献上美玉,以免遭到虞公的迫害。后也常以"怀璧"喻怀才而遭忌。

一鼓作气,再而衰,三而竭。《左传·庄公十年》　　鼓:击鼓。作:振奋。再:第二次。竭:尽。三句大意是:第一次击鼓进军则士气振奋,第二次,士气已低,第三次,则士气已消耗殆尽了。　　公元前687年,齐国侵鲁,两军战于长勺。鲁庄公听从曹刿的主张,在齐军三通鼓之后,鲁军一鼓之下冲锋,战败了齐军。战后,鲁庄公问曹刿致胜的道理,曹刿回答:"夫战,勇气也。一鼓作气,再而衰,三而竭;彼竭我盈,故克之。"这是综合将士生理、心理状态特点的经验之谈,说明一鼓之际士气最盛,必须充分利用。现在常以"一鼓作气"表示一口气把某事作完。

心苟无瑕,何恤乎无家。《左传·闵公元年》　　苟(gǒu):如果。瑕(xiá):玉上的疵点,这里喻过失。恤(xù):担忧,顾虑。　　二句大意是:扪心自问,如果没有过错,哪里会怕无处安身呢!

不去庆父,鲁难未已。《左传·闵公元年》　　去:离开,这里是使动用法。庆父:春秋鲁国的公子,庄公的弟弟。已:停止。　　二句大意是:不除掉庆父,鲁国的灾难就不能停止。　　鲁庄公死后,庆父连杀了两个国君,鲁国陷于混乱之中。公元前661年,齐桓公派仲孙湫到鲁国探听虚实,仲孙湫回齐,便用这两句话概括地向桓公报告了鲁国的政局。后人常把庆父比作制造内乱的人,成语"庆父不死,鲁难未已"指不除掉制造内乱的祸首,则国家不会安定。

无德而禄,殃也。《左传·闵公二年》　　禄:福。殃(yāng):祸。　　不讲道义居然得福,这可是灾祸啊!　　公元前660年,虢公在渭河之曲侵略犬戎,获胜。大夫舟之侨预料到虢公必将肆无忌惮,引出大祸来,说了这句话就离开虢国,避到晋国去。

一薰一莸，十年尚犹有臭。《左传·僖公四年》 薰（xūn）：香草。莸（yóu）：有臭味的草。 有香味的薰草和有臭味的莸草放在一起，十年以后还会有臭味。 比喻善易尽而恶难消。

辅车相依，唇亡齿寒。《左传·僖公五年》 辅：附于车辐的直木，用以加固。 二句大意是：辅和车是互相依靠的，没有了嘴唇，牙齿就感到寒冷了。 比喻关系密切，相互依存，不可或缺。 公元前628年，晋人再次借虞国的领土为通道以伐虢国。虞国贪图晋国的厚礼，欣然同意。大夫宫之奇向虞公引用这两句谚语，又说："虢，虞之表（外围）也，虢亡，虞必从之。"极力劝阻虞君借道给晋国军队。

欲加之罪，其无辞乎？《左传·僖公十年》 之：其。其：岂。辞：言辞，指借口。 要给别人加上罪名，不怕找不到借口。 公元前650年，晋大臣里克迎立夷吾为晋君。夷吾为洗刷自己篡权的恶名，便对里克说："如果没有你，我不会有今天。不过你已经杀过两个国君和一个大夫了，看来作你的君主岂不太困难了吗？"里克知道夷吾要除掉自己，便对夷吾说："不有废也，君何以兴？欲加之罪，其无辞乎？"接着就自杀了。 现常用

作"欲加之罪，何患无辞"，指以莫须有的罪名故意陷害好人。

皮之不存，毛将安傅。《左传·僖公十四年》 安：何处。傅：附着。 皮都不存在了，毛还能附在哪里？比喻事物失其根本，则将处于无所着落之境。 公元613年，秦国饥荒，向晋国买粮救灾。晋大臣虢射说了这两句话，反对卖粮给秦。本来，晋惠公为报秦穆公协助取得君位之恩，曾许秦焦、瑕两邑，但返国即位后食言，与秦结怨。既然两国友好的基础已经不存在了，办一件卖粮给秦的好事也是无意义的，犹如裘已无皮，毛就没处附着了。

不以一眚掩大德。《左传·僖公三十三年》 眚（shěng）：过失，过错。掩：掩盖，抹杀。 不因一次过失而抹杀他的大功德。

华而不实，怨之所聚也；犯而聚怨，不可以定身。《左传·文公五年》 华：指华美外表。实：指真才实学。 几句大意是：外表华美而肚中却没有真才实学，必成为人们怨恨的对象；冒犯别人而积聚起对自己的怨恨，就不能使自己在社会上自立了。 后来常以"华而不实"比喻外表华美，内容空虚。

畏首畏尾，身其余几？《左传·文公十七年》 畏：怕，惧。其：时间副词，将。 头也怕，尾也怕，身上

还有多少不怕的呢？ 后来常以"畏首畏尾"比喻疑惧过多。

铤而走险，急何能择。《左传·文公十七年》 铤(tǐng)：快跑的样子。二句大意是：事态紧迫，急奔险处，哪里顾得挑选平坦之途呢？这是郑国子家写信给赵宣子解释郑国是在受到晋国无礼对待时才投靠楚国的。 后以"铤而走险"形容走投无路的时候被迫采取冒险行动。

见可而进，知难而退。《左传·宣公十二年》 二句本是用兵的原则，后来泛指根据客观条件采取措施，争取主动，避免被动的处世方法。

民生在勤，勤则不匮。《左传·宣公十二年》 民生：平民的生计。匮(kuì)：缺乏。 平民的生计在于勤劳，勤劳，生活就不会缺乏。

筚路蓝缕，以启山林。《左传·宣公十二年》 筚(bì)路：柴车。蓝缕：破衣服。启：开，引申为开发，开拓。 驾着柴车，穿着破衣服，在林莽之中开拓土地。 后泛喻开创大业的艰难。

虽鞭之长，不及马腹。《左传·宣公十五年》 鞭子虽长，也打不着马的肚皮。 公元前595年，楚国侵宋。次年宋文公向晋国求救。晋大夫伯宗用这两句话劝阻晋景公，指晋国虽强，但对楚国作战是不适宜的。 后以成语"鞭长莫及"比喻想做某件事，但力量达不到。

我无尔诈，尔无我虞。《左传·宣公十五年》 无：不。尔：你。诈、虞：都是欺骗的意思。 我不欺骗你，你不欺骗我。 公元前959年，楚军侵入宋国，经九个月的攻守，双方议和。议和盟誓辞便是这两句话。后来演化为成语"尔虞我诈"或"尔诈我虞"，意思是你欺我骗，互相欺诈。

民之多幸，国之不幸也。《左传·宣公十六年》 多幸：指凭侥幸而生活的人多。 二句意为：老百姓多存侥幸(冒险、投机)之心，这就是国家的不幸了。

欲勇者，贾余余勇。《左传·成公二年》 贾(gǔ)：买。 想要勇力的人，可以买我所剩余的力量。公元前589年，齐晋交战。齐将高固闯到晋军中掷石打人，舍掉自己的战车，驾着夺来的战车，并把一段桑树根拴在车后，高喊这句话，表示自己的勇力过剩。

众怒难犯，专欲难成。《左传·襄公十年》 犯：触犯，抵制。成：实现，成功。 众人的愤怒是难以抵挡的，个人专独的欲望是难以实现的。 昭示了群众力量巨大、独裁不得人心的社会公理。

居安思危，思则有备，有备无患。《左传·襄公十一年》 处于平安的环境里,要想到可能发生的危险,想到了危险,才能有所准备,有了准备,就可以免遭祸患了。　这种不盲目乐观和防患于未然的主张,对修身、治国都有积极意义。

祸福无门,唯人所召。《左传·襄公二十三年》　祸和福并没有定数,都是人的行为所招致的。　鲁大夫季武子把少子悼子立为继承人,而把长子公鉏派为马正(管理马匹的负责人)。公鉏极为恼怒,不肯出任。闵子马劝他到职,并对他说了这两句话。　说明祸福不是天生的、命中注定的,而是人为的。

举棋不定,不胜其耦。《左传·襄公二十五年》　棋:这里指棋子。耦(ǒu):同"偶",这里指一同下棋的对方。　二句大意是:棋局上拿不定主意、举子不下,是赢不了对手的。旨在劝人做事果断,有决心。

言之无文,行而不远。《左传·襄公二十五年》　言:言辞。文:文采。行:流传。　语言如果没有文采,就流传不久远。　这是较早出现的讲究语言艺术的文论。

虽楚有材,晋实用之。《左传·襄公二十六年》　二句大意是:楚国虽有人才,可是被晋国用上了。楚国令尹子木询问声子,晋楚哪国大夫才能高,声子回答:晋国大夫比楚国大夫才能高,他们多来自楚国,却在晋国受到重用。　后缩合为成语"楚材晋用",指人才外流。

人心之不同,如其面焉。《左传·襄公三十一年》　人心不相同,就像人的面貌各不相同一样。　比喻贴切形象,耐人寻思。

未能操刀而使割也,其伤实多。《左传·襄公三十一年》　一个人还不会用刀就叫他去切割东西,必然连连伤到自己。　比喻没有学会本领,就去从事重要工作,只会有弊无利。　郑国权臣子皮要派一个自己喜爱的、年纪很轻、没有经验的去当邑大夫。子产反对这种作法,对子皮说了这两句话。

非宅是卜,惟邻是卜。《左传·昭公三年》　卜:选择。　不是住处需要选择,而是邻居应该选择。指邻人的关怀关系到自己的道德修养,重视精神生活的人把择邻看得比择宅更重要。

礼义不愆,何恤于人言。《左传·昭公四年》　愆(qiān):过失。恤(xù):顾虑。　在礼节、道义上如果没有过错,就不怕别人说长道短。　公元前538年,子产在郑国颁布一项关于纳赋的法令,遭到国内许多人的诽谤。子产便说:"何害?苟(如果)利社稷(国家),死生以之(由它罢)……"又说了上面的两句话,表示不改变主张。

末大必折,尾大不掉。《左传·昭公十一年》　末：树梢。掉：摆动。树梢大了，树干必然会折断，动物的尾巴大了，就不能摇摆。　比喻部下势力太强，就难以指挥得动、无法控制。又比喻一个机构，如果过于庞大，层次过多，也将会指挥失灵。　公元前531年，楚灵王欲立公子弃疾为蔡公，征询申无宇的看法，无宇用这两句话提醒灵王，以为不封为妥。

数典而忘其祖。《左传·昭公十五年》数(shǔ)：查点并数说。典：指国家的典章礼制。　意为：说起国家的典章礼制来，居然把自己祖先的职守忘得一干二净。　后以成语"数典忘祖"指忘本。现在也以此指对祖国的历史一无所知。公元前527年，晋国大夫籍谈到周朝出使，周景王问他晋国何以没有贡物，籍谈回答说，晋国从来没有受到过周王室的赏赐，所以没有器物可献。周王指出从晋的始祖唐叔起就不断受到王室的赏赐，责备籍谈身为晋国司典(掌管典籍的官)的后代，不应该不知道这些史实，说他是"数典而忘其祖"。

三折肱知为良医。《左传·定公十三年》　肱(gōng)：大臂，从肩到肘的部分。　多次折断胳膊，就懂治愈胳膊的医术了。　比喻在某事上吃亏多了，便对某事有深刻的认识。

树德莫如滋，去疾莫如尽。《左传·哀公元年》　滋：多。　二句大意是：立功越多越好，除病越净越好。　公元前494年，吴王夫差在夫椒大败越王勾践。勾践请和，夫差准备应许。伍员反对许和，说了这两句话，把越国比作身上的疾病，非彻底清除不可；主张乘胜进军，灭掉越国。

国之兴也，视民如伤，是其福也；其亡也，以民为土芥，是其祸也。

《左传·哀公元年》　土芥(jiè)：粪土、草芥。　国家兴起时，看待百姓像看待受伤者，倍加爱护，这就是它的福德；国家灭亡时，把老百姓当作粪土草芥，这就是它的祸根了。　意谓国家的兴亡，取决于民心。

春秋·鲁国·左丘明《国语》

防民之口，甚于防川，川壅而溃，伤人必多。《国语·周语上》　壅(yōng)：堵塞。　四句意为：封住老百姓的口，比堵截河水更危险，一旦堵塞滚滚江河的堤防溃决，造成的灾难、伤及的百姓更多。说明民意不可违，治国的关键在于广开言路。　比喻形象，极具说服力。

众心成城，众口铄金。《国语·周语下》　铄(shuò)：熔化。　万众一心，就像坚固的城池一样不可摧毁；众口一词，可以熔化金石。这是伶州鸠引用的两句谚语，用来说明周景王铸大钟劳民伤财，将引起民众不满，必不利于周王室。现常以"众志成城"，比喻大家团结一致，力量就无比强大。又以"众口铄金"，比喻舆论力量很大，后也指众口一词，可以混淆是非。

佐饔者尝焉，佐斗者伤焉。《国语·周语下》 饔(yōng)：烹制菜肴。二句是说：帮人炊事，可以得食；助人斗殴，只会受伤。 指出帮助人做事的性质不同，所带来的祸福也就有异，因此不可不省察其初，谨慎从事。

从善如登，从恶如崩。《国语·周语下》 崩：倒塌。 学好，就像登山一样困难，学坏，就像山崩一样容易。 比喻向上困难，堕落容易。

观其容而知其心矣。《国语·周语下》 容：相貌，形态。 观察他的容貌举止，就可以了解他的内心。

重莫如国，栋莫如德。《国语·鲁语上》 栋：栋梁，比喻担负国家重任的人。 二句意谓：没有比得上国家重要的，国家的栋梁不能不具备高尚的道德。

不厚其栋，不能任重。《国语·鲁语上》 栋：栋梁，比喻担负国家重任的人。任：胜任；承受。 栋梁不粗大，就不能承受房屋的重量。比喻德不高，才不大，就不能担负国家重任。

败不可处，时不可失，忠不可弃，怀不可从。《国语·晋语四》 处：居住。怀：指眷恋私欲。从：依顺，听从。 几句意谓：政事败坏的地方不可以居住，有利时机不可以丢失，忠诚的人不可以抛弃，眷恋私欲的情绪不可以依顺。

国家将败，必用奸人。《国语·楚语下》 奸人：邪恶诈伪的人。国家将要败亡，一定是启用了奸人。

夫谋必素见成事焉，而后履之。《国语·吴语》 素：预先。履：执行，实行。 计谋必预先看到一定可以成功，然后才去实行。意谓做事要讲实效。

得时无怠，时不再来，天予不取，反为之灾。《国语·越语下》 怠：松懈；疏忽。 几句大意是：得到有利的时机，不要懈怠，时机一去，不会再来，天赐的良机不利用，反而会遭受灾难。

春秋·楚国·老聃《老子》

功成而弗居，夫唯弗居，是以不去。《老子·二章》 居：居功。功成而不居功，正因为不躺在功劳簿上，所以他的功绩不会失。

有无相生,难易相成。《老子·二章》　相生:由互相对立而产生。相成:由互相对立而形成。　有和无互相对立而产生,难和易互相对立而形成。　意谓事物都有对立面,互相依存。有朴素的辩证法思想。

多言数穷,不如守中。《老子·五章》　议论太多,必定难以贯彻,所以还不如保持适中的好。

上善若水。水善利万物而不争,处众人之所恶,故几于道。《老子·八章》　恶:讨厌。几于:近乎,接近。　几句意谓:最高的德行好像水,水善于帮助万物而又不和它们相争,却处在众人所讨厌的地方,所以最接近道。

夫唯不争,故无尤。《老子·八章》　尤:过失。　意谓只有不与万物相争,才不会有过失。　这反映了老子与世无争、消极无为的处世哲学。

金玉满堂,莫之能守;富贵而骄,自遗其咎。《老子·九章》　咎:灾祸。　四句意为:财富太多,没有人能永远守住;富贵而骄傲,就会给自己留下祸根。

揣而锐之,不可长保。《老子·九章》　揣(zhuī):捶击。锐(ruì):同“锐”。捶击某物而使之尖锐锋利,难保长久。　比喻为人锋芒太盛必遭挫。

故贵,以身为天下,若可寄天下;爱,以身为天下,若可托天下。《老子·十三章》　若:此,这里指此人。　四句意为:所以受尊重,是把一切献给天下,你就可以把天下的重任担当起来;受爱戴,是把一切献给天下,你就可托以天下重任。

大道废,有仁义;慧智出,有大伪;六亲不和,有孝慈;国家昏乱,有忠臣。《老子·十八章》　大道:指上古时代所遵循的道理、规范。大“道”废弃了,才显出一些人的仁义之心;智慧出现了,才会有严重的诈伪;家庭不和睦,才显得孝慈的可贵;国家陷于昏乱,就会出现忠臣。

见素抱朴,少私寡欲。《老子·十九章》　素:没有染色的丝,这里是朴素的意思。朴:没有加工、雕饰的木材,这里是质朴、淳朴的意思。外表单纯,内心质朴,减少私心,降低欲望。　这是老子的生活方式,认为只有这样人们才能避免争夺,过上和平生活。

少则得,多则惑。《老子·二十二章》　得:获得,收获。惑:迷惑。对于知识,少学反而有收获,贪多反而造成迷惑。　这是少与得、多与惑的对立统一关系。　说明学习知识应少而精,不宜多而杂。

不自见,故明;不自是,故彰;不自

伐,故有功;不自矜,故长。《老子·二十二章》　见:"现",表现。明:明智,明察。自是:自以为是。彰:显著,显扬。伐:夸耀。矜:骄傲。不自我表现,所以能够通达明智;不自以为是,所以能够名声显扬;不自夸其功,所以能够建立功勋劳绩;不自高自大,所以能够长德进业。　老子认为这些是圣人治理天下的主要特征。其实,对普通人而言,也是具有涵养的表现。

善人者不善人之师,不善人者善人资。不贵其师,不爱其资,虽智大迷。《老子·二十七章》　善人:好人。资:借鉴。　好人是恶人的老师,恶人是好人的借鉴。不尊重老师,不重视借鉴,虽自以为聪明,其实糊涂得很。

知止可以不殆。《老子·三十二章》　殆(dài):危险。　知道适可而止,可以避免危险。

知人者智,自知者明。胜人者有力,自胜者强。《老子·三十三章》　智:聪明。　能够了解别人的人,可谓聪明,能够自己认识自己的人,可谓明白通达。能够战胜别人的人,可谓有能力,能够战胜自己缺点、错误的人,可谓坚强。这里强调的是"自知"和"自胜"。

将欲翕之,必固张之;将欲弱之,必固强之;将欲废之,必固兴之;将欲夺之,必固与之。《老子·三十六章》　翕:即翕(xī),收缩的意思。固:通"姑",姑且。　几句意为:想要收敛它,必须暂且扩张它;想要削弱它,必须暂且增强它;想要废弃它,必须暂且兴起它;想要夺取它,必须暂且给予它。翕和张、弱和强、废和与、夺和予都是对立的,同时又互相转化的。它既是一系列克敌制胜的战略原则,也是掌握政权、治理国家的策略。

上德不德,是以有德,下德不失德,是以无德。《老子·三十八章》　最高最完善的"德",不在于表现为形式上的"德",因此就是有"德";最低最肤浅的"德",却拘泥于形式上的"德",因此反而没有德。　强调"德"的完善不在于形式,而在于实质。

贵以贱为本,高以下为基。《老子·三十九章》　高贵以低贱为根本,高大以低下为基础。　说明贵贱、高下的依赖关系。贵贱、高下是对立统一的,失去一方,对方也就不复存在。　这反映了老子朴素的辩证法思想。

大器晚成。《老子·四十一章》　器:原意为用具、器物。后来引申为才能、本领。　最贵重的器物要经长时期锻炼始能成器。　后指能够担当大事的人要经过长期准备和磨炼,往往成名较晚。

甚爱必大费,多藏必厚亡。知足

不辱,知止不殆,可以长久。《老子·四十四章》 甚爱:过分吝惜。费:破费。厚亡:重大损失。殆:危险。 人们对财物过分地贪爱,必致更多的破费。知道满足,就不会遭受困辱。知道适可而止,就不会遇到危险。这样就可以长久。

大直若屈,大巧若拙。《老子·四十五章》 屈:弯曲,歪斜。巧:灵巧。拙:笨拙。 最直的东西表面看好像是弯曲的,最灵巧的人表面看好像是笨拙的。 说明看问题要透过现象看本质。后以"大巧若拙"喻指不自我炫耀的人。

祸莫大于不知足,咎莫大于欲得。《老子·四十六章》 咎:过失。灾祸没有比贪心不足更大的,过失没有比贪得无厌更严重的。告诫人们不知满足和贪得无厌会带来危害和过失,因此人应当知足、寡欲。这反映了老子与世无争的思想。

善者,吾善之;不善者,吾亦善之,德善。《老子·四十九章》 善良的人,我对他好;不善良的人,我对他也好,这样就是品德善良。 老子认为,这样可以使善良的人自勉,不善良的人不自弃,变得善良起来。

善建者不拔,善抱者不脱。《老子·五十四章》 不拔:不动摇。脱:脱离。 善于建立功业的人注意固其本,所以不会动摇,善于保持功业的不贪多,不见异思迁,所以不会脱离自己的功业。

知者不言,言者不知。《老子·五十六章》 知:同"智"。 聪明人不乱说,乱说的不聪明。

以正治国,以奇用兵,以无事取天下。《老子·五十七章》 无事:不造事,不多事。 以光明正大的态度治理国家,以出奇的谋略从事战争,以不造事的原则统领天下。

祸兮,福之所倚,福兮,祸之所伏。《老子·五十八章》 倚:依靠。伏:隐藏。 灾祸里面有幸福的因素依附着,幸福之中有灾祸的根苗隐藏着。 说明祸与福的辩证关系。坏事可以变成好事,好事也可以变成坏事,事物无不向它的相反方向转化。

其政闷闷,其民淳淳;其政察察,其民缺缺。《老子·五十八章》 闷闷:这里意谓宽闷。淳淳:朴实敦厚的样子。察察:精审,这里意谓严苛。缺缺:通"狯狯",狡诈。四句大意是:政治宽闷,百姓就纯厚忠诚;政治严苛,百姓就狡诈。

正复为奇,善复为妖。《老子·五十八章》 正常的可以变为奇特的,善良的又可以变成邪恶的。说明事物可以向其对立面转化。

治大国若烹小鲜。《老子·六十章》

治理大国要像烹小鲜鱼一样。谓忌讳经常打扰它，翻动它。意在说明政令不烦、不扰民才能把国家治好。

图难于其易，为大于其细。天下难事，必作于易；天下大事，必作于小。《老子·六十三章》　图：谋划。作：兴起，开始。　筹划解决难事，要从容易处入手，完成宏大的事业，要从细小的地方做起。因为天下的难事一定由简易开始，天下的大事一定由细小的开始。

为之于未有，治之于未乱。《老子·六十四章》　防止事故应在它发生之前注意，治理国家应在混乱没有发生之前着手。　这里老子以变化发展的观点说明做事应防微杜渐，防患于未然。

合抱之木，生于毫末；九层之台，起于累土；千里之行，始于足下。《老子·六十四章》　毫末：毫毛的末梢，这里指特别细嫩的树芽。九：极言高。　粗大的树木，是从极小的幼苗生长起来的；很高的楼台，是一点一点土堆积起来的；长途旅行，是从脚下迈出第一步开始的。　说明所有事物都有一个由小到大，由低到高，由近及远的发展进程。虽属常言，确是至理。

慎终如始，则无败事。《老子·六十四章》　做事情如果到结束时仍如开始时那么慎重，就不会有失败的事了。　告诫人们做事应谨慎小心，坚持始终如一，才不致功败垂成。

欲上民，必以言下之；欲先民，必以身后之。《老子·六十六章》　要统治百姓，必用言辞对他们表示谦卑；要领导百姓，必把自身的利益放在他们的利益之后。

我有三宝，持而保之：一曰慈，二曰俭，三曰不敢为天下先。《老子·六十七章》　我有三种法宝，掌握和存在手里，那就是仁慈、节俭、不敢走在别人的前头。　因这顺应了对应转化的规律，在需要时仁慈就表现为勇敢，节俭就转化成宽裕，对百姓谦卑，也就能做他们的首领。

抗兵相加，哀者胜。《老子·六十九章》　抗：举。加：当。　两军势均力敌时，充满哀痛的一方会获胜。　这里对士气在战争中的作用，给予了一定的估计。受害一方心情必哀痛，不得已而奋起抗战，同心协力，不怕牺牲，最终必能取得胜利。后缩为成语"哀兵必胜"。

不敢为主而为客，不敢进寸而退尺。《老子·六十九章》　不敢率先进攻而取守势，不敢前进一寸而宁愿先后退一尺。　老子的无为思想在军事上表现为以柔克刚，后发制人。

祸莫大于轻敌。《老子·六十九章》 没有比轻敌带来的灾祸更大。说明用兵打仗不可轻敌的道理。

自知不自见，自爱不自贵。《老子·七十二章》 自知而不自我表现，自己看重自己而不自以为贵。

天网恢恢，疏而不失。《老子·七十三章》 天网：比喻法律或一种道义力量。恢恢：大而无所不包。失：漏掉。 天网恢宏广大，网孔虽稀，却不会有一点漏失。后来用天网恢恢，疏而不漏形容作恶者终究逃脱不了应得的惩罚。

民不畏死，奈何以死惧之。《老子·七十四章》 奈何：为什么。惧：使畏惧。 人民不怕死，为什么用死来威吓他们。 是在警告统治者人民的力量不可忽视，他们在被迫无奈时是不惜牺牲、奋起反抗的。 这反映了老子无为而治、反对刑杀的思想。后也用以表现革命者不怕牺牲的大无畏精神。

天道无亲，常与善人。《老子·七十九章》 天道：天理。与：助，支持。 上天对人是没有偏私的，总爱帮助好人。 说明善有善报。有时作慰勉之词。

鸡犬之声相闻，民至老死，不相往来。《老子·八十章》 这是老子为他理想中"小国寡民"状况所描绘的一幅图景，是他无知无为崇尚自然观点的体现。

信言不美，美言不信。《老子·八十一章》 信：真实。 诚实的语言不一定华美动听，而华美的语言不一定诚实可靠。 揭示了语言的形式与内容不统一的一面，但强调了语言内容真实的重要性。

春秋·鲁国·孔子《论语》

学而时习之，不亦说乎？《论语·学而》 时：按时。习：温习，也有实习演习的意思。说：同"悦"。学过了，再按时去温习它，是件令人高兴的事。

有朋自远方来，不亦乐乎？《论语·学而》 有朋：有的版本作"友朋"。古代同门为朋，同志为友，这里"朋"，泛指志同道合的人。乐：快乐。 意谓有志同道合的朋友在一起，可以析疑解惑，互相切磋，共同长进，其乐无穷。

人不知而不愠，不亦君子乎？《论语·学而》 不知：不被了解和不受重视。 愠（yùn）：怨尤。别人对自己不了解而自己也不因此动怒，这样的人可以称得上君子。 孔子认为自己的学问、才干、德行，即使不为世人所知，无法匡时济世，也还要毫无怨尤地坚持不懈地学习、提高，这才是高尚的人。

巧言令色,鲜矣仁。《论语·学而》
巧言:指鼓动如簧之舌,花言巧语。
令色:指以媚态诒人。鲜(xiǎn):
少。矣:语气词,强调、加重分量。
仁:仁慈,儒家的道德标准。
二句大意是:凡是言辞虚浮不实,
伪饰情貌的人,是很少有仁德的。
表现出孔子对伪善者的憎恶。

吾日三省吾身:为人谋而不忠乎? 与朋友交而不信乎? 传不习乎?《论语·学而》 三:指重复多
次,不确指"三"——虽然此处恰好
列举了三件事。省(xǐng):检查,
反省。传:指老师传授的知识。
几句大意是:我每天多次自我反
省:为人家操心办事尽心了吗? 同
朋友交往诚实吗? 老师传授的知
识复习了吗? 这是孔子的学
生曾子说的话,充分表现了他严于
律己的精神。

见义不为,无勇也。《论语·为政》
见到正义的事,不能挺身而出,是
怯懦的表现。 谓人应当见义
勇为。

温故而知新,可以为师矣。《论语·
为政》 故:指旧的知识。 在
温习旧知识中,能够得到新体会、
新发现,这样的人能够做老师了。

君子不器。《论语·为政》 器:器
皿,用途受到限制。 孔子认为
君子应该知识广博,无所不通,不

能像器物一样只有一定的用途。

学而不思则罔,思而不学则殆。
《论语·为政》 罔(wǎng):迷惑。
殆(dài):危险。 只学习而不
进行思考,就会迷惘而无所得;只
是凭空思考而不学习,那就很危险
了。 论述学习与思考的密切
关系,说明必须将学习与思考有机
地结合起来,才会有所收益。

**知之为知之,不知为不知,是知
也。**《论语·为政》 "是知也"之知,
同"智",明智。 知道就是知道,
不知道就是不知道,这才是最明智
的。 说明对待学问应当采取
实事求是的态度,切忌不懂装懂。

**吾十有五而志于学,三十而立,四
十而不惑,五十而知天命,六十而
耳顺,七十而从心所欲,不逾矩。**
《论语·为政》 有:同"又"。立:
指在社会上自立。不惑:遇事不
惶惑失据。天命:可理解为泛指
自然和社会的发展规律。耳顺:
一听即明,声入心通。矩:规矩,
法度。 几句意为:我十五岁
有志于研究学问,三十岁能够在社
会上自立,四十岁能够辨明是非真
伪而不致迷惑,五十岁理解了自然
和社会发展规律,六十岁一听到别
人说话,就能明白它的微旨,七十
岁能够随心所欲而又合于法度。
启示人们随着年龄的增长,人的知
识、阅历也应不断增多、加深,所以

必须坚持学习,不断学习,一直学到老。 后以"而立之年"、"不惑之年"、"知天命之年"、"耳顺之年",分别代指人的年龄"三十岁"、"四十岁"、"五十岁"、"六十岁"。

诗三百,一言以蔽之,曰:思无邪。《论语·为政》 诗三百:指《诗经》三百零五篇,这里"三百"只是举其整数。蔽:概括。思无邪:原是《诗经·鲁颂·駉》中语,孔子借来总括评论所有诗篇。思,这里当作思想解。 《诗经》三百篇,用一句话来概括它,就是作者的思想完全是纯正的。 这是对《诗经》文字内容最早的评论。

是可忍也,孰不可忍也?《论语·八佾》 孰:疑问代词,什么。 这种行为如果可以容忍,那还有什么是不可容忍的呢? 当时季氏在家里用天子舞系的规格八佾(yì),这种僭越的行为引来了孔子谴责,说了上面这句话。

成事不说,遂事不谏,既往不咎。《论语·八佾》 成事:做过的事。遂事:已经完成的事。谏:制止,挽救。咎(jiù):责备,谴责。几句大意是:已经做了的事不便再劝谏了,已经完成的事不便再救了,已经过去的错误不便责备了。鲁哀公问孔子的学生宰我(名予,字子我)作实(为土神所立的木制牌位)用什么木料。宰我回

答说,夏代用松木人,殷代用柏木,周代用栗木,意思是让人民害怕颤栗。孔子听到后,就说了上面的三句话。言外之意,行动说话要谨慎。成语"既往不咎"即源于此。

不患无位,患所以立。《论语·里仁》 患:忧愁。位:职位,官位。 二句大意是:不愁没有职位,只愁没有任职的本领。

君子喻于义,小人喻于利。《论语·里仁》 喻:明白,懂得。 君子懂得的是义,小人懂得的是利。意谓君子只做合道义的事,小人只做有利益的事。

见贤思齐焉,见不贤而内自省也。《论语·里仁》 齐:仿效,看齐。内自省:省查自己的思想。 看到贤德之士就向他看齐、学习,看见不贤的人,要以之为借鉴,反省自己。

朽木不可雕也,粪土之墙不可杇也。《论语·公冶长》 杇(wū):原意为泥工涂墙的工具,这里用作动词,指粉刷。 二句大意是:朽烂的木头不能雕刻,粪土一样的墙壁无法粉刷。 现常喻指自甘堕落的人不可救药。

敏而好学,不耻下问。《论语·公冶长》 下问:向地位低、知识少的人请教。 才思敏捷而又喜欢学习,不以向不如自己的人请教为

耻辱。　这是一种谦虚好学的精神。成语"不耻下问"出自此。

质胜文则野,文胜质则史。文质彬彬,然后君子。《论语·雍也》
质:朴实。文:文采。史:这里指浮华。彬彬:质朴和文采搭配得很适当的样子。　四句大意是:朴实多于文采,就未免粗野;文采多于朴实,就不免虚浮。文采、朴实配合适当,这才是君子的风度。　孔子认为,完善的人应该是礼乐素养(文)与伦理品质(质)二者兼而备之。成语"文质彬彬"源自此。

中人以上,可以语上也;中人以下,不可以语上也。《论语·雍也》
中人:中等水平的人。语上:讲授较高深的学问、知识。　四句大意是:对中等水平以上的人,可以讲授较高深的学问、知识;对中等水平以下的人,不可以讲授高深的学问、知识。　说明教育学生应因人而异,因材施教。

知者乐水,仁者乐山。知者动,仁者静。知者乐,仁者寿。《论语·雍也》　知者:聪明人,知,同"智"。几句大意是:智者喜欢水,仁人喜欢山。智者活动,仁人沉静。智者快乐,仁人长寿。

己欲立而立人,己欲达而达人。《论语·雍也》　意谓自己要站得住,同时也使别人站得住;自己要事事行得通,同时也使别人事事行得通。　这是孔子论实行仁道的话,反映了一种博施于民的仁爱思想。

学而不厌,诲人不倦。《论语·述而》
厌:满足。诲(huì)教导。　自己学习不感到满足,教诲别人不感到厌倦。　论述了学习和教学的态度,后来用以称誉勤奋学习、耐心教人的好作风。成语"诲人不倦"出自此。

不愤不启,不悱不发。举一隅不以三隅反,则不复也。《论语·述而》
愤:苦苦思索而未想通的样子。启:启发。悱(fěi):内心想说但不能恰当地说出来。发:开导。隅(yú):角落。这里指一个方面。反:同"返",回答。复:再次。几句大意是:教育学生,不到他想求明白而想不通的时候,就不去启发他;不到他想说却又说不出的时候,就不去开导他。举一个方面,而学习者不能推知其他方面怎样,就不再教他了。　这里强调让学生先行思考,老师则在适当的时机加以诱导、启发,搞"启发式"教学。

饭疏食饮水,曲肱而枕之,乐亦在其中矣。不义而富且贵,于我如浮云。《论语·述而》　饭:作动词用,即吃。疏食:泛指粗粮。水:古代"汤"和"水"对言,汤是热水,水是冷水。肱(gōng)：胳膊。　几句大意是：吃粗粮，喝冷水，弯起胳膊当枕头，其中自有乐趣。干坏事而得以升官发财，在我看好像浮云一样，是不值得关心和重视的事情。　　主张安贫乐道，反对蝇营狗苟去谋取富贵。

三人行，必有我师焉：择其善者而从之，其不善者而改之。《论语·述而》　几个人同行，里面一定有能当我老师的人。选择他们的优点而学习，看出缺点而改正或警惕。　告诫人们要虚心地向他人学习。

奢则不逊，俭则固，与其不逊也，宁固。《论语·述而》　逊：谦逊。固：鄙陋。　奢侈显得骄妄，俭朴显得鄙陋，与其骄妄不谦逊，宁可显得鄙陋一些。

君子坦荡荡，小人常戚戚。《论语·述而》　荡荡：广大，宽广。戚戚：忧愁，悲伤。　君子胸怀宽广，无忧无虑，小人则常常忧愁哀戚。孔子认为，有道德修养的人胸怀仁义，无所顾忌，所以心地开朗，思想豁达。小人们追逐名利，患得患失，所以经常忧虑不安。

鸟之将死，其鸣也哀；人之将死，其言也善。《论语·泰伯》　鸟在将死的时候，它的叫声是悲哀的；人在将死的时候，他说的话是善意的。　说明人的临终遗言往往充满善意，值得听取。

士不可以不弘毅，任重而道远。仁以为己任，不亦重乎？死而已，不亦远乎？《论语·泰伯》　士：读书人。弘毅：刚强而有毅力。读书人不可以不刚强而有毅力，因为他负担重，路程遥远。以实现仁德作为自己的责任，这不是很沉重吗？到死才休止，这不是很遥远吗？　说明要担负重任、实现理想，必须意志刚强，准备奋斗终生。成语"任重道远"出自此。

民可使由之，不可使知之。《论语·泰伯》　由：顺从，按照。　老百姓只可以让他们听从指使，而不可以让他们知道这样做的原因。传统的解释认为，这是一种愚民政策，反映了孔子政治思想落后的一面。

不在其位，不谋其政。《论语·泰伯》　谋：参与谋划。　意谓不在那个职位，就不参与考虑那个职位应管的政事。

学如不及，犹恐失之。《论语·泰伯》　做学问好像追逐什么似的，生怕赶不上；赶上了，生怕丢掉。　强调学习要全力以赴，有一种紧迫感；学有所得，又必须加以巩固。

譬如为山，未成一篑，止，吾止也。《论语·子罕》　为山：堆山。篑(kuì)：盛土的筐。　用土堆山，只要再加一筐土便将完成，如果停止了,这是自己停下来的。　告诫人们,事情做与不做,是半途而废还是干到底,都取决于自己而不在于别人。

后生可畏,焉知来者之不如今也。《论语·子罕》　后生:后来者,年青人。焉:怎么,哪里。　年轻人是可怕的(不可估量的),怎能断定后来者赶不上现在的人呢?提醒人们,青年人当中不乏后起之秀,不能轻视他们。

三军可夺帅也,匹夫不可夺志也。《论语·子罕》　三军:军队的统称。匹夫:泛指普通的人。可以使三军丧失主帅,而不能让一个普通的人放弃自己的志向。认为具有崇高信仰、坚定志向的人,是不可能使其改变本志的。

岁寒,然后知松柏之后彫也。《论语·子罕》　彫(diāo):同:"凋",凋零。　天气寒冷了,才知道松柏是最后凋零的。　喻指仁人志士能经得起严酷环境的考验。

知者不惑,仁者不忧,勇者不惧。《论语·子罕》　知:同"智"。惑:糊涂。　三句大意是:聪明人总能保持清醒,仁德的人经常乐观,勇敢的人无所畏惧。　知、仁、勇是孔子提倡的三种美德。

食不厌精,脍不厌细。《论语·乡党》　食:粮食。厌:满足。脍(kuài):细切的鱼、肉。　二句是说,粮食舂得越精越好,鱼肉切得越细越好。　说明孔子很讲究饮食卫生。

食不语,寝不言。《论语·乡党》　吃饭和睡觉时都不说话。　孔子这一主张合乎卫生要求,有其认识价值。

夫人不言,言必有中。《论语·先进》　夫(fú):这。　二句意为:这个人不大开口,一开口就一定中肯。这是孔子对他的学生闵子骞的评价。看来孔子不赞成说废话的人。

君子成人之美,不成人之恶,小人反是。《论语·颜渊》　君子成全别人的好事,不促成别人的坏事,小人却与此相反。　这是对美行善言的褒奖,后多用以指帮助别人实行美好的愿望。

君子以文会友,以友辅仁。《论语·颜渊》　辅:帮助。　君子用文章学问来交友,依靠朋友来帮助自己培养仁德。

其身正,不令而行;其身不正,虽令不从。《论语·子路》　其:这里指处于上位的人,即领导人。领导人本身行为端正,不发命令,老百姓也会跟着行动;若是他本身行为不端正,纵是三令五申,百姓也不会信从。　告诫领导者必须以身作则,为人表率。

无欲速,无见小利。欲速,则不达;见小利,则大事不成。《论语·

子路》　几句意谓：不要贪图快，不要只顾眼前的小利。只想快，反而达不到目的；只顾眼前小利，就办不成大事。　孔子认为施政不要急于求成，不要因小失大。后多以成语"欲速则不达"泛指做任何事不要急于求成。

君子和而不同，小人同而不和。《论语·子路》　二句意为：君子彼此团结友爱，但有不同意见仍要进行争论，小人之间虽然嗜好相同，但彼此却勾心斗角，争名夺利。指出人们之间能否团结友爱，关键在于个人修养的高低。

君子泰而不骄，小人骄而不泰。《论语·子路》　泰：镇定，安适。君子镇定安适而不骄傲自大，小人骄傲自大而不镇定安适。

士而怀居，不足以为士矣。《论语·宪问》　士：读书人。怀：怀恋，留恋。居：安居。　读书人如果留恋安逸的生活，便够不上做读书人了。　说明读书人要学有所成，就应该做好艰苦奋斗的准备。

有德者必有言，有言者不必有德。仁者必有勇，勇者不必有仁。《论语·宪问》　四句意为：有高尚道德的人一定能说出合乎道德的嘉言，但是能说出嘉言的人不一定有高尚道德。仁爱有德的人一定勇敢，但是勇敢的人不一定仁爱有德。　孔子认为，"仁德"是一切道德品质的基础，又是一切优良表现的源泉。因之，有了"仁德"，便有了一切。

贫而无怨难，富而无骄易。《论语·宪问》　贫穷却没有怨恨，很难；富贵却不骄傲倒容易做到。

君子耻其言而过其行。《论语·宪问》　君子把所说的超过所做的当作可耻的事。　反对说得多做得少，或说得好而做得差。

不患人之不己知，患其不能也。《论语·宪问》　患：忧虑，担心。不己知：即"不知己"，不了解自己。不担心别人不了解自己，而应担心自己没有能力。　提示人们要努力提高自己的各方面能力，不必介意别人的各种看法。

不逆诈，不亿不信。《论语·宪问》　逆：迎。亿：同"臆"，推测。二句大意是：不预先猜测别人的欺诈，也不凭空怀疑别人的诚实。

以直报怨，以德报德。《论语·宪问》　直：公平正直。　应该用公平正直回答别人对自己的怨恨，用恩德报答别人对自己的恩德。　因有人主张"以德报怨"，孔子认为那样不妥，若那样的话，报恩德用什么呢？所以说了这两句话。

不怨天，不尤人，下学而上达。《论语·宪问》　怨：怨恨。尤：责备。不抱怨天，也不责怪别人，学习社会上的普通知识，却透彻地理解了高深的道理。 这是孔子感叹自己不被理解时说的话。后用以说明,在处境不利的时候,并不一味抱怨客观因素,而从主观上找原因。

可与言而不与之言,失人;不可与言而与之言,失言。智者不失人,亦不失言。《论语·卫灵公》 几句意为:可以同他言谈的,却不同他谈话,这是错过人才;不可以同他谈话,却同他谈话,这是浪费语言。聪明人既不错过人才,也不浪费语言。 强调跟人谈话,要知人慎言。

志士仁人,无求生以害仁,有杀身以成仁。《论语·卫灵公》 志士仁人不能因贪生而损害仁德,却甘愿献出自己的生命以保全仁德。后概括为成语"杀身成仁",多指为信仰、正义而牺牲生命。

工欲善其事,必先利其器。《论语·卫灵公》 工:工匠。善:使动用法,使其事善。这里指做好。利:使动用法,使锋利,使精良。器:工具。 二句大意是:工匠要把活干好,一定先要磨利他的工具。比喻要做好一件事,事先就必须做好充分准备。

人无远虑,必有近忧。《论语·卫灵公》 虑:思考、谋划。忧:忧患。人不作长远考虑,必然会有眼前的忧患。 告诫人们凡事应深谋远虑,不能只顾眼前的利益。

君子疾没世而名不称焉。《论语·卫灵公》 疾:这里指遗恨。到死而名声不被社会所称述,君子引以为恨。

君子求诸己,小人求诸人。《论语·卫灵公》 诸:"之、于"合音。君子要求自己,小人只是要求别人。

君子矜而不争,群而不党。《论语·卫灵公》 矜(jīn):庄重。争:争执,争斗。群:合群。党:为了私利而互相勾结。 君子庄重而不与人争执,能够合群而不结党营私。

君子不以言举人,不以人废言。《论语·卫灵公》 举:推举,举荐。君子不光凭人家说得好听就提拔他,也不因为人家犯过错误,就舍弃他说的正确的话。 提醒人们看待一个人应注重于实际行动,并持发展的眼光。

己所不欲,勿施于人。《论语·卫灵公》 施:给予。 自己不愿意的事物,不要强加给别人。这是孔子对"恕"所作的解释。现在常用来表示,要设身处地为别人着想,体谅、爱护别人,亦不失为一种高尚品质。

小不忍,则乱大谋。《论语·卫灵公》 忍:忍耐。乱:扰乱,败坏。小事不忍耐,就会败坏大事。告诫人们,应在小事上谦让忍耐,不要因计较小事而影响大局。

众恶之,必察焉;众好之,必察焉。 《论语·卫灵公》 恶:讨厌。好:喜爱,称赞。 大家都厌恶的人,一定要亲自考察他;大家都喜爱的人也一定要考察他。 强调要弄清大家厌恶或喜爱某个人的原因,切忌人云亦云。

过而不改,是谓过矣。 《论语·卫灵公》 过:错误。 有错误而不改正,那个错误便真叫做错误。

君子忧道,不忧贫。 《论语·卫灵公》 道:这里指儒家的仁德。 君子忧愁得不到"道",不忧愁贫困。

当仁,不让于师。 《论语·卫灵公》 面临仁义,就是对老师也不谦让。后概括为成语"当仁不让",指对自己能做的事情就主动承担,不谦让,不推诿。

有教无类。 《论语·卫灵公》 类:种类。 教育不分贫富贵贱、地域族类。 这是孔子重要的教育思想。后用以指普及教育,使人人都有受教育的权利。

道不同,不相为谋。 《论语·卫灵公》 主张不同,不必互相商议共事。

辞达而已矣。 《论语·卫灵公》 达:表达意义。 言辞起到传情达意的作用就行了。 孔子认为辞藻不过于浮饰雕琢,这文学主张具有积极意义。

既来之,则安之。 《论语·季氏》 既然他们来了,这要让他们安居乐业。 孔子的话本指用礼乐政教感化远方之人,使他们归服、安心。 后常用来劝人安心工作,适应现实。有时也用以对病人的宽慰。

不患贫而患不均,不患寡而患不安。 《论语·季氏》 寡:指人口少。患:忧虑。 二句是说,(统治者)不必忧虑财富不多,只需担心财富分配不公平;不必忧虑人口太少,只需担心内部不安定。 指出若是财富分配平均合理,便无所谓贫穷;如果境内安定团结,人民都愿归附,就不会觉得人少了。原文"贫"作"寡","寡"作"贫",依后人校文改。

益者三友,损者三友。友直,友谅,友多闻,益矣。友便辟,友善柔,友便佞,损矣。 《论语·季氏》 谅:诚实。便辟:能说会道,擅长阿谀奉承。便佞(nìng):花言巧语,夸夸其谈。善柔:柔媚逢迎,取悦于人。 几句意为:有益的朋友三种,有害的朋友三种。正直的人、诚实的人、见闻广博的人是有益的朋友;阿谀奉承的人、当面恭维背后毁谤的人、夸夸其谈的人是有害的朋友。 这是孔子对交友的看法。

见善如不及,见不善如探汤。 《论语·季氏》 看见善良的行为,即使追赶不上也要努力追求,遇见邪恶的行为,就如同伸手摸到沸水,要迅速避开。

割鸡焉用牛刀。《论语·阳货》　杀鸡哪里需要用杀牛的刀。　比喻完成一件小事,用不着投入太大的力量。后世用以说明不要大材小用。

诗可以兴,可以观,可以群,可以怨。《论语·阳货》　兴:联想。观:观察。群:合群,人合在一起。怨:责怪,谴责。　四句意为:诗可以培养人的联想能力,可以用来观察万物,可以团结人,可以学得讽刺、谴责不合义理的事。　这里,孔子提出了强调内容、重视现实的文学主张,这在中国古代文学批评史上是个光辉的起点。

色厉而内荏,譬诸小人,其犹穿窬之盗也与?《论语·阳货》　厉:凶猛。荏(rěn):软弱。窬(yú):通"踰",从墙上越过。　几句大意是:那种外貌刚强,内心怯懦的人,若拿坏人作比方,恐怕像个挖洞跳墙的小偷吧?　后概括为成语"色厉内荏",形容外表强硬,内心怯懦。

乡愿,德之贼也。《论语·阳货》　乡愿:指表里不一、伪善欺世的人。贼:败坏者。　言行不符、伪善欺世的人,是败坏道德的小人。

道听而涂说,德之弃也。《论语·阳货》　涂:通"途",道路。　二句意为:在道路上听到传言,就在道路上传播,这种做法,是美好的品德所鄙弃的。　后以成语"道听途说",形容没有根据的言论。

饱食终日,无所用心,难矣哉。《论语·阳货》　难矣哉:犹言"不好啊!"难,不可,不好。　整天吃饱饭什么事也不做,对什么都不关心,这种态度是不好的。　意在斥责那些好逸恶劳,整日无所事事的人。

往者不可谏,来者犹可追。《论语·微子》　谏:挽救。犹可追:还来得及。　过去的事情无法挽回,未来的事情还来得及做。　说明人不能一味追悔既往,而应奋发努力,争取今后有所作为。

日知其所亡,月无忘其所能,可谓好学已矣。《论语·子张》　亡:指未知的。所能:指已掌握的。　几句大意是:每天知道所未知的,每月复习所已会了的,可以说是好学了吧。

博学而笃志,切问而近思,仁在其中矣。《论语·子张》　广泛地学习,坚守自己的志趣,恳切地发问,多考虑当前的问题,仁德就在这中间了。　这里提出了提高人的修养(仁德)的方法和途径。

小人之过必文。《论语·子张》　小人:没有修养的人。文:文饰,掩饰。　　没修养的人犯了过错一定加以掩饰。

仕而优则学,学而优则仕。《论语·子张》　　仕:做官。优:有余力。做官有余力就去学习,学习有余力,就去做官。

君子恶居下流,天下之恶皆归焉。《论语·子张》　　下流:做坏事,德处人下。　　二句是说:君子憎恶处在下流的位置,因为,一切坏事都会加在处于下流者的身上。鼓励人们避恶从善,努力上进。

不知礼,无以立也。不知言,无以知人也。《论语·尧曰》　　不懂得礼,无法立足于社会。不知分辨人家的言语,无法认识人。

春秋·齐国·晏婴《晏子春秋》

橘生淮南则为橘,生于淮北则为枳。《晏子春秋·内篇杂下》　　枳(zhǐ):植物名。果实小,果肉少而味酸,不堪食用,果实可入药。橘树生长在淮河以南就是橘树,生长在淮河以北就成了枳树。晏婴出使楚国,为维护齐国的尊严,以此巧妙的比喻,回击了楚王的嘲弄。　　今多用以比喻环境对人的影响,或说明水土对植物的作用。

圣人千虑,必有一失,愚人千虑,必有一得。《晏子春秋·内篇杂下》圣明之人对问题即使经久考虑,也不免会出一点差错,愚笨的人多次考虑,总会有一点可取之处。后以"千虑一得"用作自谦之词;也以"千虑一失"告诫人们不要自恃聪明而不谨慎,要认真听取别人的意见。

服之于内,而禁之于外,犹悬牛首于门,而卖马脯于内也。《晏子春秋·内篇杂下》　　脯(fǔ):干肉。君主让宫内的女子穿男子的衣服,却禁止宫外的女子穿,就像在门上挂着牛头,门内卖的是马肉一样。这是晏婴答齐灵公的话,说明"内勿服,则莫敢为"的道理。成语"挂羊头,卖狗肉"本于此。用来比喻以好货为幌子,招徕买主,兜售劣品。或指表里不一的欺世言行。

为者常成,行者常至。《晏子春秋·内篇杂下》　　切实去做常能成功,切实去走常能达到目的。　　反映了尚勤的主张,包含不断探索,勤于实践才能有所成就的道理。

春秋·齐国·孙武《孙子》

兵者,国之大事,死生之地,存亡之道,不可不察也。《孙子·计篇》　　兵:指战争。　　战争是国家的大事,它关系着人们的死生、国家的存亡,不可不认真考虑。

兵者,诡道也。《孙子·计篇》 诡(guǐ):诡诈,奇异。 战争是一种诡诈的行为。 说明指导战争应善于迷惑敌人,兵不厌诈,要用隐蔽自己作战意图的办法取得胜利。

攻其不备,出其不意。《孙子·计篇》 备:防备。意:意料。 进攻敌人不防备的地方,行动出于敌人的意料之外。

兵闻拙速,未睹巧之久也。《孙子·作战篇》 拙:笨拙。睹:看见。 用兵只听说即使方法笨拙也注重速战速决,没见过方法巧妙却要长久作战的。 说明兵贵神速的道理。作战应速战速决,避免旷日持久的消耗战,但必要的持久战也是不可忽视的。

取用于国,因粮于敌。《孙子·作战篇》 (兵甲战具)取用于国中,作战的粮食要从敌方夺取。 这是作战的经验之谈。

智将务食于敌。《孙子·作战篇》 智将:聪明的将领。食于敌:向敌人夺取粮食。 聪明的将帅在战争中必定要从敌人手中夺取粮秣,来支援自己的军需供应。

兵贵胜,不贵久。《孙子·作战篇》 贵:珍视,重视。胜:胜利,指速胜。久:时间长。 用兵珍视速战速胜,不利于旷日持久。

百战百胜,非善之善者也;不战而屈人之兵,善之善者也。《孙子·谋攻篇》 善之善者:高明中高明的。善,高明。屈:使屈服。百战百胜的军事指挥家,并非高明中高明;不动用武力而依靠计谋使敌人屈服,才是高明中高明。这反映了作者在战争中重视谋略的使用而把直接的军事行动放在第二位的军事思想。

上兵伐谋,其次伐交,其次伐兵,其下攻城。《孙子·谋攻篇》 上兵:用兵的上策。伐:进攻。谋:计谋,谋略。交:指外交,结盟。兵:指军队。 指挥战争的上策是在谋略上战胜敌人,其次是在外交上战胜敌人,再次是进攻敌人的军队,下策是攻城。

知彼知己者,百战不殆。《孙子·谋攻篇》 殆:危险。 深知敌我双方情况,这样不论多少次战争皆无危险了。 这是十分有见地的制胜之道。

善守者,藏于九地之下,善攻者,动于九天之上,故能自保而全胜也。《孙子·形篇》 九地:言深不可知。九天:言高不可测。 善守者,韬声灭迹,如藏于地下,善攻者,势速声烈,如来天上,所以能保存自己而获得全胜。

善出奇者,无穷如天地,不竭如江

河。《孙子·势篇》　奇：指灵活机动的战略战术。穷：尽。竭：用完，尽。　善于出奇取胜的人，战略战术变化无穷，就像天和地一样，就像奔流不息的江河一样。

善战者，致人而不致于人。《孙子·虚实篇》　致：引诱，调动。善于作战的人，能用计策引诱迷惑敌人，同时又能识别敌人的诡计而不受骗上当。

兵形象水，水之形避高而趋下，兵之形避实而击虚，水因地而制流，兵因敌而制胜。《孙子·虚实篇》　趋：奔向。　用兵作战的情形有些像水，水运动的规律是避开高处而向下奔流，作战的规律是避开敌人实力强的地方而攻击其兵力薄弱的地方。水根据地形而奔流，战根据敌情而取胜。

兵无常势，水无常形，能因敌变化而取胜者，谓之神。《孙子·虚实篇》　用兵没有一成不变的战术，就像水没有固定的状态一样，能因敌情变化而变化出奇取胜的，叫做用兵如神。

围师必阙，穷寇勿迫。《孙子·军争篇》　阙：通"缺"，缺口。迫：逼迫。　包围敌人一定要留出缺口，濒临绝境的人不要过分逼迫他。　绝望中的敌人，一旦反扑会更猖狂，所谓"狗急跳墙"，这会给己方带来更大的伤亡，故曰"必阙"，"勿迫"。

善用兵者，避其锐气，击其惰归。《孙子·军争篇》　惰：疲惫怠惰。归：气竭思归。　善于用兵的人，要避开敌人士气旺盛的时候，而等待敌人疲惫怠惰的时候再进行攻击。毛泽东同志在其《中国革命战争的战略问题》一文中解释这句话说："孙子说的'避其锐气，击其惰归'，就是指的使敌疲劳沮丧，以求减杀其优势。"

君命有所不受。《孙子·九变篇》　国君的命令有的不要接受。说明将领要根据实际情况处理军事问题，不能一味唯上。

用兵之法，无恃其不来，恃吾有以待之；无恃其不攻，恃吾有所不可攻也。《孙子·九变篇》　恃：依靠，倚赖。　用兵的法则，不要把希望依托在敌人不会来的可能上，要靠自己有充分的准备来等待敌人的到来；不要把希望依托在敌人不会发动进攻的可能上，要靠自己有敌人无法攻破的严密牢固的守备上。　强调加强战备的重要性，有备无患，不可对敌人抱任何幻想。

敌近而静者，恃其险也；远而挑战者，欲人之进也。《孙子·行军篇》　险：地势险要。欲：引逗。　敌军迫近我方而安静不动，是依靠所占地势的险要；敌军远离我方而派兵前来挑战，是想引诱我方前进。

这是对战场上发生的一般情况的判断。

投之亡地然后存,陷之死地然后生。《孙子·九地篇》　把军队投陷于亡地,然后能保存,把兵卒陷于死地,反而能得生。　道理很简单,兵士投"亡地"、"死地"知必死因而殊死战斗以求生存。这是有辩证思想的军事思想。

始如处女,敌人开户;后如脱兔,敌不及拒。《孙子·九地篇》　开户:敞开门户,指没有防备。开始像处女一样娴静,使敌人无所戒备;然后又像脱兔一样快速行动,使敌人来不及抗拒。

《礼记》

临财毋苟得,临难毋苟免。《礼记·曲礼上》　临:当,面对。毋(wú):不要。苟(gǒu):随便,马虎。面对财物,不应得的不要得,面临危难不随便逃避。　勉励人廉洁尚义。

礼尚往来,往而不来非礼也,来而不往亦非礼也。《礼记·曲礼上》　尚:崇尚。　礼重相互之间有来有往,只"往"不"来"和只"来"不"往",不符合礼节的要求。　后概括为成语"礼尚往来",指你对我怎样,我就对你怎样。

礼不下庶人,刑不上大夫。《礼记·曲礼上》　庶(shù)人:平民。大(dà)夫:官职名,夏商周时,卿以下、士以上的称为大夫,分上、中、下三等。这里泛称贵族。　二句大意是:为达官贵人准备的礼仪不能下用于平民百姓,为平民百姓设置的刑罚不能上加于达官贵人。这反映了封建社会礼、刑的不平等。现多用于抨击古今执法者的不公平。

苛政猛于虎。《礼记·檀弓下》　苛(kē)政:苛刻的政令。　苛刻的政令比老虎还要厉害。　现常用以形容暴政伤民。

不食嗟来之食。《礼记·檀弓下》　嗟(jiē):叹声。也是吆喝声。此句大意是:不吃人家吆喝着叫自己来吃的食物。　现常以这句话指不接受带有侮辱性的帮助。

大道之行,天下为公。《礼记·礼运》　大道:治天下的伟大道理。这里本指五帝的政治理想和原则。二句大意是:实行伟大的治国之道,则天下属于万民。　孙中山先生曾借"天下为公"来解释"民权主义",指政权为全国国民所共享。

善歌者使人继其声,善教者使人继其志。《礼记·学记》　继:承继。二句意为:善于唱歌的人,能让人跟着他学好唱歌,善于施教的人,使人跟着他学好道德品行。

古人已认识到,教育人的重点,应是志向道德的培养,这才是真正的"善教者"。

玉不琢,不成器;人不学,不知道。《礼记·学记》　琢(zhuó):雕刻。道:规律,事理。　玉石不经过雕磨,就不能成为有用的玉器;人不通过学习,就不懂得事理。指出人在成长过程中学习的重要作用。

虽有嘉肴,弗食不知其旨也;虽有至道,弗学不知其善也。《礼记·学记》　嘉肴(yáo):美味的荤菜。弗:不。旨:味美。至道:最完善的道理。　几句大意是:虽有精致的菜肴,不吃就不知它的味美;虽有完美的道理,不学就不知道它的好处。　强调学习的重要性,并认为学习也是一种实践活动。

善待问者如撞钟,叩之以小则小鸣,叩之以大则大鸣。《礼记·学记》　待:对待。叩:敲。　善于解答问题的人,好像撞钟一样,撞得轻,钟声就小;撞得重,钟声就大。比喻能根据提问者所问事之大小而答之,事大则答之详,事小则答之略。

独学而无友,则孤陋而寡闻。《礼记·学记》　陋:浅薄。　二句大意是:独自学习,而没有朋友互相切磋,就会学识浅陋,见闻不广。指出学习过程中,朋友之间相互研讨、相互补益的重要性。成语"孤陋寡闻"本此。

师严然后道尊,道尊然后民知敬学。《礼记·学记》　严:尊敬。道:学问。　老师受到尊敬然后学问才能尊贵,学问尊贵然后才能使人们重视学习。　强调尊师的重要性和意义。

一张一弛,文武之道也。《礼记·杂记下》　一:有时。张:张开,指把弓弦拉紧。弛(chí):放松弓弦。文武:指周朝的两位国君周文王和周武王。

差若毫厘,缪之千里。《礼记·经解》　差:错误。缪(miù):通"谬",差错。　开头时错了一点点,结果就会造成很大的错误。

博学之,审问之,慎思之,明辨之,笃行之。《礼记·中庸》　审:详细,周密。慎:谨慎,细心。笃:坚定,踏踏实实。　做学问应该博览群书,提出疑问要详细而周密,思考要缜密、细心,辨察要清楚、鲜明,实行要踏踏实实,一心一意。

人一能之,己百之;人十能之,己千之。果能此道矣,虽愚必明,虽柔必强。《礼记·中庸》　别人一次能作好的事,自己作一百次;别人十次能作好的事,自己作一千次。只要这样,虽呆笨也会聪明起来,虽软弱无能也会强而有力。说明勤能补拙。

诚者自成也,而道自道也。诚者物之终始,不诚无物。是故君子诚之为贵。《礼记·中庸》　道:这里指率性之道。　几句意为:真诚是人的自我完善,而道是人自己所遵循的。真诚贯穿于一切事物的始终,没有真诚就没有事物,因此君子以真诚为贵。　强调待人接物的真诚,是人格完善的表现。

庄敬日强,安肆日偷。《礼记·表记》庄敬:严肃、慎重。肆:放纵,随心所欲。偷:苟且、马虎。　庄严慎重会日益长进,安逸放纵会日益苟且。

口惠而实不至,怨菑及其身。《礼记·表记》　口惠:口头上答应替别人办事。菑(zāi):同"灾"。如果口头上答应给别人办事而实际上不能兑现,那么怨恨、灾祸就会落到自己身上。

欲治其国者,先齐其家;欲齐其家者,先修其身。《礼记·大学》　齐:整治。　四句意为:要想治理好国家,先要治理好家庭;要想治理好自己的家庭,首先要加强自己道德品质的修养。　强调自身修养是齐家治国之本。成语"齐家治国"本此。

君子必慎其独也。《礼记·大学》独:独处。　君子独处的时候也十分谨慎。　指出真正有修养的人,会始终保持自己美好的品德,是无需别人监督的。

十目所视,十手所指,其严乎。《礼记·大学》　许多人的眼睛都注视着,许多人的手都指点着,这是很严厉的呀!　说明一个人的言行,会受到大家的监督,而大家的监督是严厉的,令人敬畏的。

春秋·宋国·墨翟《墨子》

归国宝,不若献贤而进士。《墨子·亲士》　归:通"馈",赠送。赠给国君稀世珍宝,不如推荐贤人名士。

谄谀在侧,善议障塞,则国危矣。《墨子·亲士》　谄(chǎn)谀(yū):谄媚阿谀。善议:好的意见、主张。障塞:阻塞。　三句意为:国君亲近拍马献媚的人,就会阻塞言路,听不到好的建议,国家必会处于危险境地。

君子自难而易彼,众人自易而难彼。《墨子·亲士》　自难:自己承担困难。　有道德和修养的人自己做困难的事,把容易做的事让给别人;一般的人却自己做容易的事,把难做的事推给别人。

志不强者智不达,言不信者行不果。《墨子·修身》　达:至、到。信:信用。果:有决断。　二句意为:意志不坚强的人,也不会有智慧;说话不守信用的人,做事就不会决断。　说明意志坚强、讲究信用的重要性。

士虽有学,而行为本焉。《墨子·修身》　士:指做官。学:才学。行:道德品行。　做官的人虽要具备才学,但德行是最重要的。说明光有学识不行,道德品行仍是为人的根本。

贫则见廉,富则见义,生则见爱,死则见哀,四行者不可虚假,反之身者也。《墨子·修身》　见(xiàn)廉:表现出廉洁。义:疏财仗义。四行者:指以上"廉、义、爱、哀"四种品行。　几句意谓:贫困之时表现出廉洁,富贵之时表现出疏财仗义,对生者表现出慈爱,对于死者表现出哀痛。　墨子认为这是君子修身的准则。

多力而伐功,虽劳必不图。《墨子·修身》　多力:多出力。伐功:夸耀自己的功劳。图:取。　努力做事而又不断夸耀自己,虽然劳苦但不一定可取。　提倡多做少说,任劳任怨。

名不可简而成也,誉不可巧而立也,君子以身戴行者也。《墨子·修身》　简:轻易、简便。巧:投机取巧。戴:通"载"。　名声不会轻易获得,声誉更不能用投机取巧的方式求得,君子一定要言行一致。

善为君者,劳于论人,而佚于治官。《墨子·所染》　论:犹择。佚:这里指省心。　善于作君主的,在选择人才方面尽心竭力,而在管理官吏方面则省心节力。　指出只有选好人才,才能管理省心,二者相辅相成,反之亦然。

俭节则昌,淫佚则亡。《墨子·辞过》　两句意为:节俭就昌盛,淫佚就灭亡。

尚贤者,政之本也。《墨子·尚贤上》　尚:尊重。本:根本。　尊重贤人是政治的根本。　强调尚贤使能是治理国家的根本政治措施。

国有贤良之士众,则国家之治厚,贤良之士寡,则国家之治薄。《墨子·尚贤上》　厚:兴盛、雄厚。薄:衰微、薄弱。　一个国家拥有贤良的士人众多,那治理国家的力量就雄厚;贤良的士人少,那治理国家的力量就薄弱。　说明贤者是国家之宝。

有能则举之,无能则下之。《墨子·尚贤上》　举之:提拔他。下之:撤掉他。　有才能的人就选拔他,没有才能的就撤掉他。　主张举贤任能,唯才是用。

仁人之所以为事者,必兴天下之利,除去天下之害。《墨子·兼爱中》　为事:处理政事。　具有仁爱之心的人处理政事的原则,一定是兴办对天下有利的,革除对天下有害的。

君子不镜于水而镜于人,镜于水,见面之容,镜于人,则知吉与凶。《墨子·非攻中》　镜:作动词,照也。　君子不用水照自己而用人照自己,用水照,只能见到自己的面貌,用人来对照自己,则可以知道吉与凶。　指出"以人为镜",借鉴于人,可以把握好自身,避凶趋吉。

用财不费,民德不劳,其兴利多矣。《墨子·节用上》　德:通"得"。用财不浪费,百姓不劳苦,而兴利的事办得很多。　强调国家去掉无益的费用,于民有利,是治国良策。

不义不处,非理不行。《墨子·非儒下》　处:处理,执行。　违背正义的事情不能去做,不符合道理的不去实行。　强调人的所作所为必须符合"义理",而不可违反原则。

万事莫贵于义。《墨子·贵义》　一切言行没有比正义更宝贵的了。说明天下万事唯正义为贵的道理。

政者,口言之,身必行之。《墨子·公孟》　管理政务的人,嘴上说的,自己必须要先做到。　说明执政者应言行一致,尤其要以身作则,身体力行。

知者必量其力所能至而从事焉。《墨子·公孟》　知:通"智"。量:估量,衡量。　聪明的人,一定估量自己的力量能做到的事情才去做。　说明应根据自己的力量做事,不勉强去做力所不及的事。

战国·孟轲《孟子》

挟太山以超北海。《孟子·梁惠王上》太山:同"泰山"。北海:即渤海。意谓用胳臂夹着泰山超越北海。比喻根本不可能的事。或简作"挟山超海"。

老吾老,以及人之老;幼吾幼,以及人之幼。《孟子·梁惠王上》　老吾老:尊敬自己的老人,前一个"老"字为动词,尊敬、敬养的意思。幼吾幼:爱护自己的孩子。前一个"幼"字为动词,爱护的意思。二句意为:尊敬自己的老人,并把这种尊敬推及别人的老人;爱护自己的孩子,并把这种爱护推及别人的孩子。　说明推广恩惠、爱护百姓的道理。

上下交征利,而国危矣。《孟子·梁惠王上》　交:俱。征:取。大意是:举国上自国君,下至庶民,俱以利为目标,那么国家就危险了。

权,然后知轻重;度,然后知长短。《孟子·梁惠王上》　权:指秤,此处作动词用,意为称一称。度(duó):此处作动词用,计算长短的标准,意为量一量。　几句大意是:用秤称过才知道轻重;用尺量过才知道长短。 强调对事物的认识都要经过自己的权衡实践。

乐民之乐者,民亦乐其乐;忧民之忧者,民亦忧其忧。《孟子·梁惠王下》 把百姓的快乐当作自己的快乐的统治者,百姓也把他的快乐当作自己的快乐;把百姓的忧愁当作自己的忧愁的统治者,百姓也把他的忧愁当作自己的忧愁。说明统治者与人民的利益一致,好恶相同,才能得到人民的支持和拥护。

持其志,无暴气。《孟子·公孙丑上》 持:保持。暴:散乱,不专注。气:这里指意气感情。 保持自己的思想意志,不分散自己的感情。

我善养吾浩然之气。《孟子·公孙丑上》 我善于培养我自己的正大光明的气魄。 后以"浩气"形容正义之气或大义凛然的气魄。

行一不义,杀一不辜而得天下,皆不为也。《孟子·公孙丑上》 不辜:无辜,无罪。 做一件不正当的事,杀一个没有罪的人来得到天下,他们都不肯干。 这是孟子赞扬圣人伯夷、伊尹、孔丘三人说的话。

出于其类,拔乎其萃。《孟子·公孙丑上》 拔:超出。萃(cuì):群,聚集。 二句意为:超出同类人,不同一般。 后概括为成语"出类拔萃",形容才德出众之才。

以力服人者,非心服也,力不赡也。以德服人者,中心悦而诚服也。《孟子·公孙丑上》 赡(shàn):充足。悦:喜悦,高兴。诚:真心实意。 几句意为:用暴力使人民顺服,人民并非心服,而是力量不足以抗拒罢了;以道德使人民归服,人民归服才发自内心。 后概括为成语"心悦诚服",指真心实意地服从或佩服。

无恻隐之心,非人也;无羞恶之心,非人也;无辞让之心,非人也;无是非之心,非人也。《孟子·公孙丑上》 恻隐之心:同情、怜悯心。羞恶之心:羞耻心。 几句意为:没有同情心的人,不能算是一个真正的人;没有羞耻心的人,不能算是一个真正的人;没有谦让心的人,不能算是一个真正的人;没有是非心的人,不能算是一个真正的人。 孟子认为:同情心,羞耻感,谦让精神,是非观念,是做人必须具备的基本条件。

取诸人以为善,是与人为善者也。《孟子·公孙丑上》 汲取别人的优点来做善事,这就是偕同别人一起行善。

天时不如地利,地利不如人和。《孟子·公孙丑下》 天时:这里指有利于战争的时令、气候,以及相对的政治形势等。地利:这里指高山深池、山川险阻等有利于作战的地利条件。人和:指人心所向、内部团结等。　孟子认为,战争胜败的关键,决定于人心的向背。他强调战争中"人和"的重要性,是值得称道的。

得道者多助,失道者寡助。《孟子·公孙丑下》　道:孟子的原意为治国之道,即仁政。后人泛指正义。两句指符合正义,帮助他的人就多,违背正义,帮助他的人就少。

君子不以天下俭其亲。《孟子·公孙丑下》　俭:节俭。　有德之人,在任何情形下,都不能在父母身上节俭。

君子不怨天,不尤人。《孟子·公孙丑下》　尤:责怪。　君子不埋怨上天,不责怪他人。　认为凡事要多从自己身上找原因。

彼一时,此一时也。《孟子·公孙丑下》　那是一个时候,现在又是一个时候。　说明情况不同了,要用历史的眼光看事物。

上有好者,下必有甚焉者矣。《孟子·滕文公上》　在上位的人有什么爱好,下面的人一定爱好得更加厉害。　说明领导的作风对下面影响很大。

为富不仁,为仁不富矣。《孟子·滕文公上》　为:做,引申为谋求。不仁:刻薄,没有好心肠。　一心谋求自己发财就作不成仁人,当仁人就发不了财。

富贵不能淫,贫贱不能移,威武不能屈,此之谓大丈夫也。《孟子·滕文公下》　淫:迷乱。移:改变。屈:使屈服。　几句意为:富贵不能迷乱其心意,贫贱不能改变其志向,威武不能屈服其节操,这样的人才能叫做大丈夫。　后来"大丈夫"即为具有高尚品德和严正节操的尊称。

父母之心,人皆有之。《孟子·滕文公下》　父母爱子女的心,人人都有。　说明父母之爱子女这是人的人性。

不以规矩,不能成方圆。《孟子·离娄上》　规:画圆形的工具。矩:画方形的工具。　不使用圆规和曲尺,就不能准确地画出方形和圆形。　后喻指必须按照一定的原则、标准、规格、要求去做事,才能把事情做好。

爱人不亲,反其仁;治人不治,反其智;礼人不答,反其敬。行有不得者皆反求诸己,其身正而天下归之。《孟子·离娄上》　几句意为:爱别人,别人不亲近我,得反问自己的仁爱够不够。治理他人却得不到治绩,得反问自己智慧够不够。有礼貌地待人而得不到相应的回答,得反问自己的恭敬够不够。凡是自己的行为得不到预期效果的,都应该反躬自责,自己的确端正了,天下的人就会归向自己。　这里指出了一条提高自我修养、得人心的途径和方法。

天下之本在国,国之本在家,家之本在身。《孟子·离娄上》　天下的根本是国家,国家的根本是家庭,家庭的根本是个人。　强调个人修养立定了根本,就能把家、国、天下的事情办好。《大学》发挥的"修身、齐家、治国、平天下",正是这一原理的进一步深化。

自暴者,不可与有言也;自弃者,不可与有为也。《孟子·离娄上》　暴:戕害。弃:抛弃。有言:指有善言,即有价值的话。有为:有所作为。　自己戕害自己的人,不能同他谈论有价值的话;自己抛弃自己的人,不能同他一起有所作为。　说明人不能自暴自弃。后以成语"自暴自弃"指不求上进、自甘堕落者。

诚者,天之道也;思诚者,人之道也。《孟子·离娄上》　道:指规律。诚信是自然规律,追求诚信则是做人的规律。　旨在强调为人要讲求诚信。

胸中正,则眸子瞭焉;胸中不正,则眸子眊也。《孟子·离娄上》　眸(móu)子:瞳孔。瞭(liáo):明亮。眊(máo):眼睛失神。　人的心地纯正,眼睛就会明亮;若心术不正,则两目失神。　眼睛是心灵的窗户,认为从眼睛可以看到人的内心世界是有道理的。

恭者不侮人,俭者不夺人。《孟子·离娄上》　讲礼貌的人,不会侮辱别人,有节俭美德的人,不会掠夺别人。

男女授受不亲。《孟子·离娄上》　授:付,递。受:接受。亲:亲自,亲手。　男女之间不亲手递接东西。　这是封建社会的伦理纲常,不足为训。

有不虞之誉,有求全之毁。《孟子·离娄上》　虞(yú):意料。　有料想不到的赞誉,有过于苛求的诽谤。　这是人们在行事中会经常碰到的现象,思想上应当有所准备。

人之患在好为人师。《孟子·离娄上》　患:毛病,弱点。　人的毛病在于喜欢做别人的老师。　这是那些惯于教训别人,自以为是,又不虚心学习的人的身上的一种致命的弱点。

不孝有三,无后为大。《孟子·离娄上》　不孝顺的事有三种,其中以没有子孙为最大的不孝。　在需要人口增殖的宗法社会中,此种思想是可以理解的,但在今天的具体环境中,只有消极作用。现在多作为错误观点引用。

人有不为,而后可以有为。《孟子·离娄上》　人有所不为,然后才能有所作为。　说明人不能什么都要做,而必须有所舍弃,这样才能干出一番事业。

爱人者,人恒爱之;敬人者,人恒敬之。《孟子·离娄下》　恒:常常。爱别人的人,别人也常常爱他;尊敬别人的人,别人也常常尊敬他。这说明,你怎样对待别人,别人也会以同样的态度对待你。

虽有天下易生之物,一日暴之,十日寒之,未有能生者也。《孟子·告子上》　暴(pù):同"曝",晒。几句意谓:纵使有一种最容易生长的植物,晒它一天,冻它十天,也不能生长了。　后以"一暴十寒",喻指学习没有恒心。

鱼,我所欲也,熊掌,亦我所欲也,二者不可得兼,舍鱼而取熊掌。《孟子·告子上》　几句意谓:鱼是我所喜欢的,熊掌也是我所喜欢的,如果两种东西不能同时得到,便舍掉鱼,而要熊掌。　原比喻"生"和"义"不能同时得到的时候,应舍生取义。亦可引申为当所需的发生矛盾时,应舍掉次要而取主要的。

心之官则思,思则得之,不思则不得也。《孟子·告子上》　心:古人以为心是思考的器官。官:功能,职能。　人的心是用来思考的,思考就有所得,否则就没有收获。对这句,现在一般作提倡思考的广

义来解释和应用。

学问之道无他,求其放心而已矣。《孟子·告子上》　大意是:学问之道没有别的,就是把那丧失的善良之心找回来罢了。

天降大任于是人也,必先苦其心志,劳其筋骨,饿其体肤,空乏其身,行拂乱其所为,所以动心忍性,曾益其所不能。《孟子·告子下》大任:重大责任。空乏:财物缺乏。拂:违背。动心:使心灵受到震动。忍性:使性格坚韧。曾:同"增"。　上天要把重大责任落到某人身上,一定要先使他的内心经受苦恼,劳动他的筋骨,饥饿他的肠胃,穷困他的身子,他的每一个行为总不顺心。这样,就可以震动他的心灵,坚韧他的性格,增强他的能力。　这是孟子论述其"生于忧患而死于安乐"的命题所说的话。

人恒过,然后能改。《孟子·告子下》恒:常。过:过失。　一个人常犯过失,然后才能改。　说明人在逆境中,能够总结反面经验,从而接受教训,改正错误。

行之而不著焉,习矣而不察焉。《孟子·尽心上》　著:明白。察:明瞭。　二句意为:做一件事却不明白为什么做,习惯了却不深知其所以然。　说明一般人对习以为常的事情,只是知其然而不知其

所以然。

人不可以无耻,无耻之耻,无耻矣。《孟子·尽心上》 人不可以没有羞耻,不知羞耻的那种羞耻,真是不知羞耻呀!

穷则独善其身,达则兼善天下。《孟子·尽心上》 穷:不得志,不得行其道。达:得志,得行其道。在不得志的时候,只修养自身;在行时得意的时候,便施惠于天下百姓。

善政,民畏之;善教,民爱之。善政得民财,善教得民心。《孟子·尽心上》 善政:良好的政治。善教:良好的教育。 良好的政治,百姓怕它;良好的教育,百姓爱它。良好的政治得到百姓的财富,良好的教育得到百姓的心。说明政令之效不如教化之功。

登东山而小鲁,登泰山而小天下,故观于海者难为水,游于圣人之门者难为言。《孟子·尽心上》 东山:可能是蒙山,在山东省蒙阴县南。圣人:指孔子。 四句意为:登上东山则感到鲁国狭小,登上泰山则感到天下狭小。因而观览过大海的人,一般的水看不上眼,出入于圣人之门的人,一般的学说听不入耳。

引而不发,跃如也。《孟子·尽心上》 引:拉弓。跃:踊跃。 拉开弓,却不放箭,而作出跃跃欲射的样子。 喻指教育别人应善于启发、诱导,使学习者在观察、体验中能自求自得。

知者无不知也,当务之为急;仁者无不爱也,急亲贤之为务。《孟子·尽心上》 四句意为:智者应无所不知,但急于知道当前重要工作方面的知识;仁者没有不爱的,但务必先爱亲人和贤者。

拔一毛而利天下,不为也。《孟子·尽心上》 自私的人连拔一根汗毛而有利于天下这样的事情也不干。这是孟子贬斥杨朱"为我"学说所举的代表性言论。后以"一毛不拔"形容人的极端自私。

尽信书,则不如无书。《孟子·尽心下》 书:指《尚书》,中国上古历史文件和部分追述古代事迹著作的汇编。相传孔子编选而成。完全相信《尚书》,那还不如没有《尚书》。 孟子认为《尚书》记载的东西不完全可靠,接受其中合情理的部分就行了,不能统统信以为真。 现多指不迷信书本,不做书的奴隶。

民为贵,社稷次之,君为轻。《孟子·尽心下》 社稷:社,土神。稷,谷神。古代以社稷代指国家。几句意为,民众最重要,其次是国家,国君最轻。 此句表现了孟子的民本思想。

贤者以其昭昭使人昭昭,今以其

昏昏使人昭昭。《孟子·尽心下》
昭昭：明白。昏昏：糊涂。 贤人总是把问题弄明白了再去教别人，使其明白，今人自己对问题还糊糊涂涂，却要求别人明明白白。今用此句说明领导者应首先学习，才能领导正确，不出错误。

战国·庄周《庄子》

朝菌不知晦朔，蟪蛄不知春秋。《庄子·逍遥游》 朝菌：一种菌类植物，传说早晨出生，一见太阳就死。晦(huì)：黑夜。朔(shuò)：黎明。蟪(huì)蛄(gū)：寒蝉，夏初生，夏末死。 二句大意是：朝菌一见太阳就枯死，它不会知道黑夜和黎明，蟪蛄只活一个夏季，它不知道春天和秋天。 比喻生命短促，才智短浅。两种生物特点鲜明，使文意显得非常突出。

举世誉之而不加劝，举世非之而不加沮。《庄子·逍遥游》 举世：全社会。劝：勉，努力。沮：沮丧。二句意为：整个社会都在赞美他，他也不因此而更加努力，整个社会都在批评他，他也不因此而更加沮丧。 这两句是庄子对宋荣子的评价。宋荣子，齐国稷下学宫的学者，学术思想渊源道家又杂糅墨家，史称宋伊学派。他能够分清荣辱的界线，并有自己的准则。

鹪鹩巢于深林，不过一枝；偃鼠饮河，不过满腹。《庄子·逍遥游》鹪(jiāo)鹩(liáo)：小鸟名，善于筑巢，又称巧妇鸟。偃鼠：鼠类，即鼹鼠。 鹪鹩在树林里筑巢，不过占用一根树枝罢了，偃鼠在大河中饮水，不过喝满肚子罢了。 比喻个人所需有限，贪求太多是不必要的。

庖人虽不治庖，尸祝不越樽俎而代之矣。《庄子·逍遥游》 庖(páo)人：厨师。治庖：从事餐务。尸祝：司祭者。樽：酒器。俎(zǔ)：盛肉的器皿。 厨师虽然不下厨，主持祭礼的司仪是不会逾越厨夫的职位而代替厨夫去做菜的。 指出人应各司其事，不超越本分干不该干的事。后概括为成语"越俎代庖"，比喻越权办事或抢做别人的事。

大知闲闲，小知间间；大言炎炎，小言詹詹。《庄子·齐物论》 知：同"智"。闲闲：指宽达的情态。间间：窥伺，此指喜察人过失。炎炎(tán)：言论美盛貌。詹詹：说话烦琐，喋喋不休的样子。 很有智慧的人，表现出宽达的样子；小有才气的人，一定要区别是非而斤斤计较；合乎大道的言论，其势如烈火燎原，既美好又盛大；拘于小术的言论，琐琐碎碎，费话连篇。

一个人不同的举止言论,能反映其智慧的高低和人品的好坏。

彼亦一是非,此亦一是非。《庄子·齐物论》 彼:那。 那里有那里的是非,这里有这里的是非。谓各有各的是非,各有各的道理。

医门多疾。《庄子·人间世》 医门:指医生之家。疾:这里指病人。 医生之家接待的多是病人。 作者用来比喻圣贤所要治理的多是乱国。

美成在久,恶成不及改。《庄子·人间世》 人做成一件好事需要很长时间的努力,而一旦做了一件坏事就改悔不及了。

鉴明则尘垢不止,止则不明也。久与贤人处则无过。《庄子·德充符》 鉴:镜子。止:停留,这里指沾染。贤人:有德有才的人。 镜子明亮,就不会沾染灰尘,如果沾染了灰尘,镜子就不明亮了。长期地和贤人相处,就不会有过错。

长者不为有余,短者不为不足。《庄子·骈拇》 长的不算有余,短的不算不足。 说明世上不存在绝对的长短。其意思与"尺有所短,寸有所长"相邻。但庄子这两句阐发的是:"此亦一是非,彼亦一是非"的观点。

知其愚者,非大愚也;知其惑者,非大惑也。《庄子·天地》 了解自己愚蠢,并不是最愚蠢的人;了解自己糊涂,并不是最糊涂的人。 人要不愚蠢不糊涂,自知之明至关重要。

大惑者,终身不解;大愚者,终身不灵。《庄子·天地》 灵:知。最糊涂的人,终生悟不到自己糊涂;最愚蠢的人,终生不知道自己愚蠢。 真正愚蠢、糊涂的人,是对自己缺乏根本了解。

亲权者,不能与人柄;操之则栗,舍之则悲。《庄子·天运》 亲:看重。柄:喻权势。栗:恐惧。四句大意是:热衷于权势的人是不会把权交给别人的;这种人掌权时怕被别人夺取而恐惧,失去权力又悲哀不已。 剖析官迷,透彻之至。

自细视大者不尽,自大视细者不明。《庄子·秋水》 细:小。从细小处去观察便不能看尽大物的全局,从大处去观察便不能看清小物的精微。 认为人的认识会受到主客观条件的限制。

物之生也,若骤若驰,无动而不变,无时而不移。《庄子·秋水》 物一旦产生了,就像马的奔驰那样,没有什么动作不产生变化,没有什么时刻不发生移动。 指出万物处在绝对的变化之中的观点是正确的,以奔马驰骤作比喻,使这一哲学观点增添了语言艺术的活力。

无以人灭天,无以故灭命,无以得殉名。《庄子·秋水》 无:同"勿"。故:变故,世事。殉(xùn)名:为名而牺牲天性。 三句大意是:不要用人为毁灭天然,不要以变故毁弃天赋,不要为追慕虚名而牺牲。作者鼓吹顺乎自然,凡事不要强求。

鱼处水而生,人处水而死,故必相与异,其好恶故异也。《庄子·至乐》 鱼放在水里能活着,人放在水里就要被淹死,他们之间一定有不同之处,因而好恶也不同。 说明不能把一己的要求强加给别人。

饰人之心,易人之意,能胜人之口,不能服人之心。《庄子·天下》 饰:掩饰,这里指蒙骗。易:改变,歪曲。 几句意谓:可以蒙骗人们的思想,歪曲别人的意见,在口头上把人驳倒,但终究不能使人心服。 说明怪论、歪理不能服人。

善养生者,若牧羊然,视其后者而鞭之。《庄子·达生》 三句意为:善于养生的人,在养生方面就像放牧羊群一样,看到落后的就鞭策它,让它赶上。 意谓保全生命善于发现自己的不足,弥补自己的不足。

饰知以惊愚,修身以明污,昭昭乎若揭日月而行也。《庄子·达生》 知:通"智"。昭昭:光明照耀的样子。揭:高举。 三句大意是:装着自己很有智慧而哗众取宠,提高自己的德行,以便显示别人的污浊,明明白白地炫耀自己的才能,就像高举着日月行于人世啊。作者认为,这种张扬的个性,不合韬光匿耀以蒙养恬之道,所以必遭人忌,到处碰壁。

君子之交淡若水,小人之交甘若醴;君子淡以亲,小人甘以绝。《庄子·山木》 甘:甜,美好。醴(lǐ):甜酒。 君子之间的友谊清淡得像水一样,小人之间的结交甘美得像甜酒一般;君子们的友谊淡泊但亲近,小人们往来甜蜜亲热,无利时就断绝交情。 指出君子交往纯属于志趣相投,小人交往一切计较利害。 后来,人们把不因势力、金钱而结合的友谊叫做"淡交"。

行贤而去自贤之行,安往而不爱哉?《庄子·山木》 自贤:自以为贤。安:哪里。 行为高尚,而不自以为高尚,到哪里会不受人敬重呢?

夫子步亦步,夫子趋亦趋。《庄子·田子方》 步:步行,慢步。趋:快步行走。 先生您在步行,我也在步行,先生您在快步前进,我也在快步前进。 二句描写颜回模仿孔子的一举一动情态,颇为生动。后来的成语"亦步亦趋"即源于此,形容处处模仿,追随他人。

哀莫大于心死。《庄子·田子方》

最大的悲哀莫过于心如死灰。这里强调"养心"的重要性,心和形相比,心更重要。后指最大悲哀是丧失理想和信念,信仰胜过生命。

死生亦大矣,而无变乎己,况爵禄乎!《庄子·田子方》　死和生是件大事,都对自己没有影响,何况爵位和俸禄这身外之物呢!　道家把生、死看得很淡漠,至于地位、财物就更无需看重了。

形若槁骸,心若死灰。《庄子·知北游》　形:指身体。槁(gǎo)骸(hái):枯槁的骸骨。身体像干枯的骨头,心灵像熄灭的灰烬。原指精神离开身体而达到"无己"境界的一种状态,后用以形容悲观绝望。

人生大地间,若白驹之过郤,忽然而已。《庄子·知北游》　白驹:骏马。郤(xì):通"隙",孔,裂缝。人生在天地之间,好像那骏马从缝隙掠过,不过是一瞬间罢了。形容人生短暂,形象生动。

函车之兽,介而离山,则不免于网罟之患;吞舟之鱼,砀而失水,则蚁能苦之。《庄子·庚桑楚》　函车之兽:能把车含在口中的兽,极言兽之大。函,通"含"。介:独自。罟(gǔ):捕鱼的网。砀(dàng):被冲荡而出。　几句意为:巨兽独自离山,就免不了被捕捉的危险,大鱼被冲到陆地上而离开水域,蚂蚁更能侵害它。　说明人离开了适合自己生存的环境,即使再有本事,也不免遭灾受苦。

去人滋久,思人滋深。《庄子·徐无鬼》　滋:越,表示程度的副词。离开故人越久,思念故人的心越切。

狗不以善吠为良,人不以善言为贤。《庄子·徐无鬼》　善于叫唤的不一定是好狗,能言善辩的不一定是贤人。　二句前者为宾,后者是主。　作者认为贤出于性,不在于言。以能言善辩取贤是错误的。

以得为在民,以失为在己;以正为在民,以枉为在己。《庄子·则阳》　枉:指错误。　把成功归之于人民,把失则归咎于自己,把正确的方面算在人民身上,把错误的方面算在自己身上。　这是作者理想中的最高统治者的风度。

力不足则伪,知不足则欺,财不足则盗。《庄子·则阳》　(百姓)力气不足就要弄虚作假,智慧不足就要欺骗,财产不足就要盗窃。

战国·管仲《管子》

仓廪实则知礼节,衣食足则知荣辱。《管子·牧民》　仓廪(lǐn):粮仓。实:满,充实。荣辱:光荣与耻辱。　粮食富裕,人们就知道遵守礼节,衣食丰足,人们就懂得光荣和耻辱。　强调人首先要有生存条件,然后才能去追求精神上的修养。

民恶忧劳,我佚乐之;民恶贫贱,我富贵之;民恶危坠,我存安之;民恶灭绝,我生育之。《管子·牧民》恶:害怕。佚:通"逸"。　人民怕忧劳,我要使他安乐;人民怕贫贱,我要使他富贵;人民怕危难,我要使他安定;人民怕灭绝,我要使他生育繁息。　作者深知争取人民的重要性,并提出具体努力方向。

朝忘其事,夕失其功。《管子·牧民》朝(zhāo):早晨。夕:晚上。早上如果忘掉一天应做的事情,到晚上就失去了一天应得的成果。是说凡事应有计划而付诸行动。

小谨者不大立,訾食者不肥体。《管子·形势》　立:建树,成就。訾(cí)食:嫌食,不爱吃。　二句谓:谨小慎微的人不能成就大事业,就像不爱吃饭的人身体不会胖起来一样。

伐矜好专,举事之祸也。《管子·形势》　伐矜:自我夸耀。专:独断专行。　骄傲自满,独断专行,是行事的灾祸。

审其所好恶,则其长短可知也;观其交游,则其贤不肖可察也。《管子·权修》　审:察看。好恶(wù):喜爱和厌恶。不肖:指坏人。　几句意谓:看看他所喜爱的和厌恶的,他的长处和短处也就知道了;观察他交往的朋友,他是好人还是坏人就可以判断了。

一年之计,莫如树谷;十年之计,莫如树木;终身之计,莫如树人。《管子·权修》　树:种植,培养。做一年的计划,没有比种植五谷更重要的;做十年的计划,没有比种植林木更重要的;做长远的计划,没有比培养人才更重要的。比喻培养人才是长远之计。这个说法后人概括为"十年树木,百年树人"。

今日不为,明日亡货,昔之日已往而不来矣。《管子·乘马》　亡货:什么东西也没有。亡,同"无"。今天不做事情,明天就会没有财物,过去的时间已经过去,是不会回来的。　告诫人们,珍惜时间,有所作为,否则时不再来。

言不周密,反伤其身。《管子·宙合》说话不周密,反而害了自己。提醒人们考虑全面再说话,否则就会被人抓住辫子,后患无穷。

坦坦之利不以功,坦坦之备不为用。《管子·枢言》　坦坦:谓平平。功:指功用,功效。　一般的小利,不能有功用,平常的准备,不能为用。　指出平平常常的作为是不能成就大业的。

善游者死于梁池,善射者死于中野。《管子·枢言》　梁池:指沟池。中野:原野之中。　善于游泳的人往往死于沟池中,善于射箭的人往往死于原野之中(因掉以轻心与兽搏斗而死)。　比喻不幸往往会从自己擅长的方面产生。

上之所好,民必甚焉。《管子·法法》好(hào):喜好。　上面喜好什么,下面一定喜好什么而且超过他。　说明领导者的作风对下面影响很大。《孟子·滕文公上》:"上有好者,下必有甚焉者矣。"与此句意义相近。

以善胜人者,未有能服人者也;以善养人者,未有不服人者也。《管子·戒第》　胜人:压服人。养人:这里指熏陶人。　用做好事来压服人,人们不会心服;用做好事来熏陶人,人们没有不心服的。　两相对比说明"胜人"不如"养人",因为后者是有德于人,故能使人心悦诚服。

身不善之患,毋患人莫己知。《管子·小称》　之:犹"是"。患:忧虑。　令人忧虑的是自身不好,不要担心别人不了解自己。

茅草弗去,则害禾谷;盗贼弗诛,则伤良民。《管子·明法解》　弗:不。　杂草不铲除,就危害庄稼;盗贼不惩治,就伤害良民。以两种植物之不并存,比喻对那些作奸犯科的罪犯必须严惩不贷。

战国·列御寇《列子》

天地无全功,圣人无全能,万物无全用。《列子·天瑞》　全:完备。天地没有万能的功效,圣人没有万能的本领,事物没有万能的用处。说明天地万物各有所长,各有所短,我们不能求全责备。

欲刚必以柔守之,欲强必以弱保之。积于柔必刚,积于弱必强。观其人,以知祸福之乡。《列子·黄帝》　乡:通"向",趋向。　要想刚必须靠柔来护养,要想强必须靠弱来保障。柔积蓄起来必定刚,弱积蓄起来必定强。观察它们所积蓄的,便可知道祸福的趋向。这里包含了朴素辩证法的思想和对应转化的规律。

学视者先见舆薪,学听者先闻撞钟。《列子·仲尼》　舆薪:满车的柴火。比喻大而易见的事物。练习看东西的人应该先看满车子的柴薪,学习听声音的人应该先听敲打铜钟的巨响。　认为先把显著的东西看到了、洪亮的声音听到了,才能进一步提高看和听的能力。因而学习一定要遵循由易到难的规律。

受人养而不能自养者,犬豕之类

也。《列子·仲尼》 豕（shǐ）：猪。受他人供养而不能靠自己力量生活的,是狗猪一类的东西。 说明人必须自力谋生。

志强而气弱,故足于谋而寡于断。《列子·汤问》 志：意志。气：气质,身体素质。 心志强盛而气质柔弱,所以善于谋虑而缺乏决断。

志弱而气强,故少于虑而伤于专。《列子·汤问》 伤：妨害。专：任性,固执。 心志薄弱而气质强盛,因此缺乏谋虑而过于固执。

声振林木,响遏行云。《列子·汤问》 振：通“震”。 遏（è）：阻止。歌声震动林木,连飘动的浮云也停住了。 后来成语“响遏行云”即源于此,形容歌声嘹亮。

良弓之子必先为箕,良冶之子必先为裘。《列子·汤问》 良弓：指善于制弓的人。长箕（jī）：柳条编制的簸箕。良冶：善铸造金属器具的人。裘（qiú）：这里指补缀皮袍。制弓好手的儿子,必定先学习编织簸箕;打铁良匠的儿子,必定先学习补缀皮袍。 意谓学习专业必须先练好有关的基本功,也道出欲刚先柔、欲强先弱的道理。

以贤临人,未有得人者也;以贤下人者,未有不得人者也。《列子·力命》 贤：有德有才的。 因贤能而傲气临人的,不可能得人心;以贤能而谦虚待人的,不可能不得人心。 指出贤者得人心应持的态度。

贤者任人,故年老而不衰,智尽而不乱。《列子·说符》 不衰：指能力不衰退。不乱：指头脑不糊涂。贤明的人善于任用他人,所以自己虽然年老,但治事的能力并不衰退,智力虽已竭尽,但看待问题并不迷乱。 指出必须充分利用贤才才能有利于自己处理政务。

察见渊鱼者不详,智料隐匿者有殃。《列子·说符》 智料：以智慧来料算。 能观察到深渊之鱼的人不吉利,能以智巧算出隐藏者的人必有灾祸。 主张人不能过分精明。

大道以多歧亡羊,学者以多方丧生。《列子·说符》 歧：指岔路。亡：丢失。多方：方向众多,指治学门径多。丧生：指丧失方向。丧生极言其危。 大路上的岔口太多,就找不回丢失的羊;求学问的人治学门径太多,就会丧失方向。 强调做学问不能什么都搞,而必须专攻某科,这样才会有所成就。

人而无义,唯食而已,是鸡狗也。《列子·说符》 义：事之宜,正义。 一个人,如果其思想行为没有一点符合正义的地方,只是知道吃,那他就和鸡狗一样了。

说明做人必须明大体、识大义,而不能一心追求吃喝享乐。

人不尊己,则危辱及之矣。《列子·说符》 危:危难。辱:耻辱。一个人不尊重自己,那么危难耻辱就会降临到他的身上。

战国·商鞅《商君书》

疑行无成,疑事无功。《商君书·更法》 行动犹豫,就不会有成效。办事迟疑,就无法成功。 鼓励人们行事要坚决果敢。

愚者闇于成事,知者见于未萌。《商君书·更法》 闇(àn):同"暗",不明了。知:同"智"。萌:萌芽。 愚昧的人在事成后还看不明白,智慧的人在事情还未萌芽就观察到了。

胜而不骄,败而不怨。《商君书·战法》 胜利了不骄傲,战败了不悔恨。 作者认为:胜了是由于"术明",要总结经验;败了要"知所失",总结教训。今常用"胜不骄,败不馁"来概括这个意思。

战国·屈原《楚辞》

惟草木之零落兮,恐美人之迟暮。《楚辞·离骚》 惟:作动词,"想"

的意思。零落:凋谢,飘零。美人:屈原自喻。迟暮:这里指衰老。 二句意为:想到草木由盛而衰,就为自己由壮而老感到恐惧。 屈原以美人自喻,感到时不我待,怕不及时建立功业,则迟暮自伤,空嗟老大。表现了诗人的积极进取精神。

岂余身之惮殃兮,恐皇舆之败绩。《楚辞·离骚》 惮(dàn):惧怕。殃:灾祸。皇舆:国君所乘的车辆,这里指楚国。舆,车。败绩:倾覆。 二句意为:我哪里是怕自身遭到灾祸呢,而是怕楚国倾覆灭亡啊。

众皆竞进以贪婪兮,凭不厌乎求索。《楚辞·离骚》 众:指众小人。竞进:指对权势利禄的争相追逐。凭:满。厌:足。求索:对权势财富的追求索取。 二句意为:这帮小人贪婪成性,追逐名利没有满足的时候。 这是对楚国朝廷里小人们的痛斥和揭露。

朝饮木兰之坠露兮,夕餐秋菊之落英。《楚辞·离骚》 木兰:香草名。落英:坠落之花。一说初开之花。这两句"坠露"、"落英"为对文。坠、落二字俱作"落下"解释。晨饮木兰落下的花露,晚上吃秋菊坠落的花朵。 屈原在这儿只是以早晚服用芳物,比喻自己的修身洁行。

长太息以掩涕兮，哀民生之多艰。

《楚辞·离骚》　太息：叹息。掩涕：犹言擦泪。多艰：多难。我深长地叹息，掩泪而哭，哀伤百姓的多灾多难。　"掩涕"之悲状，正形象地传达了屈原爱国、爱民的思想。

亦余心之所善兮，虽九死其犹未悔。《楚辞·离骚》　亦：语首助词，无义。所善：所喜爱。"余心所善"指的是屈原的政治理想及其操守。九死：死亡多次。九，极言其多。二句大意是：我追求美好理想和操守，至死也不屈服、不妥协。这是屈原精神的写照。

虽体解吾犹未变兮，岂余心之可惩。《楚辞·离骚》　体解：肢解，古代一种酷刑。惩：因受打击而引起的戒惧。　二句大意是：我即使被肢解也不会改变素志，难道我的志向会因惩创而变化。

瞻前而顾后兮，相观民之计极。夫孰非义而可用兮，孰非善而可服？《楚辞·离骚》　瞻前顾后：犹言历览古今。相（xiàng）：观察。计：计算。极：准则。孰：谁，哪个人。服：同"用"，享有。　四句大意是：我历览前朝后代的事迹，考察人心向背的准则，哪个不义不善之君能够长久享有天下呢？诗人坚信不渝一个真理：一切不合理的政治，必将受到人民的唾弃，

必然归于覆亡。

路曼曼其修远兮，吾将上下而求索。《楚辞·离骚》　曼曼：即漫漫，遥远的样子。修远：长远。求索：寻求，探索。　二句意为：路途遥远得很啊，我要走遍天下去寻求。　诗人的主张和信念无法实现，于是抒发极其深刻而复杂的内心矛盾。

世混浊而嫉贤兮，好蔽美而称恶。《楚辞·离骚》　称恶：指荐举邪恶之人。　二句大意是：社会上混乱、污浊，嫉妒贤能，压制好人而荐举邪恶之人。　腐朽的朝廷即将覆灭的前夕，昏君奸臣胡作非为，造成社会善恶观念的混乱和是非标准颠倒。屈原清楚地知道，这种社会道德的崩溃是国家灭亡的征兆，因而感到非常痛心。

何昔日之芳草兮，今直为此萧艾也。《楚辞·离骚》　芳草：香草，喻君子。直：竟然。萧、艾：都是草名，屈原视作贱草、恶草，喻小人。二句意为：为什么往日的君子竟都蜕变为小人呢？

悲莫悲兮生别离，乐莫乐兮新相知。《楚辞·九歌·少司命》　悲伤莫过于刚刚别离，欢乐莫过于新近得到知己。

望美人兮未来，临风恍兮浩歌。《楚辞·九歌·少司命》　美人：指理想中的人。恍（huǎng）：同"恍"，失意

的样子。浩歌:大声歌唱。 二句意为:盼望中的理想人物竟没有到来,只好迎风大声歌唱,以抒发胸中的失望和苦闷。

雷填填兮雨冥冥,猨啾啾兮狖夜鸣。《楚辞·九歌·山鬼》 填填:雷声。冥冥(míng):晦暗的样子。猨:同"猿"。啾啾(jiū):凄厉的叫声。狖(yòu):长尾猿。 耳中是隆隆的雷声,眼前是昏暗的雨色;沉沉的夜幕里猿狖发出凄厉的鸣叫。 以环境气氛的渲染,烘托山鬼失恋的痛苦,极具感染力。

操吴戈兮被犀甲,车错毂兮短兵接。旌蔽日兮敌若云,矢交坠兮士争先。《楚辞·九歌·国殇》 操:持。吴戈:吴地所产的戈,以锋利著称。这里泛指锋利的戈。被:披。犀甲:用犀牛皮制成的甲,这里泛指坚韧的甲。车:战车。错:交错。毂(gǔ):车轴头。短兵:戈、矛一类的武器。兵,武器。旌(jīng)旗:这里指战旗。蔽日:遮住了太阳。矢交坠:流矢在双方阵地纷纷落下。 四句大意是:手持锋利的戈,身披坚韧的铠甲,双方战车轴头交错,敌我短兵相接。战旗之多遮云蔽日,众敌如云般密集,流矢在双方阵地纷纷落下,战士奋勇争先杀敌。 二十八字把惨烈的战况写得惊心动魄,是用诗写战争场面的典范。

带长剑兮挟秦弓,首身离兮心不惩。《楚辞·九歌·国殇》 带:佩在身上。挟(xié):夹在腋下。秦弓:秦地所制的弓,指良弓。惩:悔恨。 二句意为:战士丧失了生命却没有放下武器,依然身佩长剑,腋夹良弓,即使掉了脑袋也不心悔。描写了战士为国牺牲的勇武气概。

身既死兮神以灵,子魂魄兮为鬼雄。《楚辞·九歌·国殇》 神以灵:指精神显赫,英灵不泯。子:指殇者。魂魄:即灵魂。鬼雄:鬼中雄杰。 二句意为:战士身躯虽死,而精神不泯,他们的灵魂为鬼中雄杰。 颂扬烈士死后也不同凡俗。

与天地兮同寿,与日月兮同光。《楚辞·九章·涉江》 与天地一样长寿,与日月一样发光。 这是屈原披露的志向:要使自己的事业不朽,名声长存,如天地与日月。

吾不能变心而从俗兮,固将愁苦而终穷。《楚辞·九章·涉江》 固:本来,有必然的意思。 我不能改变自己的志趣而屈从流俗,必将在忧愁苦闷中度过不得志的一生。用通俗的文字写出有志之士不肯放弃美好理想以迁就丑恶社会的必然结果。

鸟飞反故乡兮,狐死必首丘。《楚辞·九章·哀郢》 反:同"返",回。首丘:头枕着山丘。相传狐狸死时总把头枕在所穴居的山丘上。鸟儿远飞总要返回故乡,狐狸死时必然头枕穴居的山丘。　比喻屈原至死眷恋着祖国。"首丘"后成为怀恋故土的代名词。

善不由外来兮,名不可以虚作。《楚辞·九章·抽思》　善:这里指品德。　二句意为:良好的品德不是外人加给的,要靠本身的修养,声名不是虚假所能够造成,要用实干去取得。

变白以为黑兮,倒上以为下;凤皇在笯兮,鸡鹜翔舞。《楚辞·九章·怀沙》　凤皇:喻指好人。笯(nú):竹笼,楚地方言。鸡鹜(wù):喻指小人。鹜,鸭子。翔舞:寓跋扈之意。　四句大意是:黑白不分,上下颠倒,好人在竹笼里(困窘),小人跋扈。　诗人以形象的比喻概括了楚国灭亡前夕的社会状况。

邑犬之群吠兮,吠所怪也;非俊疑杰兮,固庸态也。《楚辞·九章·怀沙》　邑:城市。吠(fèi):狗叫。俊、杰:指不平凡的人物。固:本来。庸态:庸俗的态度。　四句大意是:城里的狗成群嚎叫,只是向着它们感到怪异的人;非议和怀疑俊杰之士,本来就是因为习惯于卑鄙庸俗的缘故。　这里显示出诗人疾恶如仇的耿介性格。

往者余弗及兮,来者吾不闻。《楚辞·远游》　二句大意是:以往的圣哲我没有赶上,将来的贤哲我又见不到。　诗人理想崇高却又孤立无援,因而发出悲愤之吟。唐代陈子昂《登幽州台歌》"前不见古人,后不见来者",就是锤炼这两句而又有拓境的。

宁与黄鹄比翼乎? 将与鸡鹜争食乎?《楚辞·卜居》　宁、将:都是选择连词,或者的意思。黄鹄(hú):天鹅。比翼:并翅而飞。鹜(wù):家鸭。　二句大意是:是和天鹅齐飞呢? 还是跟鸡鸭抢食呢? 比喻是与圣贤豪杰比肩为伍呢? 还是跟卑鄙小人争权夺利呢? 表面上,两种前途好像都可以供选择,但诗人在"黄鹄"、"鸡鹜"、"比翼"、"争食"的措辞中已表示出明显的爱憎。

蝉翼为重,千钧为轻;黄钟毁弃,瓦釜雷鸣。《楚辞·卜居》　蝉翼:蝉的翅膀,指极轻。千钧:一钧等于三十斤,此言极重。黄钟:古乐中十二律的基础。瓦釜(fǔ):瓦锅。　四句意为:把极轻的蝉翅看成重的,而视千钧重为轻的;律管黄钟遭到毁坏而被抛弃,瓦锅却被敲得轰响。　诗人以此比喻楚国社会是非颠倒,君子遭殃,小人得志。这种比拟手法在后代的辞赋里得到广泛运用。

尺有所短,寸有所长;物有所不

足，智有所不明。《楚辞·卜居》
四句大意是：尺比寸长，但用于更长处却又显得短了，寸比尺短，但用于更短之处却显得长了；任何事物都有不足的成分，聪明的人也有他不能了解的。　　原指占卜并不能完全解决人所疑惑的问题。后用以说明人或物各有长处也各有短处。

举世皆浊我独清，众人皆醉我独醒。《楚辞·渔父》　　浊：混浊，不干净，指行为龌龊。清：清白，指品德高尚。　　人人都不净只有我清白，众人都醉了只有我清醒。喻指品德高尚，头脑清醒。

沧浪之水清兮，可以濯吾缨；沧浪之水浊兮，可以濯吾足。《楚辞·渔父》　　沧浪：古水名，在湖北境内。濯(zhuó)：洗。缨：古代帽子上系在颔下的带子。　　沧浪江水清澈啊，可以洗我的冠带。沧浪江水混浊啊，就洗我的双足。比喻人应该顺应时势，随遇而安。这里有渔父劝屈原明哲保身的意思。

悲哉秋之为气也！萧瑟兮草木摇落而变衰！《楚辞·九辨》　　秋之为气：秋天所形成的气象。萧(xiāo)瑟(sè)：风吹草木发出的声响。摇落：凋落。　　秋天所形成的气象是多么悲惨凄凉啊！草木凋零，在秋风中摇曳，发出干枯的声响。借写自然景物抒发别离的情绪，造成一种凄清幽美的境界，使人低回不已。清人王夫之赞其为"千古绝唱"(《楚辞通释》)。

王孙游兮不归，春草生兮萋萋。《楚辞·招隐士》　　王孙：可能指淮南王刘安。萋萋(qī)：草茂盛的样子。　　王孙出游在外还没有回来，春草已长得很茂盛了。　　感情缠绵，诗境凄清美丽。　　后人常援引或改造这两句诗以入怀友、送别之作。

战国·韩非《韩非子》

不知而言，不智；知而不言，不忠。《韩非子·初见秦》　　不知道就说，不明智；知道了而不说，不忠诚。

奉法者强，则国强；奉法者弱，则国弱。《韩非子·有度》　　奉法：执行法律。　　执行法律的人坚强有力，国家就强大；执行法律的人软弱无力，国家就衰弱。　　强调执行法律的重要性。

明主使法择人，不自举也；使法量功，不自度也。《韩非子·有度》　　自举：按照自己的私意来荐举人。度(duó)：推测，估计。　　几句是说：英明的君主用法度来选择人才，不按自己的私意来提拔；用法度来衡量功绩，不凭自己私意来推测。

能去私曲就公法者,民安而国治。

《韩非子·有度》　私曲:指偏私阿曲的行为。　能够去掉偏私阿曲的行为,遵循国家的法度,民众就安居,国家就会安定。

上用目,则下饰观;上用耳,则下饰声;上用虑,则下繁辞。《韩非子·有度》　饰观:装饰外表。饰声:指说好听的话。虑:思考。繁饰:繁多的言辞。　君主用眼睛去观察,臣下就会乔装外观;君主用耳朵去探听,臣下就会花言巧语;君主动脑筋去思索,臣下就会把话说得头绪纷繁。　实际上是在告诫统治者(或领导者),只用眼、耳、脑是不够的,所以不靠自己的才能而必须依靠法律、严明赏罚。

刑过不避大臣,赏善不遗匹夫。《韩非子·有度》　刑过:用刑来惩罚有罪过的人。赏善:用奖赏来鼓励善行。匹夫:指平民。　处罚有罪过的人,不放过大臣;赏赐做好事的人,不漏掉平民百姓。　指出赏罚要一律平等,不分贵贱。

去好去恶,群臣见素。《韩非子·二柄》　好:爱好。恶(wù):厌恶。见(xiàn):同"现",显现。素:真情。　君主不表现自己的爱好,不流露出自己的厌恶,群臣就会显现出真情。　这就是说,统治者(或领导者)无一己好恶,公正无

私,那么下面的人就会心怀忠诚。

楚灵王好细腰,而国中多饿人。《韩非子·二柄》　楚灵王:又称荆灵王,春秋时楚国国君,公元前540年至529年在位。　二句意为:楚灵王喜欢细腰,国内就有很多为了使自己腰变细而饿肚子的人。说明上有所好,下必甚之。

顾小利,则大利之残也。《韩非子·十过》　残:伤害,危害。　贪图小的利,就会使大利受到危害。强调做事应着眼于大局。

去甚去泰,身乃无害。《韩非子·扬权》　甚:过分。泰:极端。去掉过分的东西,去掉极端的行为,身体才不会受到损害。上几句为:"香美脆味,厚酒肥肉,甘口而疾形;曼理皓齿,说(悦)情而损精。"可见作者反对过分的吃喝与淫乐。二句话表现了朴素的辩证思想,什么事过了头即走向反面。

豺狼在牢,其羊不繁。《韩非子·扬权》　牢:牲畜圈。繁:繁殖。豺狼在牢,羊成了它口中之物,自然谈不上繁殖。　比喻贪残之官吏当政,老百姓就没有生路了。

与死人同病者,不可生也;与亡国同事者,不可存也。《韩非子·孤愤》　同事:同样的情况。　如果一个人和死去的人患有相同的不治之症,那么这个人也不可能再生存下去;如果一个国家和灭亡的国家有

着相同的情况,那么这个国家也要灭亡。

家有常业,虽饥不饿;国有常法,虽危不亡。《韩非子·饰邪》 常业:固定的产业。 家庭有了固定的产业,即使碰上荒年也不会挨饿;国家有了固定的法律,即使遇到危难也不会灭亡。 指出常业、常法于人民生活安定、国家政治形势稳定的重大意义。

万物必有盛衰,万事必有弛张。《韩非子·解老》 弛(chí):放松。 二句意谓:万物必定有茂盛和衰败,万事必定有松弛和紧张。

有欲甚,则邪心胜。《韩非子·解老》 欲:欲望。 人一有了严重的私欲,就会使邪恶的心思占上风。

祸难生于邪心,邪心诱于可欲。《韩非子·解老》 诱:诱发。 灾祸产生于邪恶的思想,邪恶的思想诱发于可以引起私欲的东西。

缘道理以从事者,无不能成。《韩非子·解老》 缘:沿,顺。道理:指规律、法则。 遵从事物的规律办事,没有不成功的。

邦以存为常,霸王其可也;身以生为常,富贵其可也。《韩非子·喻老》 常:指永久的原则。 国家以保持生存作为永久遵循的根本原则,那么要称霸称王也就有可能了;身体以保持生命作为永久遵循的根本原则,那么富贵荣华也就有可能了。

志之难也,不在胜人,在自胜。《韩非子·喻老》 自胜:战胜自己,指克制自己。 几句意为:立志的困难,不在于胜过别人,而在于战胜自己。

千丈之堤,以蝼蚁之穴溃;百尺之室,以突隙之烟焚。《韩非子·喻老》 蝼蚁:地蝼与蚂蚁。突:烟囱。烟:当作熛(biāo):飞迸的火焰。 千里长的河堤,会因为有蝼蚁的洞穴而崩溃;百丈高的大屋,会因为有烟囱的缝隙迸飞火焰而焚毁。比喻微小的隐患,可以造成巨大的灾害。提醒人们防患于萌芽状态之中。

良医之治病也,攻之于腠理。《韩非子·喻老》 攻:治。腠(còu)理:中医指皮下肌肉之间的空隙和皮肤的纹理。 良医治病,从医治腠理之间的小病开始。 告诉人们,治小病就能防止大病,等到大病来了再治就晚了。这个道理也可以推广到为人、治国等方面去。

不为小害善,故有大名;不蚤见示,故有大功。《韩非子·喻老》 善:擅长。蚤:通"早"。见(xiàn):同"现",显露。 几句谓:不让小事情妨碍自己的专长,所以能有大名声;不过早地显示出来,所以能建立大功业。 说明做事要沉着、稳重。

智之如目也，能见百步之外，而不能自见其睫。《韩非子·喻老》 智：智慧。睫（jié）：睫毛。 智慧就像眼睛，能看到百步之外的东西，却无法看到自己的睫毛。比喻再聪明的人也有不足，因此人要有自知之明。

饥召兵，疾召兵，劳召兵，乱召兵。《韩非子·说林上》 饥：指灾荒年月。疾：指疾病流行。劳：指过重的劳役。乱：内乱。 荒年会招来敌兵，疾病瘟疫会招来敌兵，百姓劳苦会招来敌兵，政局混乱会招来敌兵。 四者皆引起外国兴兵来侵，故当引起足够的重视。

行贤而去自贤之心，焉往而不美！《韩非子·说林上》 行贤：犹言做好事。自贤：自以为做了好事。焉：何，哪里。 自己做了好事而去掉自以为做了好事的想法，到哪里不受到赞美呢。 "行贤"之举自有公认，不必自我欣赏，而应该正确对待，这样才能受到大家的褒奖。

以人言善我，必以人言罪我。《韩非子·说林上》 因为别人说了好话而善待我，也一定会因别人进谗言而加罪于我。 战国时策士鲁丹，三次游说中山国国君而不接受他的主张，后因贿赂中山君的近侍，才被重新接见并予款待。事后鲁丹决定马上离开中山国。车夫困惑不解，问其所以，鲁丹便回答了这两句话。 以传言作为衡量人臣的标准，往往是昏君的特点之一。

一手独拍，虽疾无声。《韩非子·功名》 一只手单独拍，虽然快速但没有响声。 指出君臣、上下应相互配合，才能奏效。

私怨不入公门。《韩非子·外储说右下》 私人的恩怨，不带进公事中去。 这是一种公私分明，秉公办事的品质。

繁礼君子，不厌忠信；战陈之间，不厌诈伪。《韩非子·难一》 繁：多。厌：满足。陈：同"阵"，两军交战时队伍的行列。 几句大意是：在多礼的君子里，忠实和诚信越多越好；在对阵的战争中，欺诈和虚伪越多越好。 指出忠信和诈伪各有用场，不能混淆。成语"兵不厌诈"便是此条后半的改写。

矜伪不长，盖虚不久。《韩非子·难一》 矜：自大，自夸。盖：掩盖。 伪情自夸维持不长，掩盖虚假不能长久。

长袖善舞，多钱善贾。《韩非子·五蠹》 贾（gǔ）：做买卖。 二句大意是：袖子长有利于起舞，本钱多才好做买卖。 韩非引用谚语比喻强盛的国家易于治理。

后常用来说明条件好,事情容易成功。

宰相必起于州部,猛将必发于卒伍。《韩非子·显学》　宰相:此泛指掌政权的大官。州部:指地方低级小官。卒伍:古代军队的基层单位,百人为"卒",五人为"伍"。　宰相一类的大官一定是从州部那样的基层衙署中提拔上来的,勇猛的将军一定是从士兵队伍中选拔出来的。　这个选拔官吏的办法,体现了重视实践的思想。

慈母有败子。《韩非子·显学》　慈母的溺爱反会出败家子。　这是十分重要的养育孩子的经验总结。

恃自直之箭,百世无矢;恃自圜之木,千世无轮。《韩非子·显学》　恃:靠。箭:竹名,其质坚韧,适于造箭。矢:箭。圜(yuán):通"圆"。　一定要靠生来就笔直的竹子做箭,那么等上千年也不会有箭了;一定要靠生来就很圆的树木做车轮,那么等上万年也不会有车轮了。　比喻不通过赏罚进行教育,就能够"自善"的人是极为稀少的。

时移而治不易者乱,能众而禁不变者削。《韩非子·心度》　移:改变。能:才能,这里指要聪明、玩弄智巧的人。　二句意为:时代变化了,但治理国家的方法不改变,国家就会混乱;耍聪明的人多了,则禁令不改变的国家就会削弱。

战国·吕不韦编《吕氏春秋》

万人操弓共射一招,招无不中。《吕氏春秋·本生》　操:持。招:指箭靶。　万人拉弓共射同一靶子,这靶子没有不被射中的。这里的操弓射箭,比喻人的各种追求和享受,而"招"喻为人的身体。说明人抵挡不住万物的诱惑,过分追求享受,就会葬送身体。　例事平常,而哲理意味较深。

上为天子而不骄,下为匹夫而不惽,此之谓全德之人。《吕氏春秋·本生》　匹夫:平民。惽(mèn):通"闷",心情不舒畅。　几句意为:贵为帝王但不骄傲,低为平民而不烦恼,这称得上道德完备的人了。

大匠不斫,大庖不豆。《吕氏春秋·贵公》　大匠:有名声的工匠。斫(zhuó):砍。大庖(páo):有名声的厨师。豆:古代盛食物的器皿。这里指器皿的摆放。　有名望的匠人,不亲自用斧砍削,高明的厨师,不亲自摆设餐具。　比喻国君、大臣要留心治国的大政方针,不必过问枝节琐事。

外举不避仇,内举不避子。《吕氏春秋·去私》　举荐人才不避讳仇人，举荐亲友不避讳儿子。

流水不腐，户枢不蝼。《吕氏春秋·尽数》　腐：臭败。户枢：门的转轴。蝼：秦晋之间谓之蠹，这里指蛀虫。　流动的水不腐臭，转动的门轴不会被虫蛀。　比喻经常运动的东西不易被外物所侵蚀，可以历久不衰。后成语"流水不腐，户枢不蠹"源此。

以汤止沸，沸愈不止，去其火则止矣。《吕氏春秋·尽数》　汤：开水。用开水来制止水的沸腾，沸腾愈不能止，去掉它下面的火，沸腾就会止住了。　比喻解决问题必须从根本上入手，才能奏效。后形成"扬汤止沸"和"釜底抽薪"两个成语。

欲胜人者，必先自胜，欲论人者，必先自论，欲人知者，必先自知。《吕氏春秋·先己》　自胜：战胜自己，指克服自身缺点。　要想战胜别人，必须首先克服自己的弱点，要想评论别人，必须首先评论自己，要想了解别人，必须首先了解自己。　谓人应有自知之明，正确对待自己才能正确对待别人。

师必胜理行义，然后尊。《吕氏春秋·劝学》　胜：犹"行"。　老师一定要按道理和道义行事，然后才能得到别人的尊敬。

达师之教也，使弟子安焉，乐焉，

休焉，游焉，肃焉，严焉。《吕氏春秋·诬徒》　精通教学的老师，教育学生使之学得安详，有兴味，尽善美，舒畅自如，且能尊敬长者，严格要求自己。　这对教与学都提出了高出一般的要求。

视徒如己，反己以教，则得教之情也。《吕氏春秋·诬徒》　反己以教：指把自己放在学生的地位上来教育学生。　对待学生像对待自己一样，把自己放在学生的地位上来教育学生，这样的教育就富有人情。　说明教育学生，要设身处地，从学生的实际出发，为学生着想。

善学者，假人之长，以补其短。《吕氏春秋·用众》　假：借助。善于学习的人，能借助于别人的长处，弥补自己的短处。　这是提倡以人之长，补己之短。

天下无粹白之狐，而有粹白之裘，取之众白也。《吕氏春秋·用众》　粹：纯粹。裘：皮衣。　天下没有纯白的狐狸，但是有纯白的狐裘，这是从众多的白狐狸皮中取来的啊！　鼓励人在学习上要学会积累知识的本事，这样才能积少成多，集腋成裘。

众之为福也大，其为祸也大。《吕氏春秋·决胜》　人多福气大，惹祸也大。　作者既看到人多成事的一面，也看到人多败事的一面,这比单纯强调人多好办事要全面得多。

其知弥精,其所取弥精;其知弥粗,其所取弥粗。《吕氏春秋·异宝》 一个人知道得愈精妙,所取之物也愈精妙,知道得愈粗浅,其所取之物愈粗浅。　说明一个人的知识水平决定他所得的结果。

审知今则可知古,知古则可知后。《吕氏春秋·长见》 审:考察。考察现在就可了解古代,了解古代就可知后世。　指出历史总有惊人的相似之处,因而古今可互为借鉴,知今可知古,知古可知后。

士之为人,当理不避其难,临患忘利,遗生行义,视死如归。《吕氏春秋·士节》 士:指有教养的读书人。当理:犹有理、在理。遗生:舍身。　士的为人,在理就不回避危难,面对祸患就忘记个人利益,舍生命也要施行仁义,看待死亡如同是回归。

以富贵有人易,以贫贱有人难。《吕氏春秋·介立》 由于富贵而得到别人帮助容易,由于贫贱而得到别人效劳就难了。　这是人际交往中的常情。

智不公,则福日衰,灾日隆。《吕氏春秋·序意》 衰(cuī):递减。聪明才智不用在为公上,就会使福运一天天减少,使厄运一天天增多。　谓应当把自己的智慧用于为公而不用以谋求私利。

不知而自以为知,百祸之宗也。《吕氏春秋·谨听》 宗:根本。二句意为:不知道而自以为知道,这是各种灾祸之源。

一沐而三捉发,一食而三起。《吕氏春秋·谨听》 捉:握。洗一次头三次握着头发,吃一顿饭三次起身。　原指禹以此举礼遇有道之士,现常用以形容忙于政事,连洗澡、吃饭的功夫都没有。

养可能也,敬为难;敬可能也,安为难;安可能也,卒为难。《吕氏春秋·孝行》 养:指供养父母。卒:这里有从始至终的意思。供养父母可以做到,做到恭敬难;恭敬容易做到,使父母安宁难;安宁可以做到,自始至终难。　提醒做子女的,孝敬父母要始终如一。

天不再与,时不久留。《吕氏春秋·首时》 与:赐予。　天不会赐予第二次机会,时间不会久留。言机不可失,时不待人,做事须抓住时机。

竭泽而渔,岂不获得? 而明年无鱼。焚薮而田,岂不获得? 而明年无兽。《吕氏春秋·义赏》 竭(jié):排尽。渔:作动词用,捕鱼。薮(sǒu):生长着很多草的湿地。　排尽湖中的水捕鱼,能抓不到鱼吗? 可第二年就没有鱼了。点火烧荒打猎,能没有收获吗? 可第二年就没有野兽出没了。说明办事要将眼前利益与长远利益结合起来，不能只顾目前而不顾日后。

君子之自行也，敬人而不必见敬，爱人而不必见爱。《吕氏春秋·必己》见敬：被人恭敬。见爱：被别人爱。　君子自然行事，恭敬人而不必强求被人恭敬，爱别人而不必强求被别人爱。

苟虑害人，人亦必虑害之；苟虑危人，人亦必危之。《吕氏春秋·顺说》苟：假如。虑：打算。　假如你算计害人，别人也一定算计害你；假如你打主意使人处于险境，别人也一定打主意使你危险。

尝一脟肉，而知一镬之味，一鼎之调。《吕氏春秋·察令》　尝：品味。一脟（luán）肉：一块肉。脟，通"脔"，切成肉块。镬（huò）、鼎：古代烹饪器。高诱注："有足曰鼎，无足曰镬。"调：味。　品尝一块肉，即可知一锅的肉味，一鼎的汤味。　是说了解了局部，也就知道了整体。

治国无法则乱，守法而弗变则悖。《吕氏春秋·察今》　悖（bèi）：谬误。　治理国家如果没有法令，就会造成混乱，如果死守旧法而不根据形势有所变革，就会出现谬惑。　强调法制和改革对于治国都是重要的。

人之老也，形益衰，而智益盛。《吕氏春秋·去宥》　形：形体。盛：旺盛。　人到了老年，身体日益衰弱，但智慧却益发增多。

至治之世，其民不好空言虚辞，不好淫学流说。《吕氏春秋·知度》淫学：不正派的学说。流说：缺乏准则的传言。　治理得最好的社会，人民不喜好说空话假话，不喜好邪说和流言蜚语。　说明治理得很好的社会，就会有很好的民风。

有金鼓，所以一耳也；同法令，所以一心也。《吕氏春秋·不二》　金：钲。击金则退，击鼓则进。金鼓在古代是用来指挥作战的。　设置金鼓，是为了统一士兵的耳听（即统一进退）；法令一律，是为了统一百姓的思想。　强调同一法令的重要性。古人重法，于此可见。

为国之本在于为身，身为而家为，家为而国为，国为而天下为。《吕氏春秋·执一》　为身：指修养自身。　治理国家的基础是修养自身，自身修养好了，家庭就能治理好，家庭治理好了，国家就能治理好，国家治理好了，天下就会治理好了。　人的自身修养至关重要，关系到家庭和国家的兴衰，因此，现在我们常说"从我做起"，不无道理。

壹引其纲，万目皆张。《吕氏春秋·

用民》　纲：网上的总绳。目：网眼。　一提网的纲绳，许多网眼就会张开。　比喻抓住事物的主要环节就可以带动一切。成语"纲举目张"本此。

交友不信，则离散郁怨，不能相亲。《吕氏春秋·贵信》　郁怨：怨恨。　结交朋友不讲诚信，那就会离散怨恨，不能互相亲近。

人固难全，权而用其长者，当举也。《吕氏春秋·举难》　权：权衡，比较。　人本来就难以十全十美，权衡以后用其所长。　这是举荐人才的恰当做法。

以全举人固难，物之情也。《吕氏春秋·举难》　固：原来，本来。用十全十美的标准推荐人，本来就很困难，这是事物的实际情形。说明人无完人，不要求全责备。

凡知之贵，贵知化也。《吕氏春秋·知化》　化：变化。　智慧的可贵，贵在了解事物的变化。

人之情，不蹶于山，而蹶于垤。《吕氏春秋·慎小》　蹶(jué)：跌倒。垤(dié)：小土堆。　人之常情是，不会被高山绊倒，却被小土堆绊倒。　这说明慎于大事，却忽视小事，也往往会招致失败。

战国·宋玉

其曲弥高，其和弥寡。《对楚王问》　弥：越。和(hè)：跟着唱。　二句大意是：所唱的歌曲越高雅，能跟着唱的人就越少。　指高级的艺术，不被多数人理解。后缩为成语"曲高和寡"，喻知音难觅。

增之一分则太长，减之一分则太短。《登徒子好色赋》　这是说一个人身材长得非常适中，不能增减一分一毫。也可以引申为某事恰到好处。

风生于地，起于青蘋之末，侵淫溪谷，盛怒于土囊之口。《风赋》　青蘋(píng)：浮萍的一种，叶大，根须下触水底。侵淫：即浸淫，渐进的样子。盛怒：大力奋张，这里指风势强起来。囊：洞穴。　几句大意是：风从地上生成，自青蘋末梢开始刮起，尔后渐渐地进入山谷，在山洞的洞口猛烈起来。写风自萌生到强劲的过程，观察入微，描摹准确，富于理趣。　现常用以比喻事物是从小发展起来的。或说明要把隐患消除于开始萌芽状态中。

战国·荀况《荀子》

青，取之于蓝，而青于蓝；冰，水为之，而寒于水。《荀子·劝学》　青：靛(diàn)青，一种青蓝色染料。蓝：蓝草，可作染料。　靛青这种染料是从蓝青中提取出来的，但比蓝青的颜色更青；冰是水变成的，但比水更寒冷。　阐明"学不可以已"的道理，强调人必须不断地从学习中汲取营养，从而完善自己和有功于社会。　后概括为成语"青出于蓝，而胜于蓝"，比喻后来者居上，学生胜过老师。

不登高山，不知天之高也；不临深溪，不知地之厚也。《荀子·劝学》　临：来到。深溪：深谷。　不登上高山，不知道天的高远；不走进深谷，不知道地的深厚。　喻指不深入实际，不了解情况，不进行比较，就不知道学问的渊博。

言有召祸也，行有招辱也，君子慎其所立乎。《荀子·劝学》　立：指立身。　言语不谨慎有时会招来灾祸，行为不检点则会招致耻辱，君子立身处世要时时谨慎。

不积跬步，无以至千里；不积小流，无以成江海。《荀子·劝学》　跬（kuǐ）：半步。　不积累起半步、一步，就无法走到千里远的地方；不汇聚起细流，就不能形成江海。　喻指学习是由少到多的积累过程。

锲而舍之，朽木不折；锲而不舍，金石可镂。《荀子·劝学》　锲（qiè）：刻。镂（lòu）：雕空。几句大意为：刻几下就丢开，即便是腐朽的木头也刻不断；若不停地刻下去，金石也可以雕空。　比喻学习贵在坚持不懈。　成语"锲而不舍"即由此来。

君子之学也，入乎耳，箸乎心，布乎四体，形乎动静。《荀子·劝学》　箸：同"著"，布，分布。　几句大意为：君子的学习，（有益的东西）听进耳中，记在心中，分布到周身，表现在一举一动上。　掌握学习过程的最终目的是，学以致用。

一出焉，一入焉，涂巷之人也。《荀子·劝学》　涂巷之人：指一般平庸的人。涂：通"途"。　在学习上时松时紧，不能善始善终的那是平庸的人。

无冥冥之志者，无昭昭之明；无惛惛之事者，无赫赫之功。《荀子·劝学》　冥冥（míng）：专心致志的样子。昭昭：明白的样子。惛惛（hūn）：专心一致。　四句意为：没有精诚专一的志向，就不会有明辨事理的智慧；不能专心一致，苦干一番，也不会有显赫的功绩。指出有所作为的人必须志向始终如一，具有苦干实干的精神。

声无小而不闻，行无隐而不形。《荀子·劝学》　隐：藏而不显。形：显现。　声音即使再小，人也不会听不到，行为即使再隐蔽，也不会不显现出来。　告诫人们不要存侥幸心理，要去恶从善。

非我而当者，吾师也；是我而当者，

吾友也;谄谀我者,吾贼也。《荀子·修身》 非:批评。是:肯定。谄(chǎn)谀(yú):巴结,奉承。贼:害。 批评我而批评得正确的,是我的老师;肯定我而肯定得正确的,是我的朋友;奉承我的,是害我的人。 告诫人们,对己要求严格,并能客观评价的人,有利于自己成长,可引为良师益友;反之,表面一味奉承,到是应该提防。

是是,非非,谓之知;非是,是非,谓之愚。《荀子·修身》 "是是"、"非非"、"非是"、"是非":第一个字均为动词,"是"为肯定,"非"为否定。第二个字均为名词,"是",正确。"非",错误。 几句意为:肯定正确东西,否定错误东西,叫做明智;否定正确的东西,肯定错误的东西,叫做愚蠢。 指出明智与愚鲁,取决于人的判断能力。

劳苦之事则争先,饶乐之事则能让。《荀子·修身》 劳累辛苦的事要抢先去做,有利享乐的事要能够谦让。

道虽迩,不行不至;事虽小,不为不成。《荀子·修身》 迩(ěr):近。路虽然近,不走不会到达;事情虽然小,不做不能成功。 指实践的重要。

怒不过夺,喜不过予。《荀子·修身》 过:过分,不超过常理或准则。夺:剥夺,此指处罚。予:赐予,此指奖赏。 发怒了不过分地处罚别人,高兴了不过分地奖赏别人。强调处罚或奖励各有自己的准则,应不受情绪左右。

崇人之德,扬人之美,非谄谀也。《荀子·不苟》 崇:推崇,推重。谄(chán)谀(yú):巴结,奉承。 推崇别人的德行,赞扬别人的优点,并不是阿谀奉承。

君子洁其身而同焉者合矣,善其言而类焉者应矣。《荀子·不苟》 君子洁身自好,则自有志同道合的和他交往,言语有理,则自有观点相同的与之呼应。 是说致力于提高自身修养的不会孤立。

与时屈伸,柔从若蒲苇,非慑怯也;刚强猛毅,靡所不信,非骄暴也。《荀子·不苟》 靡:无。信(shēn):通"伸",不屈。 几句意为:随着时势或退缩或进取,柔顺得就像蒲苇,这并非慑于威势而怯懦;刚强坚毅,无所屈服,这并非骄横暴戾。 强调为了坚持自己的信念,就应当无所顾忌而顺应时势,这是"君子"必备的条件。

赠人以言,重于金石珠玉。《荀子·非相》 金石珠玉:泛指宝物。用善言赠人,比赠送金石珠玉还要珍贵。 推崇善言的积极作用。

以近知远,以一知万,以微知明。《荀子·非相》 几句意谓:根据近世来了解远古,从一件事了解上万件事,由隐微的东西了解明显的东西。

其持之有故,其言之成理。《荀子·非十二子》 持：把持,坚持。故：有根据。 所持的主张是有根据的,所讲的话是有道理的。

言而当,知也；默而当,亦知也。《荀子·非十二子》 当：合适,恰当。知：通"智",智慧。默：沉默。 说得恰当,是有智慧的表现；沉默得恰当,也是有智慧的表现。

不知则问,不能则学,虽能必让,然后为德。《荀子·非十二子》 让：谦让,退让。 几句意谓：不懂就问,不会就学,虽然有才能,但必须谦让,然后才能成为有道德的人。

知之曰知之,不知曰不知,内不自以诬,外不自以欺。《荀子·儒效》 诬、欺：异文互义。 懂就说懂,不懂就说不懂,对内不自欺,对外不欺人。 提倡诚实易坦白。

不闻不若闻之,闻之不若见之,见之不若知之,知之不若行之。《荀子·儒效》 没有听说不如听说,听说不如见到,见到不如理解,理解不如实行。 这里说的是一个具体的学习过程的始终。

不学问,无正义,以富利为隆,是俗人者也。《荀子·儒效》 隆：崇高。俗人：庸俗的人。 几句意为：不学习请教,没有正义感,把求取财富当作自己最高目标,这是庸俗的人。

求之而后得,为之而后成,积之而后高,尽之而后圣。《荀子·儒效》 人要不断地求索才能有所收获,不断地实践才能有所成就,不断地积累才能有所提高,能达到尽善尽美的程度才是圣明。 认为达人的最高境界"圣",是靠一系列学习和实践的积累。

贤不肖不杂,则英杰至；是非不乱,则国家治。《荀子·王制》 不肖：指不正派的人。 四句大意为：好人和坏人不是混杂不分,出众的人才就会到来了,是与非不是混乱不清,国家就太平了。

无德不贵,无能不官。《荀子·王制》 没有德行的不能使之尊贵,没有才能的不能使之为官。 意谓：无德无才者不能重用。

足国之道,节用裕民,而善臧其余。《荀子·富国》 臧：通"藏"。 使国家富裕的道路是：节省费用,使人民富裕,并妥善贮藏多余的粮食财物。

士大夫众则国贫。《荀子·富国》 士大夫：泛指官员。 官员过多,国家必定贫穷。 指出机构庞大、闲官过多,是导致国家贫穷的祸根之一。

明主好要,暗主好详。《荀子·王霸》 要：指要领,纲领。详：细密,完备。 英明的君主善于抓住要领,而愚昧的君主喜欢管得周详。

得百姓之力者富,得百姓之死者强,得百姓之誉者荣。三得者具,而天下归之,三得者亡,而天下去之。《荀子·王霸》 具:全。去:离去。 得到百姓出力种地的就富足,得到百姓拼死作战的就强大,得到百姓称赞颂扬的就荣耀。这三种得到的东西都具备,那么天下人就会归附他;这三种得到的东西都没有,那么天下人就会叛离他。 强调统治者的成败得失,都取决于人民拥护与否。

公道达而私门塞,公义明而私事息。《荀子·君道》 达:畅通。义:原则。 秉公办事的道路畅通,谋私的门径就被堵住了。 意谓:应以提倡为公米抵制私情的滋长和泛滥。

有乱者,无乱国;有治人,无治法。《荀子·君道》 有造成国家混乱的君主,而没有必定混乱的国家;有能够使国家安定的人,而没有使国家自行安定的法度。 认为国家骚乱不定,完全是昏君造成的,要保证国家兴旺,关键在于任用贤人。

凡人之患,蔽于一曲,而暗于大理。《荀子·解蔽》 蔽:遮蔽,蒙蔽。曲:局部。暗:不清楚,不明白。大理:指全面的道理。 人在认识上的通病,往往是被局部所

蒙蔽,而对全面的道理则不明白。

得众动天,美意延年。诚信如神,夸诞逐魂。《荀子·致士》 动:改变。美意:指精神愉快。逐魂:失神。 得到众人的支持,就能改天换地,精神愉快,就能延年益寿。真诚老实,就能精明如神,浮夸欺诈,就会落魄丧魂。

凡得胜者,必与人也;凡得人者,必与道也。《荀子·强国》 与:亲附,跟从。道:泛指正确政治原则。 凡是获得胜利的,一定是因为依顺了人民;凡是得到人民拥护的,一定是因为遵从了正确的政治原则。认为人民的拥护,正确的路线,是治国强国的根本。

名无固宜,约之以命,约定俗成谓之宜,异于约则谓之不宜。《荀子·正名》 固:本来。宜:恰当。命:命名。 名称没有本来就恰当的,是由人们约定好给它命名的,约定好了,习以为常了,便是合适,和约定好的名称不一样的就是不合适。 这里提出事物的名称是依据人们的共同意向而制定的。后来成语"约定俗成"即由此来。

有兼听之明,而无奋矜之容,有兼覆之厚,而无伐德之色。《荀子·正名》 明:明智。奋矜(jīn):傲慢自是。兼覆之厚:无所不包的修养。伐德:自夸美德。 有同时

听取各方意见的明智,而没有趾高气扬、骄傲自大容貌;有兼容并包的宽宏大量,而没有自夸美德的神色。

以仁心说,以学心听,以公心辨。《荀子·正名》 用仁爱的心去解说道理,用好学的心情去听取意见,用公正的心去辨认是非。 这是有修养的人与别人辩论或说话应持的态度。

观往事,以自戒,治乱是非亦可识。《荀子·成相》 戒:警惕。识:认识。 回顾过去的事情,自己引以为戒,治乱、是非也就可以认识了。

不足于行者,说过;不足于信者,诚言。《荀子·大略》 过:过分。 行为不实在不可靠的人,说话一定夸夸其谈;不诚实、不守信的人,说话却装得非常诚恳。 说明要听其言还要观其行,不要被浮言伪态所迷惑。

君子之于子,爱之而勿面,使之而勿貌,导之道而勿强。《荀子·大略》 几句意谓:君子对于子女,疼爱他们而不表现在脸上,使唤他们而不露神色,用正确的道理引导他们而不强迫他们接受。

贵师而重傅,则法度存。《荀子·大略》 贵:崇尚,敬爱。重:尚,贵。傅:师傅。存:存在,这里有实行的意思。 尊敬老师敬重师傅,法令制度就会得到实施。

流丸止于瓯臾,流言止于知者。《荀子·大略》 流丸:滚动的小球。瓯(ōu)臾:盛物瓦器,此指坑穴。流言:谣言。知:同"智"。 滚动的小球停留在低洼的地方,流言蜚语在明智的人面前消止。 用形象的比喻告诫人们,杜绝流言蜚语在于每个人的明智。

善学者尽其理,善行者究其难。《荀子·大略》 善于学习的人能透彻了解事物的道理,善于实践的人能探究事物的疑难。 这是提倡要有一股钻研精神。

秦·汉

秦·李斯

太山不让土壤,故能成其大;河海不择细流,故能就其深。《谏逐客书》 太山:即泰山。让:辞让。 四句意为:太山不拒绝细土碎壤,因而能够成为大山;大河大海不作选择而海纳细流小河,因而能够成为深水。 以河海为喻,强调君主广揽人才的必要。 当时秦王政听信宗室大臣之言,视关东诸国在秦做事的人为奸细而加以驱逐,作者上书中写了这几句话。

入则心非,出则巷议。《议烧诗书百家语》 入:指在朝廷上。心非:即口是心非。巷议:指私下议论。在朝廷上口是心非,出了朝廷则私下议论。 真实地写出了高压统治下官吏不敢公开批评而又不甘缄默无言的情景。

汉·刘邦《大风歌》

大风起兮云飞扬,威加海内兮归故乡。安得猛士兮守四方?语出《史记·高祖本纪》 兮:表示叹息的助词,相当于现在的"啊"。威:威力。加:施加。 三句意为:在风起云涌,威震四方的时候,我回到了故乡,可是怎样才能得到更多的英雄豪杰来保卫天下?这是汉高祖刘邦在功成名就之后回到故乡看望父老乡亲时即兴演唱的一首歌。 表现了广揽英杰以维护国家统一的豪情壮志。

汉·贾谊《新书》

前车覆,而后车戒。《新书·保傅》 覆:翻。戒:警戒。 前面的车子翻了,后面的车子要引以为戒。比喻前人的失败,后人可引为教训。后被归纳为成语"前车之鉴"。

汉·韩婴《韩诗外传》

高比所以广德也,下比所以狭行也。《韩诗外传》 二句意为:跟高出自己的人相比可以使德业更广大,跟不如自己的人相比将会使品行更狭隘。 指出要提高自身的品德修养,向高尚者学习是重要的途径之一。

谨身事一言,愈于终身之诵。《韩诗外传》 事:实践、从事。愈于:好于。 恭谨地践行一句话,比终身不断诵读许多话要好。说明读书和实践的关系。多读书不是坏事,但必须跟实践有机结合。

磐石千里,不为有地;愚民百万,不为有民。《韩诗外传》 磐石,厚重的石头。 大石头即使铺了方圆千里,那不能算作"地";愚笨的人,即使有上百万,那也不算有"人"。 谓土地、人民在精不在多。这个道理在很多事情上都适用,在评判各种指标的时候不能仅仅关注显而易见的数量,同时也要关心其质量。

食其食,死其事。《韩诗外传》 吃谁的饭,就要为谁的事誓死效力。这是任何职业的基本规则,也可以说是做人的基本规则。

树欲静而风不止。《韩诗外传》 树想安静下来,风却不肯停下来。比喻事不遂人愿,或客观规律不以人的意志为转移。

望人者不至,恃人者不久。《韩诗外传》 恃:依靠、依赖。 总是盼望别人的人常常得不到所盼望的,总是依靠别人的人也无法长久

维持。 强调无论做什么事,首先总是要靠自己,外来力量的帮助是临时的、有限的。

学而不已,阖棺乃止。《韩诗外传》 已:停止。阖(hé)棺:盖上棺材盖。阖,关闭。 学习是没有止境的,要停止就是死后盖上棺材盖的那一刻。 说明学习是无止境的,是终身的事。

治国者譬若乎张琴然,大弦急则小弦绝也。《韩诗外传》 张琴:拉紧琴上的弦。绝:断。 治理国家犹如拉紧琴上的弦,如果粗弦拉得很紧,细弦就要拉断。 比喻治国应张弛有道,宽严相济。

置不肖之人于位,是为虎傅翼也。《韩诗外传》 不肖:不成才、不正派。傅:增添。 把不好的人提拔到高位,那等于是给老虎添上翅膀。 谓用人不当,将助长恶果。

汉·刘安《淮南子》

事之成败,必由小生。《淮南子·原道训》 生:这里意为决定。二句意为:事情的成败,必然由细小的事决定。 谓细节决定事情成败,因此不能忽视小事。

善游者溺,善骑者堕。《淮南子·原道训》 溺:淹死。堕:落,掉。

善于游泳的人往往被水所淹,善于骑马的人往往从马上摔下来。比喻不幸往往会从自己擅长的方面产生。

上因天时,下尽地财,中用人力。《淮南子·主术训》 这句话实际上是天时、地利、人和之说的翻版。说明要充分利用自然条件,并充分使用有效的人力。

不涸泽而渔,不焚林而猎。《淮南子·主术训》 涸(hé):排干水。捕鱼不能抽干了池子里的水,打猎也不能放火烧树林。 比喻做事要留有余地,要有远虑。

心欲小而志欲大,智欲员而行欲方,能欲多而事欲鲜。《淮南子·主术训》 员:通"圆",圆形,引申为圆转、灵活。方:方正。鲜:少。几句意为:内心欲求要小,但志向要远大;思想要灵活,但行为要方正;才能要多,但不要大小事都做。

人无善志,虽勇必伤《淮南子·主术训》 伤:伤害。 人没有好的志向,就算很勇敢也必定会受到伤害。 说明人不能胸无大志而单凭血气之勇。

慈父之爱子,非为报也。《淮南子·缪称训》 慈父爱孩子,并不是为了索取报答。

见过忘罚,故能谏;见贤忘贱,故能让;见不足忘贫,故能施。《淮南子·缪称训》 谏:直言规劝。

几句意为:看见君主的过失,就忘记了自己会受惩罚,所以能够直言规劝;看见贤人,就忘记了自己会地位低贱,所以能够让贤;看见不富裕的人,就忘记了自己会受穷,所以能够施舍。 说明做到"能谏"、"能让"、"能施",必须有公而忘私、敢于牺牲个人利益的精神。

窥面于盘水则员,于杯则隋。《淮南子·齐俗训》 员:通"圆",圆形。隋:通"椭",椭圆形。 用圆盘子里的水照自己的脸,影子是圆的,用椭圆的杯子里的水照,就是椭圆的。 比喻条件不同,结果也不同。

存在得道,而不在于大也;亡在失道,而不在于小也。《淮南子·氾论训》 道:道义。 二句意为:国家的生存,在于合乎道义而不在于幅员广大,国家的灭亡,在于其不合道义而不在于土地狭小。这是古人对国家存在条件的一种看法。

至赏不费,至刑不滥。《淮南子·氾论训》 至:最好的。费:花费多、靡费。滥:过度、无节制。最理想的赏赐花费不多,最理想的刑罚不会被滥用。 强调赏罚之事切忌兴之所至随意乱来。

为治之本,务在安民;安民之本,在于足用。《淮南子·诠言训》 治国的根本,在于使百姓安定;使百姓安定的根本，在于食用充足。指出要治理好一个国家，首先必须保证基础的物质生产，其他一切成就都必须建立在这个基础之上。

誉生则毁随之，善见则怨从之。《淮南子·诠言训》　毁：诽谤。见(xiàn)：显露。　二句意为：美名传出去了，诽谤就会随之而来，好品德显现出来了，怨恨就会跟从而至。　意谓有所作为的人难免受到陷害或妒忌。

工多技则穷。《淮南子·诠言训》穷：窘迫。　工匠的技能太多就会很窘迫。　谓准确估计自己的精力和能力，才能合理安排好自己的事业。

兵制胜败，本在于政。《淮南子·兵略训》　军事斗争的胜负，取决于政治治理的好坏。

走不以手，缚手走不能疾；飞不以尾，屈尾飞不能远。《淮南子·说山训》　走：跑。　几句意为：虽说不是用手跑，但捆住双手肯定跑不快；虽说不是用尾巴飞，但盘曲着尾巴肯定飞不远。　说明事物发生作用的部分，必须依赖不发生作用的部分。

见一叶落，而知岁之将暮；睹瓶中之冰，而知天下之寒。《淮南子·说山训》　看到一片落叶，就知道将是一年晚秋时节；看到瓶中结冰，就可推知天下的严寒。　比喻从细微的迹象可以察觉事物的发展变化。

欲致鱼者先通水，欲致鸟者先树木。《淮南子·说山训》　致：招引、招致。　要想引来鱼就必须先开通水道，要想引来鸟就必须先种树。　比喻要想做好一件事，必须做好先期的准备工作。

谓学不暇者，虽暇亦不能学。《淮南子·说山训》　暇：空闲。说没空学习的人，即使有空也不会去学习。　说明不是真心好学的人，总能找出不学习的借口。

决千金之货者，不争铢两之价。《淮南子·说林训》　决：决定。铢(zhū)：古代重量单位，一两的二十四分之一，喻极轻微。　意谓决定价值千金货物买卖的人，不去计较一铢一两的价钱。　指出做任何事要有主次之分，为得"主"，可弃"次"。

食其食者不毁其器，食其实者不折其枝。《淮南子·说林训》　食：二句第一个"食"字，均作动词用，吃。　吃了容器里的食物不要毁坏容器，吃了树上的果实不要折断树枝。　指出做任何事得利了不能毁其"本"，否则自绝后路。

人莫欲学御龙，而皆欲学御马也；莫欲学治鬼，而皆欲学治人也。《淮南子·说林训》　几句意为：没有人愿意学驾驭龙,却都愿意学驾驭马;没有人愿意学治理鬼,却都愿意学治理人。 学习的内容五花八门,但学以致用方是学习的基本动力。

塞翁失马,安知非福?《淮南子·人间训》 安知:怎么知道。 这是一个寓言故事:边塞一个老翁家的一匹马无端逃跑了,乡邻都替他惋惜,老翁却十分平静地说:"谁知道这不会成为好事呢?"后来,那匹马自己跑回来了,并且还带来另外一匹良马。乡邻纷纷前来道贺。老翁却说:"谁知道这不会变成坏事呢?"老翁的儿子天天骑马出去玩,却不小心摔断了腿。老翁依旧是一反常态的说:"谁知道这不会成为好事呢?"过了一年,爆发了战争,青年男子都被抓去当兵,大多死于战场。老翁的瘸儿子却未上前线,保全了性命。 故事告诉人们,祸与福并不是绝对的,可以在一定条件下互相转化。

或誉人而适足以败之,或毁人而乃反以成之。《淮南子·人间训》 誉:称赞。毁:诽谤。 有时候称赞别人反而会毁了他,有时候诽谤别人反而成就了他。 从某种角度说,称誉令人愉快,但也能使人懈怠;诽谤令人愤怒,但也能使人奋发。

福之为祸,祸之为福,化不可极。《淮南子·人间训》 极:尽头。福转变成祸,祸转变成福,这种变化是没有尽头的。 说明福祸之间互相转化的关系。

汉·刘彻《秋风辞》

秋风起兮白云飞,草木黄落兮雁南归。《秋风辞》 兮:语助辞,相当于现在的"啊"。 公元前113年秋,汉武帝刘彻途经闻喜县,目睹萧条衰败而又凄婉的秋景,不由感慨万千,于是,在船上写下了《秋风辞》。这是开头的两句,表达了韶华易逝、人生苦短的感慨。

汉·李延年《佳人歌》

一顾倾人城,再顾倾人国。《佳人歌》 顾:看。倾:倾覆。(女子)初看有倾城之美,再看有倾国之美。成语"倾国倾城"本此,形容女子绝顶美貌。

汉·司马迁

人固有一死,或重于泰山,或轻于鸿毛。《报任少卿书》 固,本来、固然。或:有的。鸿毛:大雁的毛。

人本来是要死的,有的比泰山重,有的比鸿毛还轻。　现多用以说明人死应该死得有价值。

藏之名山,传之其人。《报任少卿书》　把著作藏在有名的山中,以传给后来赏识的人们。　说明这是不朽之作。

究天人之际,通古今之变,成一家之言。《报任少卿书》　际:相互间的关系。　探究自然界与人事的关系,贯通古今社会变革的规律,形成自成体系的独特言论。这是史学家司马迁要求自己的著作《史记》所要达到的三个标准。

战胜而将骄卒惰者败。《史记·项羽本纪》　打了胜仗之后,将军骄傲,士兵怠惰的,必定会失败。这其实就是骄兵必败的道理。

大行不顾细谨,大礼不辞小让。《史记·项羽本纪》　细谨:小心谨慎的言行。让:责备。　做大事就顾不上言行的各种细节,讲大礼就管不了在小处受到责备。　说明为了做成大事,就不能顾忌细小的事情。

运筹策帷帐之中,决胜于千里之外。《史记·高祖本纪》　筹策:策略、计谋。帷帐:军帐。　在营帐里制定策略,就能决定千里之外战场上的胜负。　这话后来被用作对军事家的最高褒奖。

农,天下之本,务莫大焉。《史记·孝文本纪》　农业是国家的根本,要当作头等大事来处理。　强调农业的重要,完全符合中国国情。

飞鸟尽,良弓藏;狡兔死,走狗烹。《史记·越王勾践世家》　烹(pēng):煮。　天上的飞鸟要是射完了,那弓箭就会被收藏起来;地上的狡兔要是打完了,猎狗也该下锅煮了吃了。　比喻封建帝王往往功成之后杀戮功臣,以巩固其地位。

大名之下,难以久居。《史记·越王勾践世家》　名气太大了,日子就不好过了。　说明成名的背后隐藏着危险。

制国有常,利民为本。《史记·赵世家》　制:控制、管理。常:规律。本:根本。　治理国家有固定的方法,就是以有利于老百姓为根本。　古人已有以人为本的理念。

一日不作,百日不食。《史记·赵世家》　一天不劳作,一百天没得吃。　说明只有付出才有回报;而付出必须持之以恒,不能三心二意。

千羊之皮,不如一狐之腋。《史记·赵世家》　腋(yè):前肢与胸相夹的部位。　一千张羊皮,抵不上一块狐狸腋下的皮毛。　比喻无论货物还是人才,不在于多而贵精。

抱薪救火，薪不尽，火不灭。《史记·魏世家》　薪：柴草。　抱着柴禾去救火，柴禾不烧光，火是不会灭的。　比喻用错误的方法去消灭灾害，反而使灾害扩大。成语"抱薪救火"本此。

狐裘虽敝，不能补以黄狗之皮。《史记·田敬仲完世家》　敝：破烂、破旧。　狐裘即使破旧了，也不能用黄狗皮去修补。　比喻不同性质的事，是不能硬凑在一起的。

燕雀安知鸿鹄之志哉。《史记·陈涉世家》　燕雀：鸟名，亦称"花鸡"、"花雀"。鸿鹄(hú)：天鹅。因天鹅飞得很高，所以常用来比喻有远大志向的人。　燕雀这样的小鸟，怎能知道天鹅的志向呢？　比喻眼光短浅之辈，不能了解胸怀大志的人。

当断不断，反受其乱。《史记·齐悼惠王世家》　断：决断。乱：祸害，危害。　该决断的时候不决断，反而会招致祸害。　说明做事不可优柔寡断，必须适时决断。

忠言逆耳利于行，毒药苦口利于病。《史记·留侯世家》　忠言：指善意的批评或劝告。毒药：指能治病的猛药。　善意的批评和劝告虽不中听，却有利于行为，猛药虽苦口，却有利于治病。　指出人要能够接受别人的批评，才能不断进步。

知与之为取，政之宝也。《史记·管晏列传》　与：给予。　知道给予是为了取得，这是最可宝贵的政治经验。　说明治理国家，在政策方面要有灵活性，不可拘泥一端。

君子盛德，容貌若愚。《史记·老子韩非列传》　盛德：道德高尚。君子道德十分高尚，但外表上却显得愚拙。　说明有真本领与德行高尚的人，外表谦卑、平易，并不锋芒毕露。

千人之诺诺，不如一士之谔谔。《史记·商君列传》　诺诺：附和顺从的样子。谔(è)谔：直言敢谏的样子。　强调为人处世要讲原则，面对错事，不能诺诺连声，而应做一个"谔谔之士"。

三寸之舌，强于百万之师。《史记·平原君虞卿列传》　三寸之舌：喻指善于辞令。　善于辞令的人，强过百万雄师。　指出战争中和平谈判的重要性。

贤士之处世也，譬若锥之处囊中，其末立见。《史记·平原君虞卿列传》末：指锥尖。见(xiàn)：显露。贤能的人在社会上，他的才能很快会表现出来，就像放在口袋里的锥子，尖端很快会显露出来一样。比喻有才能的人会很快显露头角，不会长期默默无闻。

一饭之德必偿,睚眦之怨必报。《史记·范雎蔡泽列传》 睚(yá)眦(zì)：怒目而视。 即使仅给一顿饭的小恩惠,也一定要回报；纵然只有瞪一眼的怨恨,也一定要报复。 意谓恩怨分明,小恩小惠,小怨小恨,都要回报。二句反映了古人的恩怨标准,而今人则是有原则的,以大局为重。

先国家之急,而后私仇。《史记·廉颇蔺相如列传》 指在国难当头之日应先以国家民族的危急为第一,个人的恩怨要放在后面。

顾小而忘大,后必有害；狐疑犹豫,后必有悔。《史记·李斯列传》 狐疑：猜测,怀疑。 几句意为：只顾抓小事,而忘了大事,必有后患；怀疑和犹豫,结果必会后悔。告诫人们处理事情时,要抓住关键性的大事,果断坚决,否则贻误了时机就后患无穷。

智者千虑,必有一失；愚者千虑,必有一得。《史记·淮阴侯列传》 虑：思考。 再聪明的人,做事反复思考,也难免偶出差错,再笨的人,思考多了,也必定会有所得。

败军之将,不可以言勇。《史记·淮阴侯列传》 战败的将领,没有资格谈论勇气。 后常用这句话来表示谦抑和退让,同时表达对对手的敬意。

居马上得之,宁可以马上治之乎?《史记·郦生陆贾列传》 宁：怎么。 骑在马背上得到的,又怎能依旧在马背上治理呢? 指出得天下后,是不能再靠武力治理天下的。

匈奴未灭,无以家为。《史记·卫将军骠骑列传》 无以：犹言没有什么办法。 匈奴还没有消灭,无法考虑家的问题。 这句话出自大将霍去病之口,后常用来表示为投身事业、报效国家,不惜牺牲个人的小家。

聪者听于无声,明者见于未形。《史记·淮南衡山列传》 聪：听力好。明：视力好。 听力好的人能于无声处听出有声,眼睛明亮的人能于未形处见出有形。 比喻聪慧明智的人,有先见之明,能洞察事物的未来。

一死一生乃知交情,一贫一富乃知交态,一贵一贱交情乃见。《史记·汲郑列传》 几句大意为：经历了生死、贫富、贵贱的变故,人与人的交情才能分出真伪。 说明纯真的交情只有经过各种考验,才显得弥足珍贵。

相马失之瘦,相士失之贫。《史记·滑稽列传》 二句意为：挑选马匹,往往因为是瘦马就不予理睬,结果漏掉了良马；选拔人才,往往因为是贫士就看不起,结果失掉了贤人。 说明只看外表,忽视本质,就会有所失误。

不鸣则已,一鸣惊人。《史记·滑稽列传》 不鸣叫便罢,一鸣叫就令人震惊。 说明平时没有特别表现,一下子作出惊人之举。多指事业上、学业上突然取得惊人的成功。

人弃我取,人取我与。《史记·货殖列传》 与:给予。 别人不要的,我偏偏拾取;人家要的,我就给人家。 后常以"人弃我取"表示兴趣或见解不同于他人。

天下熙熙,皆为利来;天下攘攘,皆为利往。《史记·货殖列传》 熙熙、攘攘:都是纷杂喧闹的意思。生动地再现了人们(尤其是商人)为谋利而忙碌的形象。

富无经业,则货无常主,能者辐凑,不肖者瓦解。《史记·货殖列传》 经业:固定的行业。辐凑:聚集。不肖:不成材。 致富没有固定的行业,财货也就没有固定的主人。有能力的人聚集财富,没能力的人财富就会分崩瓦解。 说明做什么事都可能发财,关键是要做得得法。

贵出如粪土,贱取如珠玉。《史记·货殖列传》 货价贵的时候要像粪土一样抛售,贱的时候要像珠玉一样购进。 这是两千年前的生意经,至今还广泛适用。

本富为上,末富次之,奸富为下。《史记·货殖列传》 本富:务农致富。本,指农业。末富:从事末流行业致富。奸富:以不法手段致富。 务农致富为上品,从事末流的行业致富次之,以各种奸诈、非法的手段致富为下品。 古人重视农业生产的理念符合中国国情,值得重视。

汉·桓宽《盐铁论》

川源不能实漏卮,山海不能赡溪壑。《盐铁论·本议》 卮(zhī):古代一种酒器。实:充满。赡:供给、供养。溪壑:山间沟壑。大河之水无法灌满漏酒杯,高山大海也无法供养山间沟壑。 比喻人的欲望永无止境,要善于自控,否则后患无穷。

冰炭不同器,日月不并明。《盐铁论·刺复》 冰和炭不能放在同一个容器里,太阳和月亮不可能一起普照大地。 比喻不同的时代,运用不同的策略治国;互相矛盾的理论,不能同时兼用。也比喻君子和小人,贤俊和奸佞不能同处。

贱不害智,贫不妨行。《盐铁论·地广》 行:品行。 卑贱不妨害有智慧,贫穷不妨碍有品行。说明人的智慧和品行与贫富和社会地位没有关系,而在于自身的努力。

多见者博,多闻者知;距谏者塞,专己者孤。《盐铁论·刺议》　知:通"智",有智慧。距:通"拒",拒绝。谏:直言规劝。专:独断横行。　几句意为:见得多就眼光远大,听得多就深明事理;拒绝不同意见就蔽塞无知,自己独断专横就遭到孤立。　谓谋及群策,举及全力,广取博采则能成事。

林中多疾风,富贵多谀言。《盐铁论·国疾》　谀言:谄媚的话。树木成林,自然会多疾风,富贵显赫,自然会有许多拍马者。　告诫人们,得意时不能忘乎所以,更要保持清醒头脑。

汉·刘向

身贤者,贤也,能进贤者,亦贤也。《说苑·臣术》　进:推荐。　自身是贤才的是贤才,能够推荐贤才的也是贤才。　说明荐人才的可贵。

以所见可以占未发,睹小节固足以知大体。《说苑·尊贤》　占:推测。节:这里指事情的一端。凭着所看到的,可以推测尚未发生的;看到事物的一端,能够知道它的大体。　谓以小可以知大,从事物的一点苗头可以预见其发展

趋势。

金刚则折,革刚则裂。《说苑·敬慎》　刚:坚硬。　金属刚硬就容易折断,皮革坚硬就容易开裂。　比喻人不可刚愎自用。

患生于所忽,祸起于细微。《说苑·敬慎》　患:疾病。忽:忽视、忽略。　疾病往往产生于疏忽,灾祸常常从细微处发生。　谓处事要谨慎,才能防微杜渐。

人知粪田,莫知粪心。《说苑·说丛》　粪:施肥。粪心:给心施肥,寓提高自我修养之意。　人们都知道给田施肥,却不知道修养自身。喻指人应该加强修养,使自己的行为端正。

十步之泽,必有香草;十室之邑,必有忠士。《说苑·说丛》　方圆十步的沼泽地里,肯定会长有香草;十来户人家的小村落,肯定会有忠贞之士。　说明人才到处存在,要善于发现人才。

三人牧一羊,羊不得食,人亦不得息。《新序·杂事》　三个人放一只羊,羊得不到吃的,人也得不到休息。　说明并不是做什么事都是人越多越好。

山锐则不高,水狭则不深。《新序·节士》　二句意为:尖细的山肯定不会很高,狭窄的河流肯定不会很深。　比喻任何事物要有厚实的基础才可能长足发展。

道不拾遗,民不妄取。《战国策·秦策一》 遗:丢失。妄:非分。意谓丢失在路上的东西没有人拾取,老百姓也不拿不该拿的财物。倡导一种纯朴的民风。

毛羽不丰满者,不可以高飞。《战国策·秦策一》 毛羽:即羽毛。羽毛不丰满的鸟,不能够翱翔于万里长空。 喻指本领不全面的人,无法干一番伟大的事业。说明人必须刻苦磨炼自己,掌握一套过硬的本领。

行百里者半于九十。《战国策·秦策一》 要走一百里路的人,走了九十里只能算走了一半。 说明愈接近终点,就愈感到困难。现常用来提醒人们接近成功时更要认真,更要集中精力。

罚不讳强大,赏不私亲近。《战国策·秦策一》 讳:回避。强大:这里指豪强势力。私:曲,偏向。二句意谓:惩罚不畏豪强大族,褒赏不偏厚亲人和近族。 主张赏罚分明,不徇私情。

归真反璞,则终身不辱。《战国策·齐策四》 真:天然。反:同"返"。璞:未雕琢的玉。 二句意谓:去掉虚饰的外表,恢复自己的真实状态,就会一辈子不受侮辱。说明人不能虚伪,而必须率真,这样才能堂堂正正、无忧无虑地生活下去。

狡兔有三窟,仅得免其死耳。《战国策·齐策四》 意谓狡猾的兔子有三个洞穴,仅能避免丧命而已。比喻保障安全的退路越多越好。成语"狡兔三窟"本此。

见兔而顾犬,未为晚也;亡羊而补牢,未为迟也。《战国策·楚策四》 顾:看。亡:逃跑。牢:关牲口的圈。 四句大意是发现野兔再回头唤狗,并不算晚;羊逃跑了再修补羊圈,也不算迟。 比喻事情虽然紧急,但赶快想办法还来得及;受到损失后极力补救还是必要的。 成语"亡羊补牢"源此,比喻做错了事情,要及时想办法补救。

前事之不忘,后事之师。《战国策·赵策一》 师:老师,引申为"借鉴"。 二句大意是:不忘以前作事的得失,就可以作为以后作事的借鉴。

士为知己者死,女为悦己者容。《战国策·赵策一》 容:修饰容貌,打扮。 大丈夫乐为知己朋友舍生,女子乐为喜欢自己的人打扮。

制国有常,而利民为本;从政有经,而令行为上。《战国策·赵策二》 制:控制,管理。常:指固定不变的方法。本:根本。从政:指处理政务。经:常道,通用的法则。几句意为:管理国家有固定的方法,就是以有利于老百姓为根本;

处理政务有不变的法则，就是以法令能切实实行为最好。 强调以人为本，有令必行是治国之主要手段。

怀重宝者，不以夜行；任大功者，不以轻敌。《战国策·赵策二》 重宝：贵重的宝物。任：担当，承担。几句意为：怀揣贵重宝物的人，不在夜间走路；要建立大功业的人，不对敌人掉以轻心。 指出只有敬谨于事，重视敌人，才能建立殊异的功业。

父母之爱子，则为之计深远。《战国策·赵策四》 计：谋划，打算。父母疼爱自己的孩子，要为他们作长远的打算。 这就是正确的爱子、育子之道：着眼于孩子的长远，而不计较眼前的得失。

十人树杨，一人拔之，则无生杨矣。《战国策·魏策二》 树：种植，栽培。 几句意为：十个人种杨树，一个人来拔它，就不会有活杨树了。 说明种树难毁树易。喻指培养人才难，毁掉人才容易。

人有德于我也，不可忘也；吾有德于人也，不可不忘也。《战国策·魏策四》 德：恩德。 几句意为：别人对自己有恩德，这是不能忘记的；自己对别人有恩德，不能念念不忘。 言应当牢记感恩别人，而不能念念不忘自己对别人的施恩。

宁为鸡口，无为牛后。《战国策·韩策一》 牛后：指牛的肛门。宁愿做鸡嘴，不做牛的肛门。后常用以比喻宁愿在小地方自主，不愿在大地方听命于人。

谋未发而闻于外，则危。《战国策·燕策一》 发：发动。 计谋还没有发动，外面的人就已经知道了，这很危险。 说明必须严保秘密，不使泄露。

使除患无至，易于救患。《战国策·燕策二》 易：容易。 消除隐患，使之不形成大祸，这要比等灾祸发生再去解决容易。 说明必须防患于未然。

与不期众少，其于当厄；怨不期深浅，其于伤心。《战国策·中山策》 与：给予。期：决定；取决于。众少：多少。厄(è)：穷困。 几句意为：救济别人的东西不在多少，关键的是正好在他困穷的时候；惹人怨恨不在深浅，可怕的是伤了他的心。 指出应当在别人最困难的时候伸出援手；人和人相处千万不能伤及别人的心。

汉·扬雄

师者，人之模范。《法言·学行》 模范：模样、表率。 教师，是人们的榜样。 说明作为老师，应当为人师表。

学则正，否则邪。《法言·学行》学习，就能成为正直的人，否则就会步入歧途。　　说明学习能修身养性，使人的品德高尚。

百川学海而至于海，丘陵学山不至于山，是故恶夫画也。《法言·学行》　　恶(wù)：厌恶。夫：那，指代丘陵。画：停止。　　大川奔流不息，最终到了大海，丘陵静止不动，最终也没有成为高山，所以停止是最讨厌的。　　比喻学习不辍，始有成就，停止不前则无成。

羊质而虎皮，见草而说，见豺而战，忘其皮之虎矣。《法言·吾子》　　说：同"悦"，高兴。战：战栗。　　本质是羊而披上了老虎皮，仍然会看见草就高兴，看见豺狼就发抖，这是因为它忘了身上披的虎皮啊。　　说明伪名吓人，实际无能。

上交不谄，下交不骄，则可以有为矣。《法言·修身》　　谄(chǎn)：巴结、奉迎。　　和地位高的人交往不谄媚，和地位低的人交往不骄横，这样的人必定可以有所作为。　　说明品质高洁的人，才能有所作为，而逢迎巴结，骄傲自满，只能使自己身败名裂。

可则因，否则革。《法言·问道》　　因：沿袭。革：变革。　　可以的话就这么做下去，不行的话就换个做法。　　强调任何事情，是继续

发展，还是变革更新，都要符合社会发展规律。

自后者人先之，自下者人高之。《法言·寡见》　　自认为落后的人会被人视为先进，自认为低下的人会被人视为高尚。　　说明谦让会受人尊敬。

人必其自爱也，然后人爱诸；人必其自敬也，然后人敬诸。《法言·君子》　　诸：代词，相当于"之"。　　人必定首先自爱，然后别人才能敬爱他；人必定首先自尊，然后别人才能尊重他。　　说明人应严格要求自己，做到自爱自尊，然后才能得到别人的尊重和爱戴。

为可为于可为之时则从，为不可为于不可为之时则凶。《解嘲》　　从：妥当、合适。　　在合适的时候做该做的事很妥当，在不合适的时候做不合适的事就遭灾难。　　指出做任何事成功的关键：一是选好时机，二是认清事情的性质。

东汉·王充《论衡》

力胜贫，慎胜祸《论衡·命禄篇》　　力：努力。胜：克、制。慎：谨慎。　　勤奋能战胜贫困，谨慎能杜绝灾祸。　　说明事在人为。

精诚所加，金石为亏。《论衡·感虚

篇》　精诚:真诚。加:施。亏:毁坏。　只要用心真诚,即使金属、顽石也能被摧毁。　喻指潜心专一就能克服巨大困难。

寒不累时则霜不降,温不兼日则冰不释。《论衡·感虚篇》　累:积累。兼日:连日。　寒冷的天气不持续一段时间不会有霜,而不是连续几天的温暖天气也不足以使冰融化。　喻指凡事都需要有一个积累的过程,最终由量变形成质变。

人之不学,犹谷未成粟、米未为饭也。《论衡·量知篇》　人不学习,就好像谷子还没有变成粟米、米还没有做成饭。　指出不注重学习的人,人格是不完整的。

胸中不学犹手中无钱也。《论衡·量知篇》　胸中没有学问就像手里没钱一样。　形象地说明知识之重要,其像钱须臾不可离。

大器晚成,宝货难售。《论衡·状留篇》　大器:贵重货物,喻大才。贵重的器物最后制成,宝货难以出售。　喻指大才要经长期磨炼才能有所成就,有真才实学的人,不是短时间就会被别人赏识。

智能之士,不学不成,不问不知。《论衡·实知篇》　智能:聪明有才能。聪明有才能的人,不学习不能成功,不求教一无所知。　说明没有天性的聪明,一切人都应勤学好问。

人有所优,固有所劣;人有所工,固有所拙。《论衡·书解篇》　固:必然。工:擅长。拙:笨拙。人有优点,必有缺点;人有擅长,必有短处。　说明人无完人,也非万事全能。

两刃相割,利钝乃知;二论相订,是非乃见。《论衡·案书篇》　乃:才。订:争论。　几句意为:两把刀子相互削砍,才知利钝;两种学说互相争论,才能辨明是非。比喻说明要使不同学说的观点交锋,然后才能见出真知灼见。

马效千里,不必骥骒;人期贤知,不必孔墨。《论衡·案书篇》　骥:千里马。骒(lǜ):骒耳,良马名,周穆王八骏之一。孔墨:孔子和墨子,都是先秦思想家。　几句意为:马有行千里的功效,不一定非骥、骒才行;人们期望出现贤良智慧的人材,不一定非孔子、墨子不可。　强调重真才而轻浮名。

东汉·班固《汉书》

矫枉过其正矣。《汉书·诸侯王表序》　矫:纠正。枉:弯曲。　矫直弯曲的东西,却又歪向另一边。比喻纠正错却超过了限度,造成另一种偏差。成语"矫枉过正"本此。

富者田连仟伯,贫者亡立锥之地。
《汉书·食货志》　仟伯:即阡陌,田间小路。亡:通"无"。立锥之地:插锥子的地方,比喻极小的地方。　富人家的田地大片相连,穷人家连极小的一块地方都没有。形容贫富非常悬殊。

先发制人,后发制于人。《汉书·项籍传》　制:制服,控制。　先发动的可以制住别人,后发动的被别人制住。　后用作先下手为强的意思,即俗语"先下手为强,后下手遭殃"。

民以食为天。《汉书·郦食其传》　天:比喻关系生存的首要条件。吃饭是百姓生存的第一条件。说明粮食和吃饭问题的重要。

临渊羡鱼,不如退而结网。《汉书·董仲舒传》　渊:深潭。羡:羡慕。在深潭边对水里的鱼垂涎三尺,还不如回去编一张打鱼的网。比喻只作空想,还不如干些实际工作。

敬贤如大宾,爱民如赤子。《汉书·路温舒传》　大宾:贵宾。赤子:小孩子。　敬重贤才如同敬重贵宾,爱护百姓好像爱护小孩子一样。　这是称颂汉文帝刘恒的一句话,也是历代统治者治理好国家必有的态度。

水至清则无鱼,人至察则无徒。《汉书·东方朔传》　察:明察。徒:众人。　水清到了极点就不再有鱼生存,人明察过分了就不再有追随者。　说明人无完人,要求人不可过苛。

百闻不如一见。《汉书·赵充国传》听说得再多,不如亲自看一下。说明多闻不如亲见可靠。

千人所指,无病而死。《汉书·王嘉传》　千人:许多人。指:指责。被许许多多人指责,没有病也会死。　说明众怒难犯和群众舆论的威力。

不汲汲于富贵,不戚戚于贫贱。《汉书·扬雄传》　汲汲(jí):急切的样子。戚戚:忧愁的样子。　不急切地追求富贵,不为贫贱而忧愁。赞扬不慕荣华富贵、品格纯洁高尚的人。也用来教育人们不要争名逐利。

贪贾三之,廉贾五之。《汉书·货殖传》　贾(gǔ):商人。　贪心的商人要博取厚利,他只能得到三成的利润;不贪心的商人薄利多销,反而能得到五成的利润。这样的经营之道,今天仍有借鉴意义。

东汉·刘珍《东观汉纪》

豺狼当道,安问狐狸?《东观汉纪·张纲》　豺狼:喻主要的坏人。安问：怎么能问。狐狸：喻指次要的坏人。　豺狼当道的时候，为什么还要去管狐狸呢？　东汉时大将军梁冀专权，皇帝派了一批大臣分别去各地巡查风纪和治安，其中的张纲拒绝从命，并说了这么句话。　后来表示不除去手握大权的奸人，又何必去追究那些下级官吏。有时也用来讥讽上梁不正下梁歪的不良社会态势。

东汉·王符《潜夫论》

学进于振，而废于穷。《潜夫论·赞学》　振：奋发，自励。穷：止。学业的进步在于奋发自励，而学业的荒废在于中途停止。　强调要学有所成必须坚持不懈。

虽有至圣，不生而知；虽有至材，不生而能。《潜夫论·赞学》　至材：最出众的人才。材，通"才"。几句意为：即使再圣明的人，也不会一生下来就懂得道理；即使再出众的人才，也不会一生下来就有才能。说明人的知识和能力不是先天就有的，而是通过学习获得的。

无德而贿丰，祸之胎也。《潜夫论·遏利》　贿：财物。胎：此指根源。　没有相应的品德却有着丰厚的财富，那是灾祸的根源。指出人具有高尚品质比拥有财富更重要。

宠位不足以尊我，而卑贱不足以卑己。《潜夫论·论荣》　荣耀的地位不能使我尊贵，而卑贱的地位不能使我卑下。　此句与"宠辱不惊"意同。

一犬吠形，百犬吠声。《潜夫论·贤难》　吠(fèi)：狂叫。　一条狗看到一点影子叫起来，一百条狗就跟着乱叫。　比喻不明察事情的真相而盲目附和。成语"吠影吠声"本此。

养寿之士，先病服药；养世之君，先乱任贤。《潜夫论·思贤》　想养生延寿的人，总会在生病之前服药；想求保养江山的君主，总会在祸乱发生之前任用贤能。　说明所有的事都应防患于未然，治国也不例外。

能不称其位，其殃必大。《潜夫论·忠贵》　称(chèn)：相称。　能力和职位不相称，导致的灾祸必然很大。　说明应量才用人；力小任重，会给国家带来危害。

贫生于富，弱生于强，乱生于治，危生于安。《潜夫论·浮侈》　贫穷从富贵中产生，弱小从强大中产生，混乱从太平中产生，危亡从安逸中产生。　说明任何对立的事物都能够互相转化，君主治国应注意防微杜渐。

痛不著身言忍之，钱不出家言予

之。《潜夫论·救边》　著(zhuó)：附着。予：给予。　疼痛不在自己身上,总会说要忍住,钱不从自己家拿出来,总会说给你吧。　比喻对没有切身利害的事,就漠然置之。

东汉·荀悦《申鉴》

水可使不滥,不可使无流。《申鉴·政体》　人可以使水不泛滥,但不能使水不流动。　比喻政令不能太苛刻,应留有余地。

教化之废,推中人而坠于小人之域;教化之行,引中人而纳于君子之涂。《申鉴·政体》　域：范围。涂：通"途"。中人：平常人。小人：缺乏道德的人。　教化废弃,就会把平常人推向小人的群体中;教化盛行,就能把平常人吸引到君子的道路上。　强调教化对育人的作用。

导臣诛,阿臣刑,尸臣绌。《申鉴·杂言上》　导：引导。阿：阿谀、迎合。尸：尸位,在位而无所事事。绌(chù)：废黜。　引导君主做坏事的大臣要杀,怂恿、迎合君主做坏事的大臣要治罪,对君主做坏事不闻不问的大臣要废黜。　指出下属对上级要起到监督作用。

东汉·孔融 《与曹公书论盛孝章书》

岁月不居,时节如流。《与曹公书论盛孝章书》　不居：难以留住。居,停,留。时节：时光。　岁月难以留住,时光流逝。　告诫人们必须珍惜时间,争取有所作为。

东汉·徐幹《中论》

日习则学不忘,自勉则身不堕。《中论·治学》　每天温习则所学不至于遗忘,自我勉励则自身才不致堕落。　强调人必须不断学习,加强自我修养,这样才能学有所得,成为有道德的人。

路不险则无以知马之良,任不重则无以知人之德。《中论·修本》　道路不艰险,就无从了解马匹的好坏;责任不重大,就无从了解人才的品德。　说明只有通过实践的考验,才能看出人的德才之高低。

导人必因其性,治水必因其势。《中论·贵言》　因：顺。性：性格,性情。势：流势,情势。　教导人一定要根据人的性情,治理洪水一定要顺着水的流势。　说明育人应因材施教,做事宜因势利导。

时俗之所不誉者未必为非也,其所誉者未必为是也。《中论·审大臣》
时俗:世俗,流俗。 人们不加称道的未必就不对,人们称道的未必就对。 衡量事情的好坏,都有一个客观标准,因此必须保持清醒的头脑,决不能人云亦云。

不知所从而好从人,不知所违而好违人,其败一也。《中论·慎所从》
从:听从,顺从。违:违背。不知道该听从谁而喜欢听从别人,不知道该违背谁而喜欢违背别人,同样都会得到失败的结果。说明对事情要有明智的判断,决不能盲从。

人主之患,不在乎言不用贤,而在乎诚不用贤。《中论·亡国》 诚:的确、确实。 国君的祸患,不在于说自己不任用贤人,而在于真的不能任用贤人。 许多事怎么说的可能是花样文章,怎么做的才是正经。在用人问题上也是如此。

东汉·赵壹《刺世疾邪赋》

乘理虽死而非亡,违义虽生而匪存。《刺世疾邪赋》 乘:依凭。匪:同"非"。 二句意为:拥有真理的人虽死犹生,违背正义的纵生如死。 表达了作者对真理的

追求。

东汉·蔡邕《劝学篇》

人无贵贱,道在者尊。《劝学篇》
无:不分,不论。道:真理,道理。尊:高。 人不论社会地位高低,谁拥有真理,谁就高尚。

木以绳直,金以淬刚。《劝学篇》
绳:绳墨,木工打直线用的工具。淬(cuì):通"焠",把炽热的金属浸入冷水中,以增强其硬度的做法。 整治木料,依靠绳墨才可平直,煅造金属,经过蘸火才能坚硬。比喻人遵循治学规律,经过刻苦才会博学多识。

东汉·仲长统《昌言》

法无常则网罗当道路。《昌言上》
网罗:捕鸟兽的工具,这里指限制人、残害人的种种措施。 政府的法令反复无常,就会使人动辄获咎。 意谓国家法令必须相对稳定,才有利于百姓。

同于我者何必可爱,异于我者何必可憎?《昌言下》 与自己意见相同的人不一定可亲,与自己主张不同的人不一定可恶。 告诫人不要只听顺耳的意见,而容不得不

同的主张。

东汉·辛延年《羽林郎》

人生有新故，贵贱不相渝。《羽林郎》　渝(yú)：改变。　自己一生的爱情早属故人，不愿弃贱图贵，嫁给贵人。　这是借女子的口吻表达对爱情的忠贞。

东汉·佚名《长歌行》

少壮不努力。老大徒伤悲。《长歌行》　徒：徒然，白白地。　少壮年华，转瞬即逝，如果不发奋努力，老来一事无成，徒有追悔悲伤而已。　告诫人们应趁年轻的时候，努力学习，有所成就。不仅行文得法，而且说教有方。

东汉·佚名《古诗十九首》

人生天地间，忽如远行客。《古诗十九首·青青陵上柏》　忽：言其迅疾。　人生活在天地间，倏忽如过客。　形容光阴迅速，人生短暂。深入人的本质和在天地自然中的位置，对人生作了哲学上的思考。

盈盈一水间，脉脉不得语。《古诗十九首·迢迢牵牛星》　盈盈：水清浅貌。脉脉：指含情脉脉，彼此相视。清清的浅水，却阻隔了两情，只能默默无语，含情相视。　可望不可即的距离美，巧妙传达了牛郎织女的离别之苦。

胡马依北风，越鸟巢南枝。《古诗十九首·行行复行行》　胡马：北方的马。越鸟：南方的鸟。越，古国名，在今浙江。　北方的马南来后，仍然依恋着北方；南方的鸟北飞后，仍在向南的树枝上筑巢。比喻对故土的思恋。

东汉·佚名《江南》

江南可采莲，莲叶何田田。《乐府古辞·江南》　何：多么。田田：莲叶鲜碧秀挺貌。　二句描绘莲花之美，却不写花，偏写叶；叶如此可爱，花自不待言了。

东汉·佚名《孔雀东南飞》
（又名《古诗为焦仲卿妻作》）

君当作磐石，妾当作蒲苇；蒲苇纫如丝，磐石无转移。《孔雀东南飞》　磐石：厚重的石头。蒲苇：蒲草与芦苇，都是柔软的草本植物。纫

(rèn)：通"韧"。　你要像磐石，我要像蒲苇；蒲苇必像丝一般柔韧，磐石也该决不动摇。　比喻男女双方执著于同一份情感。

汉·佚名《上邪》

山无陵，江水为竭，冬雷震震，夏雨雪，天地合，乃敢与君绝。《上邪》
陵：山峰。竭：枯竭。震震：雷声。雨(yù)：落、下(雨雪等)。绝：断绝。　除非山平了，江水干了，冬天雷声隆隆，夏天下起大雪，天地合二为一，才敢和你断绝爱情。这是一段著名的爱情誓言，通过列举一系列不可能事件来声明自己永不变心，和"海枯石烂"意思相同，但罗列更多、气势更强，所表达的感情也更加炽烈。

汉·佚名《猛虎行》

饥不从猛虎食，暮不从野雀栖。
《猛虎行》　猛虎：比喻强暴的人。野雀：比喻卑污的人。　肚子饿，不依靠猛虎来求温饱，天晚了，不随野雀一块儿栖息。　比喻人应自重自爱，品德高尚，行为廉正。

汉·佚名《满歌行》

智者不愁，多为少忧。《满歌行》
多为：多做事。　聪明的人不发愁，在多做事的过程中，忧烦自然就减少了。

三国·晋·南北朝

三国·魏·曹操

对酒当歌,人生几何。《短歌行》　当:对着。几何:多少。　面对着美酒,就应该放声高歌,时光易逝,人生能有多少时日呢!　慨叹人生短促,功业未成,也流露出及时行乐的消极思想。

山不厌高,海不厌深。《短歌行》　厌:嫌。　山虽很高,却不嫌高,海虽很深,却不嫌深。　比喻招纳人才,越多越好。　诗句容量深广,含意博大,可用来说明对美好理想的追求亦无止境。

老骥伏枥,志在千里。烈士暮年,壮心不已。《龟虽寿》　骥(jì):千里马。枥(lì):马槽。烈士:指刚正、重义轻生的有志之士。已:止。　几句意为:良马虽老,蜷伏在马厩中,但它的志向仍然是要驰骋千里。烈士即使到了晚年,他的雄心壮志也不会消沉。　说明有远大志向的人,能老当益壮,为实现自己的抱负而奋斗到底。

白骨露于野,千里无鸡鸣。《蒿里行》　累累白骨暴露于荒野之中,方圆千里听不到鸡叫声。　揭露当时军阀混战,百姓遭受荼毒的悲惨景象。

三国·魏·曹丕

秋风萧瑟天气凉,草木摇落露为霜。《燕歌行》　摇落:零落,凋残。　描绘了秋风萧瑟、天气清凉、草木凋零、白露为霜的凄清画面。作者以秋风、草木、露霜,极具季节特征的景物,渲染秋景,笔墨凝练。

古人贱尺璧而重寸阴,惧乎时之过已。《典论·论文》　尺璧:直径达一尺的珍贵璧玉。已:语气词,相当于"啊"。　古人轻贱直径一尺的宝玉却十分珍惜短暂的光阴,是怕时光流逝啊。　强调时间之珍贵。

文章,经国之大业,不朽之盛事。《典论·论文》　经:治理。　文章是治理国家的大业,是不朽而伟大的事情。　说明文学对社会的重大作用,尤其明确提出了文学与政治的关系的观点,难能可贵。

家有敝帚,享之千金。《典论·论文》
敝帚:破扫帚。　家里有把破扫帚,自认为价值千金。　比喻没有自知之明,把自己不好的东西当宝贝。成语"敝帚自珍"本此。用作谦辞。

三国·魏·曹植

本自同根生,相煎何太急。《七步诗》　煎:用水熬煮。　意谓豆子和豆茎本是同根所生,现在却点燃豆茎来煮豆子,熬煮何必太急。　比喻骨肉兄弟,何必相逼太恨。

明月照高楼,流光正徘徊。《七哀》流光:指月光。徘徊:回旋不进的样子。　明亮的月光洒在高楼上,流水般的光芒似乎正来回移动,婆娑轻盈。　描写凄清的夜晚,冷月寒光,凉气逼人,动感十足。

捐躯赴国难,视死忽如归。《白马篇》　捐躯:牺牲生命。捐,舍弃。躯,身体。　国家有难,慷慨献身,将死亡视作回家一样。表现了为国家、民族的利益慷慨赴死的爱国精神和崇高思想。成语"视死如归"源此。

燕雀戏藩柴,安识鸿鹄游。《鰕䱇篇》　燕雀:小鸟名,亦称"花鸡"、"花雀"。藩柴:篱笆。鸿鹄(hú):天鹅。　燕雀只知在篱笆中间嬉戏,哪里懂得天鹅遨游四海的气概呢!　比喻只顾追逐眼前利益的庸人,不会理解志士的胸襟。

烈士多悲心,小人偷自闲。《杂诗六首》之六　烈士:有志于功业而视死如归的人。悲心:忧心。偷:苟且。　有雄心壮志的人常常为国家担忧,世俗庸人则总是苟且偷生,贪图安逸。　比较两种人的不同生活态度,蔑视小人偷生误国。

翩若惊鸿,婉若游龙。《洛神赋》翩(piān):鸟疾飞的样子。惊鸿:惊飞的鸿雁。　轻盈如同惊鸿疾飞,柔美好像游龙婉转。　两句因描绘洛水女神体态之美而流播,后成为描述美女的套语。

瓜田不纳履,李下不整冠。《君子行》　纳履(lǚ):穿鞋。履,鞋。在瓜田里不要穿鞋,在李树下不要整理帽子。　比喻人应避免嫌疑。成语"瓜田李下"本此。

龙欲升天须浮云,人之仕进待中人。《当墙欲高行》　中人:中介人,指有权势的朝臣。　龙要升天必须依靠浮云才能腾起,人要入仕必须依靠有权的朝臣推举。委婉地发泄对那些好进逸言、搬弄是非的小人(中人)的愤慨。

丈夫志四海,万里犹比邻。《赠白马王彪》　比邻:近邻。　大丈夫志在四方,虽相隔万里也好像近邻一般。　此句为勉慰之词。说明大丈夫不要因暂时的分别而悲痛,应胸怀天下,志在四方。

渴而后穿井,饥而后殖种,可以图远,难以应卒也。《谏伐辽东表》　殖:通"植",种植。图:规划。卒:同"猝",仓促、急忙。　渴了才去挖井,饿了才去种植,这么做只能作为长远的规划,却不能应急。比喻不早作准备,仓促从事,难以奏效。

三国·魏·桓范

守文之代,德高者位尊;仓卒之时,功多者赏厚。《荐徐宣》　文:这里指先王的法度。仓卒:指事变、动乱。　遵守先王法度的太平盛世,品德崇高的人会获得尊位;局势动荡,劳苦功高的人会得到奖赏。　指出不同的时代,人要有不同的表现,才能得到社会认可。

好战者亡,忘战者危。《世要论·兵要》　嗜好战争的人会灭亡,忘却战争的人面临危险。　说明战争不可频为,也不可忽虑。

三国·魏·嵇康

目送归鸿,手挥五弦。《赠秀才入军十九首》之十四　五弦:也称"五弦琵琶",一种弹拨乐器。　注目而送南归的雁,手下弹奏着五弦琵琶。　勾勒出了一个心胸旷达的典型形象。

专明无胆,则虽见不断;专胆无明,则违理失机。《明胆论》　明:明智。见:见解。理:事理。机:机会。　几句意为:只明智而没有胆量,虽有见解也拿不定主意;只有胆量而不明智,就要违背事理,失掉成功的机会。　推崇明胆兼备。

三国·魏·李康《运命论》

木秀于林,风必摧之;堆出于岸,流必湍之;行高于人,众必非之。《运命论》　秀:出众,突出。湍(tuān):急流的水,这里作动词用。　树木高出树林,大风就会把它摧折;土堆突出在岸上,必遭水流冲刷;人的品行高于一般人,必受众人非议。　说明才能出众的人,必遭到社会上那些庸俗、愚昧势力的打击。

三国·魏·王肃《孔子家语》

良药苦于口,而利于病;忠言逆于

耳，而利于行。《孔子家语·六本》
忠言：正直的话。　好的药吃在
嘴里很苦，但对治病有很大好处；
忠直的话听起来很不舒服，却对人
的行为有益。　比喻有些真心
的劝戒或尖锐的批评，听起来可能
暂时不舒服，但是很有益处。

**与不善人居，如入鲍鱼之肆，久而
不闻其臭。**《孔子家语·六本》　鲍
(bào)鱼：咸鱼。肆：店铺。　和
品质不好的人相处，就像进了卖咸
鱼的店，时间久了就闻不出咸鱼的
臭味了。　比喻与人交往应慎
重，环境对人起着潜移默化的作用。

**上者，民之表也。表正，则何物不
正？**《孔子家语·王言解》　表：表
率。　国君是百姓的表率，表率
端正了，还有什么能不端正呢？
对在上位者来说，尤其应该注意自
身的行为规范，这可以说也是一种
工作职责所在。

三国·蜀·诸葛亮

**用兵之道，攻心为上，攻城为下；
心战为上，兵战为下。**《南征教》
心战：以智相较。兵战：武力相
拼。　用兵的基本原则，征服敌
人的心为上策，夺取敌人的城堡为
下策；用智谋战胜敌人为上策，与
敌人厮杀为下策。　意谓作战

贵谋不贵勇。

**夫君子之行，静以修身，俭以养
德；非澹泊无以明志，非宁静无以
致远。**《戒子书》　澹泊：恬淡寡
欲，即不慕名利。致：达到，通达。
君子的所作所为应当是，避免浮
躁，以修身养性，节俭以培养高尚
品德；不清心寡欲，就无法说明你
的志向高洁，不能使自己心境平
静，就无法通达深远的事理。
后用"淡泊以明志"说明一个人不
慕名利的高尚生活目的。

鞠躬尽力，死而后已。《后出师表》
鞠躬：弯着身子，表示恭敬。已：
停止。　勤勤谨谨，尽心竭力，
到死方休。　现常用来形容忠
诚于正义事业，耗尽毕生精力的
人。"尽力"，常写作"尽瘁"。

晋·傅玄

近朱者赤，近墨者黑。《太子少傅箴》
靠近朱砂的会染上红色，靠近墨的
会染上黑色。　比喻人接近好
人会变好，接近坏人可变坏。
指客观环境的影响不可忽视。

世质则官少，世文则吏多。《傅子·
官人》　文：浮华。　世风质朴
的时候官员少，世风浮华的时候官
员多。　说明官员冗多，人浮于
事，实际上与世风密切相关。

病从口入，祸从口出。《傅子》疾病是从嘴里进去的，祸事是从嘴里出来的。　　形象比喻言谈不慎招致灾祸。

晋·陈寿《三国志》

治世之能臣，乱世之奸雄。《三国志·魏书·武帝纪》裴松之注　太平盛世时，他是个能臣，天下大乱时，他是个奸雄。　　这是对曹操一生的评语。

司马昭之心，路人所知也。《三国志·魏书·三少帝纪》裴松之注　司马昭：司马懿次子，司马师之弟，继承其父兄的权势，图谋篡魏。路人：普通人。　　意谓司马昭篡位的野心已是尽人皆知了。后泛指野心、阴谋暴露无遗，无人不晓。

言出为论，下笔成章。《三国志·魏书·曹植传》　话说出来便是论述，落笔就成文章。　　形容才气横溢，文思敏捷。成语"下笔成章"本此。

多端寡要，好谋无断。《三国志·魏书·郭嘉传》　多端：头绪多。要：要领。好(hào)：喜欢。断：判断。办事头绪繁多却抓不住要领，喜欢考虑问题但没有判断能力。　　指出办事不成的关键所在。

人各有志，所规不同。《三国志·魏书·邴原传》裴松之注　规：规划、打算。　　人各有自己的志向，各人打算不同。　　指出不要强求别人与自己有相同的志趣。

读书百遍，而义自见。《三国志·魏书·王肃传》裴松之注　见：同"现"。　　书只要反复地读，意旨自然就明白了。

蝮蛇螫手，壮士解腕。《三国志·魏书·陈泰传》　蝮：即蝮蛇，一种毒蛇。螫(shì)：蜂、蝎等刺人，这里指毒蛇咬人。解：用刀分割肢体。被剧毒的蝮蛇咬伤了手，壮士会切断自己的手腕，以免毒延全身，危害生命。　　比喻当机立断，牺牲局部保全大局。

人知进而不知退，知欲而不知足，故有困辱之累，悔吝之咎。《三国志·魏书·王昶传》　悔吝：追悔。咎：过失。　　人常常只知道向前冲而不知退守，只知道欲望而不知满足，所以有窘困羞辱的牵累，有追悔莫及的过失。　　意谓凡事要有张有弛，有进有退，自我满足，才能摒除烦恼，活得潇洒。

救寒莫如重裘，止谤莫如自修。《三国志·魏书·王昶传》　重裘：厚毛皮衣。　　要想救人于寒冷，最好让他穿上厚毛皮衣，要杜绝别人的毁谤，最好加强自我修养。　　说明人必须注重自我修养。

人体欲得劳动，但不得使极尔。《三

国志·魏书·华佗传》 劳动：活动。 人的身体需要经常活动，只是不能使之达到极限。 说明既要运动，也要讲究分寸，把握一个"度"。

勿以恶小而为之，勿以善小而不为。《三国志·蜀书·先主传》裴松之注 恶：指坏事。善：指好事。 不要因为是很小的坏事就去做，不要因为是很小的好事就不去做。意谓坏事再小也不能做，好事即使极小也必须做。

识时务者在乎俊杰。《三国志·蜀书·诸葛亮传》裴松之注 时务：时势。俊杰：才能出众的人。 能认清当前形势的才是超群出众的人物。 现在一般缩写为"识时务者为俊杰"。

言过其实，不可大用。《三国志·蜀书·马良传》 大用：重用。言语浮夸、同实际不符的人，不能重用。 这是衡量一个人能否重用的标准之一。

国将兴，听于民；国将亡，听于神。《三国志·吴书·孙奋传》裴松之注 国家将要兴盛，会听从于民众；国家将要灭亡，会听从于神灵。对治国者来说，凡事乞灵于神仙鬼怪，才是致命的。

蛟龙得云雨，终非池中物也。《三国志·吴书·周瑜传》 蛟龙：古代传说中的一种能发洪水的动物，比喻成大业者。池中物：生于池中的鱼、乌龟一类的动物，比喻平庸之辈。 蛟龙一旦得到云雨就会腾空飞去，终究不是能终身待在池中的东西。 喻指成大事业的人，只要一有机会，终究会腾飞。

明者防祸于未萌，智者图患于将来。《三国志·吴书·吕蒙传》裴松之注 图：谋，设法对付。 二句意为：聪明之人防救灾祸于尚未萌发之时，睿智之人设法对付祸患于即将来临之时。 意谓明智之人总是及早排除事情的隐患。

志行万里者，不中道而辍足。《三国志·吴书·陆逊传》 辍(chuò)：停。 志在走万里路的人，决不会在中途停下脚步。 说明做事贵在持之以恒。

晋·傅玄《云歌》

白云飘飘，舍我高翔；青云徘徊，为我愁肠。《云歌》 徘徊：盘旋不前的样子。 白云飘飘，已离我高飞了；只剩下乌云徘徊不去，好似我满腹的愁思。 比拟清新，饶有民歌风味。

晋·潘岳

望庐思其人，入室想所历。《悼亡》

望见屋子就想起曾经住在里面的那个人，进入屋里就想起共同经历过的一切。　　二句写睹物思人，真切感人。

晋·左思《咏史》

世胄蹑高位，英俊沉下僚。《咏史》之二　　世胄（zhòu）：世家子弟。胄，后裔。蹑：登。下僚：小官，卑官。　　贵族子弟登上高位，才能出众的人因出身寒微而沉沦于小官。　　表现对门阀制度压制人才的强烈不满。

振衣千仞岗，濯足万里流。《咏史》之五　　振衣：抖去衣上的灰尘。仞（rèn）：古代长度单位，周制为八尺。濯（zhuó）：洗。　　在巍峨的高山上抖去衣上的灰尘，在万里绵延的清流中洗脚。　　充分表现了主人公高洁的品质以及蔑视权贵、不与世俗同流合污的决心。后人也常用以描绘大自然给人带来的清爽、开朗的心情。

贵者虽自贵，视之若埃尘；贱者虽自贱，重之若千钧。《咏史》之六　　钧：古代重量单位，三十斤为一钧。千钧，指极重。　　几句意为：那些自命高贵的豪族，我把他们看得和灰尘一样轻；而那些认为自己低贱的高尚之士，我把他们看得重若千钧。　　表现对豪门贵族的蔑视和对出身寒微的英俊人物的器重。

何世无奇才，遗之在草泽。《咏史》之七　　奇才：出类拔萃的人。草泽：草野之中。　　什么时代没有奇才？但把他们抛弃在草野之中，使他们的才能无法施展。　　抒发怀才不遇的愤激之情。

晋·陆机

日罔中而弗昃，月何盈而不阙。《豪士赋》　　罔：没有。昃（zè）：日西斜。阙：同"缺"。　　太阳没有总在正中而不西斜的，月亮又哪能总是满盈而不残缺？　　比喻盛极则衰。

石韫玉而山辉，水怀珠而川媚。《文赋》　　韫（yùn）：蕴藏。　　石头中蕴藏着美玉会使整个山岭熠熠生辉，水中生有明珠会使整条河流更加妩媚。　　比喻局部的精彩会成为整体的亮点，这是文学创作的重要规律。

精骛八极，心游万仞。《文赋》　　骛（wù）：奔驰、驰骋。八极：八方极远的地方。万仞（rèn）：指极高的地方。仞，古代长度单位，周制为八尺。　　精神驰骋到极远的地方，心思游荡在极高之处。 比喻创作文学作品时需要丰富的想象力，不受时间空间的限制。

思风发于胸臆，言泉流于唇齿。《文赋》 思：文思。言：言辞。文思像风一般地从胸中涌出，言辞像泉水一般地自唇边流出。说明灵感到来时，文思畅达，言辞丰富。

立片言而居要，乃一篇之警策。《文赋》 立：树立。片言：一句或几句话。要：要点。警策：指精炼扼要而含义深刻动人的文句。要把少量的语句放在关键的地方，使它成为全篇文章的深切动人的文句。 说明写文章应注意运用警句来突出中心，使文章增色。

急弦无懦响，亮节难为音。《猛虎行》 急弦：上得很紧的弦。懦：软弱。亮节：坚贞的节操。 上得很紧的弦不能奏出微弱的声音，有高风亮节的人好慷慨直言，难为乐音。 比喻耿介之士，不为时君所用。

晋·张协《杂诗》

腾云似涌烟，密雨如散丝。《杂诗》之三 阴云翻滚似烟涌，细雨纷纷如散丝。 描写秋日阴云密雨，比喻恰当，非常逼真。

晋·刘琨《重赠卢谌》

何意百炼刚，化为绕指柔。《重赠卢谌》 刚：坚硬。 哪曾想到经过千锤百炼的坚硬物体，居然会变成能绕在指头上的柔软的东西。原喻指经过一番挫折，从刚强变得软弱。后比喻文学作品经过锤炼，达到炉火纯青的艺术高度。

晋·葛洪《抱朴子》

所见少，则所怪多，世之常也。《抱朴子·内篇·论仙》 看见过的少，觉得奇怪的就多，这是人世的常事。 说明孤陋寡闻，就会少见多怪。

良匠能与人规矩，不能使人必巧。《抱朴子·内篇·极言》 规矩：这里指正确的方法。 优秀的工匠能够教给人正确的方法，却不能使人一定成为巧匠。 说明凡事要做好，除了求教于他人，更重要的是自己的钻研、创新，这样才能成为"巧匠"。

一言之善，贵于千金。《抱朴子·内篇·释滞》 一句话说得好，比千金还贵重。 说明有价值的言论值得重视。

不饱食以终日，不弃功于寸阴。

《抱朴子·外篇·勖学》　寸阴：喻指时间极短。　　不要除了吃饱肚皮就整天无事可做，不要对自己的事业有片刻的松懈。　　告戒人们，不要无所事事，应抓紧时间，有所作为。

良田之晚播，愈于卒岁之荒芜也。

《抱朴子·外篇·勖学》　愈于：好于。卒岁：终年。　　良田播种得晚了，也总比终年荒芜着好。比喻即便是学得晚一点，终究比到老不学、荒废一生要好得多。

干将不可以缝线，巨象不可使捕鼠。《抱朴子·外篇·用刑》　干将：古代著名的宝剑。　　干将不能当针用来引线缝衣，大象不用让它去捕捉老鼠。　　喻指做事或用人必须得当，才能有所获，否则就会一无所获。

当交颜而面从，至析离而背毁。《抱朴子·外篇·行品》　交颜：见面、相聚。析离：分离、分手。　　当两人相见的时候会当面顺从你，分手之后又会在背后诋毁你。　　意同今人所谓"当面是人，背后是鬼"。

详交者不失人，而泛结者多后悔。

《抱朴子·外篇·交际》　详：审慎。　　审慎地交友不会有失于人，浮泛地结识人往往会造成日后的反悔。　　说明交友也应谨慎。

云厚者雨必猛，弓劲者箭必远。《抱朴子·外篇·嘉遯》　　乌云非常厚重，那么雨一定会下得很大；弓弩十分强劲，那么箭一定会射得很远。　　比喻蓄势足，后劲就大。

纯白在胸，机心不生。《抱朴子·外篇·诘鲍》　纯白：纯朴，无瑕。机心：智巧奸诈的心机。　　纯朴无瑕之心在胸，巧伪的心机不生。说明人的心地正，邪念就少。

晋·陶渊明

人生无根蒂，飘如陌上尘。《杂诗八首》之一　根蒂：喻指基础。陌：小路。　　人生好像没有根蒂，四处漂泊犹如路上的尘埃。　　抒发旅途行役之苦。比喻形象真切。

晨兴理荒秽，带月荷锄归。《归园田居五首》之三　晨兴：早晨起身。秽：田中野草。荷：担、扛。　　早上起来到田中去除草，直到晚上扛着锄头与月亮相伴回家。好一幅田园生活的剪影，也表现了劳动的勤恳。

羁鸟恋旧林，池鱼思故渊。《归园田居五首》之一　羁鸟：笼中的鸟。故渊：指原来的深潭。　　笼中的鸟总是思念昔日的树林，池中的鱼总是思念昔日的深潭。　　比喻仕宦生活束缚人，而向往自由的田园生活。

暖暖远人村,依依墟里烟。《归园田居五首》之一。　暖暖(ài):昏暗的样子。依依:轻柔的样子。墟(xū)里:村落。　远处居民的村落模模糊糊的,那里腾起了袅袅的炊烟依稀可辨。　描绘静谧的农村黄昏景色。意境深渺。

结庐在人境,而无车马喧。问君何能尔,心远地自偏。《饮酒二十首》之五　结庐:构筑房屋。人境:众人集聚之地。尔:这样。　把房子建造在人间,却听不到车马的喧嚣。试问如何能做到这一点?只要有远离世俗的一颗心,那么虽处于众人集聚之地,也就如同偏僻清净之地了。　说明内心真正追求宁静的人,不会为喧闹的环境所影响。

采菊东篱下,悠然见南山。《饮酒二十首》之五　悠然:悠闲自得。在东篱下采菊花,悠然自得地望着南山的美景。　表现闲适高雅的生活情趣。

盛年不重来,一日难再晨;及时当勉励,岁月不待人。《杂诗十二首》之一。　盛年:壮年。待:等待。人的壮年一去不再来,一天不会有两个早晨;应当及时努力,年华易逝,光阴是不会等待人的。　勉励人们应珍惜盛年时代,及时上进,争取有所作为。

奇文共欣赏,疑义相与析。《移居二首》之一　奇文:指好文章。疑义:有疑惑的含义或道理。相与:共同、一起。　有了奇妙的文章就一起欣赏,遇到不明白的问题就一起分析讨论。　表现品评文章的乐趣。有时用于贬义,指把不好的文章公开,供大家批评。

悟已往之不谏,知来者之可追。实迷途其未远,觉今是而昨非。《归去来兮辞》　谏:挽回。追:补救。其:句中助词,无实义。　领悟到了过去的荒谬却已不可挽回,但今后的日子中仍然可以补救。其实在迷途上并没有走得很远,现在觉悟到今天做得对,而昨天做错了。　这是陶渊明弃官回家时的一段心灵独立。　能够迷途知返,敢于批判自己,文辞深沉朴茂。

木欣欣以向荣,泉涓涓而始流。《归去来兮辞》　荣:茂盛。涓涓(juān):水流微细不绝的样子。树木长势蓬勃,趋于茂盛,久已干涸的山泉又开始缓缓不绝地流起来。　描绘初春自然景致,优美动人。成语"欣欣向荣"本此。

不知有汉,无论魏晋。《桃花源记》　无论:不必说,谈不到。　不知道有了汉朝,更不必说魏朝和晋朝了。　意谓脱离时代,与世隔绝。　行文以"不知"引出"无论",顺理成章,意趣无穷。

宁固穷以济意,不委屈而累己。《感士不遇赋》　固穷:坚守道义而安于窘迫的生活。济:成就、成全。委屈:曲意迁就。累:牵连、妨碍。宁可安于窘迫的生活而成全自己的意愿,也不愿委曲求全而使自己的人格受污。　表现了宁可贫困也不改变自己的心愿而向权贵折腰的高尚品质。

好读书,不求甚解,每有会意便欣然忘食。《五柳先生传》　好(hào):爱好。会意:体会。欣然:高兴的样子。　喜爱读书,但不过分执着于字句的理解,而只是领会要旨。每当对文意有所领悟,就会高兴得忘了吃饭。　说明读书应抓住要旨,避免词句的过分穿凿。成语"不求甚解"本此,却含有贬义,指读书不求深入理解。

南朝·宋·谢灵运

池塘生春草,园柳变鸣禽。《登池上楼》　变鸣禽:鸣叫的鸟换了种类,指冬天叫的鸟已被春天叫的鸟所替换。　池塘边生出了新草,园中的柳树上已是春鸟在鸣叫。写冬去春来,景物一新,朴质自然,毫无雕琢之迹。

明月照积雪,朔风劲且哀。《岁暮》朔风:北风。劲:强烈。　月光照在雪地上,北风呼啸而又似在哀鸣。　从耳闻目睹描绘晚冬月夜之景。遣词贴切,造境真实,壮阔。

南朝·宋·范晔《后汉书》

失之东隅,收之桑榆。《后汉书·冯异传》　东隅:东方,这里指代早晨。桑榆:日暮时分。　早上的损失,可以在晚上补回来。　比喻开始有所失,而以后又有所得。

有志者事竟成也。《后汉书·耿弇传》竟:终于。　有志向的人最终一定会成功。　说明坚定的志向对成功有重要意义。

丈夫为志,穷当益坚,老当益壮。《后汉书·马援传》　穷:困窘。益:更加。　大丈夫立志,应该在困境中更加坚强,年老后更加豪壮。

男儿要当死于边野,以马革裹尸还葬耳。《后汉书·马援传》　马革:战马的皮。　男子汉应该为国家战死在边疆的战场上,用战马皮包裹着尸体回乡安葬啊。　表现为保卫国家情愿战死的雄心壮志。成语"马革裹尸"本此。

凡举事无为亲厚者所痛,而为见仇者所快。《后汉书·朱浮传》　举事:做事。　不论做什么事,都不能使亲人感到伤痛，让仇人感到快乐。　现常缩写成"亲者痛，仇者快"、"亲痛仇快"。

不入虎穴，不得虎子。《后汉书·班超传》　虎子：幼虎。　不进入老虎窝，就得不到幼虎。　比喻不避危难，激流勇进，才能获得成功。

堤溃蚁孔，气泄针芒。《后汉书·陈宠传》　针芒：针尖。　大堤会因为蚂蚁打的小洞而崩溃，气也会因为针尖而泄出。　告诫人们凡事要重视防微杜渐，不要因事小而忽视。

盛名之下，其实难副。《后汉书·黄琼传》　盛：盛大。副：相称、符合。　声名极大，而实际却很难跟声名完全符合。　提醒人们要有自知之明，经常想到自己的不足和缺点。

兵无强弱而将有能否。《后汉书·皇甫规传》　能：能力。　兵并无强弱之分，将却有能力的高下。强调将领的能力在战争中的重要性，也即将领的指挥能力往往决定战争的胜负。

文籍虽满腹，不如一囊钱。《后汉书·赵壹传》　文籍：文章书籍，指学问。囊：袋。　满腹的学问，还不如一口袋钱。　讽刺东汉末年轻视知识学问，追逐财物权势的社会风气。

志不求易，事不避难。《后汉书·虞诩传》　立志不要追求易于实现的小目标，作事不要避开困难（要敢于解决困难）。

不遇槃根错节，何以别利器乎！《后汉书·虞诩传》　槃（pán）：同"盘"。　不碰到树根盘绕、木节交错的情况，怎能识别工具锋利与否呢。　喻指只有在艰难险恶的环境里，才能考验出人的真本事。

直如弦，死道边；曲如钩，反封侯。《后汉书·五行志一》　弦：弓弦。侯：封建社会贵族的一种爵位（分公、侯、伯、子、男五等）。　耿直如弦的好人，纷纷死于道边；而邪曲如钩的人，反而得以封侯。　这是东汉时期政治黑暗的一个真实写照，也是历代政治舞台上常见的现象。

南朝·宋·刘义庆《世说新语》

宁为兰摧玉折，不作萧敷艾荣。《世说新语·言语》　萧、艾：均是恶草。敷、荣：开花。　宁可做到兰、玉那样高洁而备遭摧折，也不作萧、艾恶草般的茂盛荣华。比喻做人要做有骨气的人。

虚谈废务，浮文妨要。《世说新语·言语》　虚谈：清谈、空谈。浮文：

华而不实的文辞。　清谈会荒废政务，浮华的文辞会妨碍重要的大事。　主张做事要务实。

小时了了，大未必佳。《世说新语·言语》　了了：聪明伶俐。　小时候聪明伶俐，长大了未必也很出色。　说明每个人的成长过程中有诸多不确定因素。

风景不殊，正自有山河之异。《世说新语·言语》　殊：异，不同。山河之异：指当时黄河流域大部地区被外族侵略者占领。　风景没有什么两样，只是北方的大好河山被外族人占领，有了很大变化。

千岩竞秀，万壑争流。《世说新语·言语》　千岩：犹言千山，千峰。万壑(hè)：犹言万条沟壑。　群山竞相争秀，万条河流湍流不息。勾勒出了一幅壮美的山水画。

从山阴道上行，山川自相映发，使人应接不暇。《世说新语·言语》　山阴：县名。晋时属会稽郡，治今浙江绍兴。东晋时从北方南迁的士族多聚居于此。映发：辉映衬托。应接不暇：目不暇接，应付不过来。　在山阴道上走，山水景色互相映衬，使人感到目不暇接。准确地描绘出山阴景色之多、之美。成语"应接不暇"本此。

木犹如此，人何以堪。《世说新语·言语》　树木尚且如此，人怎么经受得了岁月的流逝呢！　晋朝大将军桓温北征，在行军途中偶然发现自己多年以前种植的柳树已经长得粗壮繁盛，不由心中有所感触，发此叹息。后人常用这两句感慨时光流逝，而功业未就。

南朝·宋·鲍照

直如朱丝绳，清如玉壶冰。《代白头吟》　朱丝：朱弦，即染成朱红色的琴瑟弦。玉壶：玉制的壶。　正直得就像琴上的朱弦，毫无屈曲，清洁得如同玉壶里的冰。比喻人的性格正直，品质高洁。

时危见臣节，世乱识忠良。《代出自蓟北门行》　节：气节，节操。　时局危难才能展现臣子的节操，世道混乱才能辨识忠良。　说明只有在关键时刻才能识别人的节操和忠贤。

木落江渡寒，雁还风送秋。《登黄鹤矶》　木落：树木叶落。江渡寒：寒气渡江而来。雁还：雁子南归。　初秋时分，树叶飘落，江面寒气飘拂，雁子南归，风吹秋爽。　寻常景物，写得清新而富有动感。

自古圣贤尽贫贱，何况我辈孤且直。《拟行路难十八首》之六　孤：指出身寒微，势力孤单。　自古以来的圣贤都贫困而且地位低下，更何况我们这样孤傲耿直的人呢！

言外所指,门第低下和正直的人不受重用,寓含了对当时门阀制度的不满情绪。

两相思,两不知。《代春日行》 有情人都在思念对方,却两人都不知道。 写出了少年男女痴情而又各自矜持的情态。

南朝·齐·谢朓

日华川上动,风光草际光。《和徐都曹出新亭渚》 日华:太阳的光华。风光:"光风"的倒文,指雨停日出而风,草木有光。浮:浮现。二句意为:太阳照在河里,水面上闪动着光华;风在草上吹拂,草上浮现着光泽。 日华是水反映的,风光是草衬出的,因而更突出了水波的荡漾,细草的起伏。全以生动取胜。

大江流日夜,客心悲未央。《暂使下都夜发新林至京邑赠西府同僚》 未央,未尽。央,尽。客:诗人自指。大江滔滔,日夜奔流不息,我心中的悲伤也像这流水一样没有止息。以无尽的江流比喻无尽的悲伤,贴切感人。

余霞散成绮,澄江静如练。《晚登三山还望京邑》 绮(qǐ):有花纹的丝织品。练:白绢。 晚霞散开犹如一片片丝帛,清澈的江水平静得犹如一匹白绢。 比喻新颖

贴切,用语精炼,色彩明丽,唐朝诗人李白曾给予很高的评价。

南朝·梁·萧绎

一年之计在于春,一日之计在于晨。《纂要》 做一年的计划就在春天,做一天的计划就在早晨。说明做事要抓紧黄金时段,这样才能有所获。

无道人之短,无说己之长;施人慎勿念,受恩慎勿忘。《金楼子·戒子篇》 慎:千万,无论如何。不要谈论别人的短处,不要说自己的长处;自己给别人好处千万别老是惦记着,接受了别人的恩惠千万别忘了。 这是做人的基本准则和道德修养。

南朝·梁·沈约《宋书》

愿乘长风,破万里浪。《宋书·宗悫传》 长风:远风。 愿意乘风远行万里,破浪向前。 比喻排除困难,奋勇前进,来实现自己远大理想。

南朝·梁·江淹《别赋》

别方不定,别理千名,有别必怨,

有怨必盈,使人意夺神骇,心折骨惊。《别赋》 别方:离别的方式。别理:离别的原因。盈:满,言其多。意夺神骇:谓失神。心折骨惊:谓伤心。骨,犹"心"。 几句意为:离别的方式多种多样,离别的理由千千万万,但有离别必会产生怨恨,有怨恨就必定难以压抑,使人黯然神伤,伤痛不已。夸张地描写了离别对人的精神折磨之深。后常用"意夺神骇"、"心折骨惊"描写神情恍惚、悲痛至极的情感。

南朝·梁·范缜《神灭论》

形存则神存,形谢则神灭。《神灭论》 形:形体。神:精神。谢:消失。 形体存在,精神就存在;形体消失了,精神也随之消亡。说明精神从属于形体,它不能脱离形体而独立存在。这具有朴素的唯物主义观点。

南朝·梁·刘勰《文心雕龙》

志足而言文,情信而辞巧。《文心雕龙·征圣》 文:有文采的。巧:美好。 写文章心意要充分表达而使言辞有文采,感情要真实,文辞要美好。 说明写作应遵循的原则,要求内容和形式完美地统一起来。

诗有恒裁,思无定位。《文心雕龙·明诗》 裁:体裁、格式。定位:一定的规矩。 诗有其恒常的格式,但思绪没有一定的规矩。说明文学创作就是按一定的模式来传达千变万化的思想感情。

论如析薪,贵能破理。《文心雕龙·论说》 析薪:劈柴。理:木柴的纹理。 写论说文章犹如劈柴一样,贵在顺着纹理破开。 指明论说文的要旨是顺理成章,而不是强词夺理。

登山则情满于山,观海则意溢于海。《文心雕龙·情思》 一想到登山,情思里就充满着山的风光,一想到看海,意念中又翻腾起海的波涛。 比喻作家构思文学作品时,必须要按照内容的需要,进行充满感情的想象。

意授于思,言授于意;密则无际,疏则千里。《文心雕龙·神思》 际:缝隙。 几句意为:文意来自构思,语言又受文意支配;三者紧密结合,就能天衣无缝,疏远了就会相去千里。 指出好的文章就是文意、构思、语言三者的紧密结合。

情者文之经,辞者理之纬。《文心雕龙·情采》 情:与下句的"理",

互文见义，都有情理的意思。谓作者的思想感情是文章的经线，文辞是表达情理的纬线。　说明文章应以情理为主，文辞为次，形式要为内容服务。

昔诗人什篇，为情而造文；辞人赋颂，为文而造情。《文心雕龙·情采》诗人：指《诗经》作者。什篇：《诗经》中的《雅》、《颂》每十篇为什。所以称诗篇为"什篇"或"篇什"。从前《诗经》作者的诗篇，是为抒发情志而作，后来辞赋家写的赋颂却是为写作而虚造情感。　批评那些内容空乏，单纯追求艺术技巧的作品。

南朝·梁·何逊

夜雨滴空阶，晓灯暗离室。《临行与故游夜别》　离室：客居之所。夜来的残雨仍在滴打着空阶，天将破晓时，在话别的屋里，明灯已显得发暗了。　烘托与友人惜别的氛围，非常出色。

少壮轻年月，迟暮惜光辉。《赠诸旧游》　轻：轻视，不珍惜。光辉：指光阴。　青少年时不珍惜时光，上了年纪才知痛惜光阴。提醒人们及早爱惜光阴。

江暗雨欲来，浪白风初起。《相送》江上乌云密布，大雨马上要来了，白浪涌起，风已渐渐紧了。　描写离别时候的自然实景，观察细致入微，暗寓旅途生活的困苦。

南朝·梁·王籍《入若耶溪》

蝉噪林逾静，鸟鸣山更幽。《入若耶溪》　逾（yù）：副词，越发。树林里因为有蝉叫而显得更加幽静，山中因为有鸟鸣而显得越发静谧。　用以动衬静的手法描绘山林的幽静，艺术效果强烈。两句备受时人激赏。

南朝·陈·江总《侍宴玄武湖》

鸟声云里出，树影浪中摇。《侍宴玄武湖》　鸟声好似从云里传出，树枝倒映在水中随浪摇摆。　极写玄武湖天水之间杂树竞茂，众鸟争鸣的优美风光。

南朝·陈·陈叔宝《戏赠沈后》

此处不留人，自有留人处。《戏赠沈后》　这里不留人，自有留人的地方。　现在已成为想改换一下环境或工作的牢骚话。

南朝·无名氏《东飞伯劳歌》

东飞伯劳西飞燕。《东飞伯劳歌》　伯劳：鸟名。　伯劳鸟往东飞，燕子往西飞。　比喻离别。成语"劳燕分飞"本此。

北朝·无名氏《木兰诗》

朔气传金柝，寒光照铁衣。《木兰诗》　朔气：北风。金柝(tuò)：金属的梆子，即刁斗，军营中夜间用来报更。铁衣：金属铠甲。北风传送着刁斗声，月光照射在盔甲上。　描写战时宿营警戒的情况。

南朝·宋·陆凯《赠范晔》

江南无所有，聊赠一枝春。《赠范晔》　聊：姑且、暂且。一枝春指梅花。因梅花一开，春天就要到了，所以用梅花象征春天。江南这地方没什么好东西，就姑且送你一枝梅花来表达我的心意吧。表现朋友之间深切忆念和高尚的情致。

北朝·无名氏《敕勒歌》

天苍苍，野茫茫，风吹草低见牛羊。《敕勒歌》　苍苍：深青色。茫茫：辽阔、深远。见：同"现"，显露。　深青色的天空，壮阔辽远的田野，一阵风吹来，草儿低下了头，一群群的牛羊处处可见。描绘广阔富饶的西北草原风貌。语言质朴，景象阔大。

北齐·魏收《魏书》

俭开福源，奢起贫兆。《魏书·李彪传》　起：引起。　节俭是开启幸福的源泉，奢侈是引起贫困的征兆。　说明节俭才能财丰，给人带来幸福。

北齐·刘昼《刘子》

救饿者以圆寸之珠，不如与之橡斗；贻溺者以方尺之玉，不如与之短绠。《刘子·随时》　橡斗：即橡栗，橡树的果实。贻：送给、赠与。绠：绳子。　救助饥饿的人，给他直径一寸的明珠不如给他橡栗；送给落水者一尺见方的宝玉，不如给他一根短绳。　意谓助人要及时并掌握方式方法。

北齐·颜之推《颜氏家训》

同言而信,信其所亲;同命而行,行其所服。《颜氏家训·序致》　而:通"如"。信:相信。命:命令,指示。　同样的话,要相信就相信亲近的人说的;同样的命令,要执行就执行信服的人的。　说明亲近的人或有权威的人施教,易见成效。

教妇初来,教儿婴孩。《颜氏家训·教子》　教育媳妇要在初娶进门的时候,教育儿孙要在幼儿时期。谓教育必须及早进行,慎在其始。

何惜数年勤学,长受一生愧辱哉。《颜氏家训·勉学》　何:为什么。惜:舍不得。　为什么当初舍不得用几年的时间去勤奋学习,却要终生蒙受羞辱呢?　这是作者对那些饱食终日、无所事事的庸官的诘问,可谓切中时弊。

积财千万,不如薄伎在身。《颜氏家训·勉学》　积:积蓄。伎:通"技",技艺,本领。　积累下千千万万的财物,不如掌握一种小小的技能。　说明人应有一技之长。

博士买驴,书券三纸,未有"驴"字。《颜氏家训·勉学》　博士:古代学官名。晋置国子博士,为国子学中主讲经义的人。这里泛指执教者。书:写。券:契约。买驴要立字据。　博士买驴,契券写了三张纸,却没有出现"驴"字。　讽刺那些写文章废话连篇而不得要领的文士。

学者犹种树也,春玩其华,秋登其实;讲论文章,春华也,修身利行,秋实也。《颜氏家训·勉学》　玩:欣赏。华:同"花"。登(dé):通"得",得到。　几句意为:学习就像种树一样,春天可以观赏它的花朵,秋天可以收获它的果实;讲习讨论文章,就像观赏花,修身养性以利于实践,就像取得果实。这里以"华"、"实"比喻学与用,说明学习,一方面是为了求得知识,另一方面是为了提高自己的品德修养和指导自己的行动。

不修身而求令名于世者,犹貌甚恶而责妍影于镜也。《颜氏家训·名实》　令名:美好的名声。责:要求。妍影:美丽的影像。　不加强自身修养,却企望在世上求得好名声,这就像容貌丑陋的人却要求美丽的影像映现于镜中一样。说明人要取得好名声,关键是提高自身的道德修养。

上士忘名,中士立名,下士窃名。《颜氏家训·名实》　上士:指上德之人。　　上德之人忘记名声，中德之人努力树立名声，下德之人只会盗取名声。　　说明怎样对待、获取名声，可以反映一个人的道德品质。

北周・庾信

大厦既焚，不可洒之以泪；长河一决，不可障之以手。《拟连珠》　　洒：浇。长河：黄河。障：堵塞。　　大厦已经烧了起来，无法用眼泪去浇灭；黄河一旦决口，不是用手就能堵住的。　　比喻大势已去，小补无益，难以挽回。

还是临窗月，今秋迥照松。《伤往》　　迥：遥远。　　还是窗前那一轮明月，今年秋天依然远远地照射着那棵松树。　　抒发昔人已逝，人去楼空的感叹。

一丛香草足碍人，数尺游丝即横路。《春赋》　　碍：阻止。游丝：春天虫吐的丝在空中飞扬，叫游丝。　　一丛香草足以阻碍游人的脚步，几尺游丝飘荡在空中仿佛要横断道路，不让人离去。　　以拟人化手法，含蓄地表现春色迷人，令人流连忘返。

民枕倚于墙壁，路交横于豺虎。《哀江南赋》　　豺虎：泛称野兽。　　百姓傍着断壁颓垣坐卧，苟延残生，道路纵横，却在野兽群中穿过。　　极写战火中田荒人减、野兽横行的惨状。

山岳崩颓，既履危亡之运；春秋迭代，必有去故之悲。《哀江南赋》　　山岳崩颓：比喻国家颠覆。履：遭受。迭代：更替。　　国家颠覆，已遭受危亡的厄运；春去秋来互相更替，人们必然会加深离开故国的悲伤。

隋·唐·五代

隋·杨坚

舟大者任重,马骏者远驰。《诏苏威》 舟大、马骏:比喻贤能的人。远驰:比喻多出力。 二句意为:贤能的人能承担重任,为国出力。 意谓能者多劳。

苟利于时,其致一揆。何谓物我之异,无计今古之殊。《前代品爵依旧诏》 苟:如果。时:时势。致:达到。揆(kuí):尺度,准则。何谓:即"谓何",说什么?殊:不同。 四句意为:如果有利于时势,它只有一个标准,不必说什么外物与自身的差异,也不论今天和古代的不同。 强调促进时势的发展才是唯一的目的,并由此抉择其他条件。

隋·卢思道《劳生论》

俯偻匍匐,啖恶求媚,舐痔自亲,美言谄笑。《劳生论》 俯:低头向下。偻(lǚ):曲背。匍(pú)匐(fú):

爬行。啖(dàn):吃。恶:指粪便。舐(shì)痔:《庄子·列御寇》:"秦王有病召医,破痈溃痤者,得车一乘;舐痔者,得车五乘。"谄笑:装着笑脸巴结人。 (拍马者)低头爬行,甚至吃粪以求媚;亲自舐痔,说尽好话,笑脸巴结人。一连四句挖苦的排比,形象勾勒出了拍马者极其丑恶的嘴脸。有力抨击了献媚者趋炎附势的卑劣行为。

隋·杨广

十步之内,必有芳草;四海之中,岂无奇秀?《劝学诏》 芳草:香草,比喻具有忠贞美德的人。奇秀:指特殊、罕见才能的人。说明德才兼备者无处不在,要善于发现、挖掘。

寒鸦飞数点,流水绕孤村。《失题》 寒冷中的乌鸦远飞而去,远望只见几个黑点,一弯溪水围绕着孤零零的村落,缓缓流动。 这是一幅极省笔墨的山水画。宋人秦观把这两句采入他的《满庭芳》词。

隋·王义
《上炀帝书陈成败》

巨厦之崩,一木不能支;洪河已决,掬壤不能救。《上炀帝书陈成败》巨厦:喻国家。支:支撑。掬(jū):壤:一捧土。　四句意为:大厦倒塌,一根木头根本无法支撑住;大河决堤,一捧土无法堵住。比喻国家大势已去,一两个贤明的人无法挽回国家必然灭亡的命运。

隋·祖君彦
《为李密檄洛州文》

罄南山之竹,书罪无穷;决东海之波,流恶难尽。《为李密檄洛州文》罄(qìng):尽。竹:古代用竹片记事。书:写。决:放水。　四句意为:用尽终南山之竹也写不完的罪行;引东海之水也洗刷不尽他的劣迹。　用夸张手法形容罪恶之大,劣迹之多。意同"罄竹难书"。

隋·薛道衡《人日思归》

人归落雁后,思发在花前。《人日思归》人真正归家晚于大雁南飞之后,但返回的念头却在春花开放之前就萌发了。　二句写出了一种急切的思家之情。

隋·王通《中说》

易乐者必多哀,轻施者必好夺。《中说·王道篇》轻施:轻易地施舍。夺:强取。　二句意为:容易喜欢的人一定是哀伤也很多,动辄施舍的人一定会喜欢强取。　告诫人们不能被人的表面行为所迷惑。

无赦之国,其刑必平;多敛之国,其财必削。《中说·王道篇》赦(shè):有罪而放免。平:公平。削:减损。　用不着赦免罪犯的国家,其刑罚一定很公平;横征暴敛的国家,其财富一定要减少。说明公平用刑,薄取于民,国家就会安定。

君子之学进于道,小人之学进于利。《中说·天地篇》君子:有道德有修养的人。道:道德。小人:人格卑鄙的人。　君子做学问是要在道德上有所长进,小人做学问是要在营谋私利方面更进一步。说明做学问的不同目的,可以从一个侧面反映人品的好坏。

不就利,不违害;不强交,不苟绝。《中说·天地篇》就:靠近。违:

离开,躲避。苟:随便。　不趋近于利益,不规避于祸害;不勉强与人交好,不随便与人决裂。四句话谈历事待人之道。

过而不文,犯而不校,有功而不伐。《中说·天地篇》　过:有过错。文:修饰。犯而不校:犯,指被触犯。校:计较。本《论语·泰伯》:"有若无,实若虚,犯而不校。"伐:自我夸耀。　有过错而不掩饰,被别人触犯了也不计较,建立了功绩却不炫耀。　三句话谈自我修养之道。

古之仕也以行其道,今之仕也以逞其欲。《中说·事君篇》　仕:做官。道:指一定的政治主张。逞:肆意地攫得,达到。　古时候做官是为了推行自己的政治主张,现在做官则是为了实现个人的私欲。二句通过鲜明的对比,极其深刻地揭露了当时社会的官场作风。

言而信,未若不言而信;行而谨,未若不行而谨。《中说·周公篇》　信:守信用。未若:不如,比不上。行:做事。　说到就做到,不如不说也做到;做事的时候谨慎,不如不做事的时候也谨慎。　意谓守信用,处处谨慎应该是自然而然的。

通其变,天下无弊法;执其方,天下无善教。《中说·周公篇》　通:知晓。变:变通。弊法:坏法。执:坚持,遵行。方:指常规。善教:美善的教化。　根据情况灵活行事,天下就不会有弊陋的法规;墨守成规,天下就不会有良好的教化。　说明治理国家必须善于通权达变,而不能墨守成规。

自知者英,自胜者雄。《中说·周公篇》　英:优异,杰出。雄:出众。能正确估价自己的人是俊伟之人,能战胜自己的私心杂念的人是杰出之人。　说明人贵在能够自知自胜。

多言,德之贼也;多事,生之仇也。《中说·问易篇》　贼:坏人。生:古代儒者之称。仇:敌人。　好讲闲话,这是美好品德的敌人;多管闲事,这是读书人的冤家。　意谓做人必须寡言少事,谨言慎行。

恭则物服,悫则有成。《中说·礼乐篇》　恭:谦逊敬慎。物:人们。悫(què):诚实。　谦逊敬慎,人们就会心悦诚服;诚恳老实,事情就会每每成功。　说明为人必须谦逊诚实,这样才会赢得人们的尊敬,也才会把事情办好。

以势交者,势倾则绝;以利交者,利穷则散。《中说·礼乐篇》　交:建立友情。倾:歪,倒塌。穷:完。散:罢休。　以权势作标准交朋友的,权势失去了,交情也就随之断绝;以利益作标准交朋友的,利益穷尽了,交情也随之结束。

意谓势利之交不长久。

君子先择而后交,小人先交而后择。《中说·魏相篇》　君子:有才德的人。交:建立友情。小人:人格低下的人。　君子先是选择,然后与志同道合者建立友情;小人先是匆忙定交,然后再进行选择,有所取舍。　意谓君子慎于择友,小人交道浅薄。

不责人所不及,不强人所不能,不苦人所不好。《中说·魏相篇》　责:责求。强:勉强,强迫。苦:使人困苦、受罪。不好(hào):不喜欢。　不要责求别人做所做不到的事,不要强迫别人做所不擅长的事,不要硬逼别人做所不愿做的事。　三句概括了用人致事之道。

君子服人之心,不服人之言;服人之言,不服人之身。《中说·立命篇》　君子:有道德有学问的人。服:敬服,信服。　君子让人从内心里信服而不让人口头上信服,让人口头上信服而不让人行动上信服。意谓君子不以力服人而以言服人,不以言服人而以心服人。

苟正其本,刑将措焉;如失其道,议之何益。《中说·关朗篇》　苟:如果。正:端正。本:根本。措:废弃。失其道:失道,无道,违背道义。议:商议。　如果能够在根本上端正了,刑罚也将弃置不用;

如果违背了道义,每事必与众人商议又有什么用呢?　意谓治理国家关键是要把带有根本性的问题解决好。

唐·李世民《赐萧瑀》

疾风知劲草,板荡识诚臣。《赐萧瑀》　疾风:急剧而猛烈的风。劲草:坚韧的草。板荡:《板》、《荡》都是《诗·大雅》中讥刺周厉王无道而导致国家败坏、社会动乱的诗篇。后因以指政局混乱或社会动荡。诚臣:忠臣。　只有经过疾风的考验,才会知道什么是劲草;社会动荡,才能分辨出谁是忠臣。　前后句之间以比喻关系构成对仗,"疾风知劲草"今依然可以用以表达患难、罹乱之中所见的人格或操守。

唐·房玄龄等《晋书》

机不可失,时不再来。《晋书·安重荣传》　机、时:均指时机、机会、机遇。　二句强调把握时机、把握机遇的重要性,机会稍纵即逝,失去了就不会再回来了。

时无英雄,使竖子成名。《晋书·阮籍传》　竖子:小子(蔑称)。二句意为:当时没有英雄人物,才使刘邦这小子有了名气。　三国魏人阮籍从洛阳到成皋,登上广武山,观看刘邦、项羽相争的战场,说了这样目空一切的话。

不为五斗米折腰。《晋书·陶潜传》五斗米:指微薄的官俸。折腰:喻屈身受辱。　意为:决不为了五斗米的官俸,去向人低头哈腰。后常用来表示不向权贵低头、不和卑污小人同流合污的节气。

唐·魏征《述怀》

纵横计不就,慷慨志犹存。《述怀》纵横:有驰骋之意。就:指被赏识、被采纳。慷慨:性格豪迈。二句表达了诗人虽然郁郁不得志,难以施展自己的抱负,但依然不坠壮志的豪迈志气,常常用来勉人自勉。

唐·卢照邻

得成比目何辞死,愿作鸳鸯不羡仙。《长安古意》　比目:即比目鱼。比目、鸳鸯,均是喻情爱深挚的爱人或夫妻。　二句意为:只要能够与有情人相爱厮守,成双成对,就算是死也不怕,就算是神仙也不羡慕。　比目、鸳鸯是古代文学

中爱情的经典意象,原诗虽非情诗,此二句却作为千古情誓为后人所流传。

智者不背时而侥幸,明者不违道以干非。《对蜀父老问》　侥幸:企求非分。干:求取。　明智的人是不会违背时代的潮流和道的原则而去企求非分的东西的。不站在时代潮流和天道的反面,这是一个明智正直之人的立身原则,千古皆然。

唐·骆宾王

无人信高洁,谁为表予心。《在狱咏蝉》　高洁:品格高尚。予心:我的心。　原诗托物言志,诗人借咏蝉来表达自己的高尚节操。后人多用来抒发持身高洁而又苦无同道的孤独悲愤,自伤复自傲。

昔时人已没,今日水犹寒。《于易水送人》　昔时人:指荆轲。史载燕太子丹于易水(河名,位于河北省北部。)送别往秦国行刺的荆轲,荆轲歌曰:"风萧萧兮易水寒,壮士一去兮不复还!"　荆轲刺秦的悲壮引得历代文人吟咏不已。此二句乃咏荆轲的名句,于简淡的语言中散发出苍凉古意与浩荡的气概。

神人之所共嫉,天地之所不容。《代

李敬业传檄天下文》　嫉：憎恶,痛恨。　二句意为:像武曌这样的人,百姓和神灵都痛恨,皇天后土都容不下她。　此二句是骆宾王为李敬业讨伐武则天所写的檄文,言辞激切,后人亦常用以说一些极其伤天害理的恶人恶事。

唐·杜审言
《和晋陵陆丞早春游望》

独有宦游人,偏惊物候新。《和晋陵陆丞早春游望》　宦游：出外做官。物候：随季节变化呈现的自然景况。　漂泊在外的人对季节变化的敏感,而流露的思乡之情,真实而深挚,引人共鸣。

唐·王勃

落霞与孤鹜齐飞,秋水共长天一色。《滕王阁诗序》　鹜(wù)：野鸭。二句意为:晚霞在空中飘浮,仿佛与野鸭们一起在飞行;秋水清澈,天空明净,映成了水天一色。二句乃写秋景之名句,对仗工整,境界宏阔,意象动静结合,色彩流丽,极富美感。

闲云潭影日悠悠,物换星移几度秋。《滕王阁诗序》　物换星移：景物改变,星辰移动。形容时序和世事的变化。　悠闲的云,潭中日影悠悠然,景物变换,星斗转移几度春秋。　在闲淡从容的自然景物中,体味一种人世沧桑变迁的况味,意蕴绵长。

海内存知己,天涯若比邻。《杜少府之任蜀州》　海内：四海之内,天下。比邻：近邻。　二句意为:只要两心相知,即使是天涯远隔,也是如邻居一般相亲相近的。二句将惺惺相惜的挚友之间那种即使身在四海、相隔遥远,也心灵相通的感情表达得极为到位。后人亦多用在知己间相赠相勉。

唐·刘希夷《代悲白头翁》

年年岁岁花相似,岁岁年年人不同。《代悲白头翁》　年年开的花都很相似,而一年一年时光流逝,人却逐渐衰老,是多么不同啊。诗句以极其平易的语言表达了天地常新、人生易老的慨叹,反映出深厚的哲理。

唐·贺知章《回乡偶书》

少小离家老大回,乡音未改鬓毛衰。《回乡偶书》　衰：谓人老时鬓发疏落变白。　少年时离开家乡,到年纪大了才回来,乡音虽然没有改变,鬓发却已经疏落变白了。　二句诗写出了作者长年客居他乡,年华流逝的伤感情绪。以简单朴素的变与不变的细节出之,确是四两拨千斤。

唐·陈子昂《登幽州台歌》

前不见古人,后不见来者。念天地之悠悠,独怆然而涕下。《登幽州台歌》　古人:指前代的贤者。悠悠:无尽。怆(chuàng)然:伤感的样子。涕:泪。　几句意为:望不见古代的贤者,也盼不到后世的哲人。想到那宇宙的无穷无尽,我站在这幽州台上,独自伤感落泪。全诗以天地之大的空间和古往今来之久远的时间为背景,塑造了一个独立高台、孤独而伟岸的个人形象,也表达了作者对生不逢时、怀才不遇境况的不尽悲叹。气象非凡,悲思深广,堪称杰作。

唐·吴兢《贞观政要》

求木之长者,必固其根本;欲流之远者,必浚其泉源;思国之安者,必积其德义。《贞观政要·君道》几句意为:想让树木长得好,必定要加固它的根基;要想让河水流得远,必定要浚通它的源头;要想使国家能安定,必定要行义积德。这是古代治国的道理,但又何尝不是立身处世、为人为学的道理呢。

君,舟也;人,水也。水能载舟,亦能覆舟。《贞观政要·政体》　君主,好像是船;人民,好比是水。水能够载船,也能够掀翻船。　以舟和水的比喻形象地说明了统治者和人民之间的关系。　后缩写为成语"水能载舟,亦能覆舟"。

不以求备取人,不以己长格物。《贞观政要·任贤》　格物:对待人,衡量人。　用人不求全责备,不以自己的长处去衡量别人。说的是古代用人任贤的道理,却也是社会交往的重要原则,不去苛求别人,不要用自己的长处去衡量别人而获得狭隘的优越感,宽于待人才是人与人相处的正道。

以铜为镜,可以正衣冠;以古为镜,可以知兴替;以人为镜,可以明得失。《贞观政要·任贤》　铜:古人使用的镜子是铜作的。用铜作镜子,可以端正衣冠;用历史作镜子,可以知道兴亡的道理;用人作镜子,可以明白自己行为的得失。　几句三层排比,以镜子的意象贯彻,由正衣冠的镜子引发,分别说了以史为鉴和虚心接纳他人意见的道理。

林深则鸟栖,水广则鱼游,仁义积则物自归之。《贞观政要·仁义》树林深密就有百鸟来栖集,河水深广就有群鱼来游弋,仁义之政积累多了百姓自然归附。　这是讲要施仁政的道理,比喻恰切,而"仁义积则物自归之",不仅为政是如此,为人也是一样。

君子扬人之善,小人讦人之恶。《贞观政要·公平》讦(jié):揭发、攻击他人的隐私、过错或短处。二句意为:君子总是称扬别人的善行,而小人却往往喜欢揭发、攻讦他人的过错和短处。　以君子、小人对举,揭示了二者在对待他人上的截然相反的作风,确为洞明世事之论。

为之而欲人不知,言之而欲人不闻,此犹捕雀而掩目,盗钟而掩耳。《贞观政要·公平》　自己做了却想让人不知道,自己说了却想让人不听到,这就好像捕猎鸟雀时却遮住自己的眼睛,偷盗铜钟时捂住自己的耳朵的人一样。　所说的正是俗谚所谓"若要人不知,除非己莫为"的道理,只是说得更为形象。

尽己而不以尤人,求身而不以责下。《贞观政要·公平》　尤:怪罪。严格要求自己,尽己所能而不怪罪别人,反求自身不足而不责备下

属。　原是说古代圣贤君王的为政作风,却也恰是人处社会之中,当有的为人态度:严于律己而不要事事怨天尤人。

立身成败,在于所染。《贞观政要·慎终》　染:沾染,影响。　二句意为:一个人立身的成功和失败,在于其所接触的环境,所受到的影响。一语中的,堪为警示。

唐·张若虚《春江花月夜》

人生代代无穷已,江月年年只相似。《春江花月夜》　穷:尽。已:停止。　人生一代又一代地更替,没有穷尽停止,而那江上的明月却年复一年都那么相似。　此诗被闻一多先生盛赞为"诗中的诗,顶峰上的顶峰",而此句正是全篇的诗眼,将那种人生更替无常而自然却亘古不变的感伤抒发得浩渺而深沉。

唐·苏颋《汾上惊秋》

心绪逢摇落,秋声不可闻。《汾上惊秋》　摇落:凋残,零落。秋声:指秋天里自然界的各种声音,如风声、落叶声、虫鸟声等。　二句意为:客途中心绪黯然,秋日里的

种种声音都变得不堪闻听了。将萧瑟背景下的客途感伤表现得绵密不尽，有一种催人泪下的感染力。

唐·张九龄《望月怀远》

海上生明月，天涯共此时。《望月怀远》 海上升起了一轮明月，远隔天涯的离人望着月亮，得以共同拥有此时此刻。 诗句以宏阔清丽的意象和缠绵不尽的情思成为经典中的经典。

唐·王翰《凉州曲》

醉卧沙场君莫笑，古来征战几人回。《凉州曲》 沙场：战场。你别笑我在沙场上还一求醉酣，古来征战厮杀，又有多少人能活着回来呢。 既是一派笑醉沙场的豪迈气度，而在借酒解忧、痛饮强欢的狂肆之下，却更有一种深广的苍凉与悲壮撞击着人心。

唐·王湾《次北固山下》

海日生残夜，江春入旧年。《次北固山下》 二句意为：残夜就要过去

了，一轮日头正从海上升起，旧的一年就要过完了，江边又是一片春景。 二句写早春晓景，也暗寓流年暗换，匆匆又一年的感伤。

唐·王之涣

欲穷千里目，更上一层楼。《登鹳雀楼》 穷：尽。 想要放眼千里，看到更广阔的景色，那就再登上一层楼吧。 二句含有深刻的哲理，说明人要看得远，必须站得高的道理。后世用以鼓励人自我提升，从而获得更宽阔的视野或更高远的境界。

羌笛何须怨杨柳，春风不度玉门关。《出塞》 羌笛：古代管乐器，因出自羌族（主要分布在今甘、青、川一带），故名。杨柳：指乐府横吹曲《折杨柳》，曲调哀怨。春风：乃双关语，既指春风，也喻君恩。二句意为：羌笛何须吹奏如此哀怨的《折杨柳》呢，自古春风都是吹不过玉门关的，一如君恩难至。二句乃写戍边之苦，是边塞诗的常见题材，难得的是在怨情中不坠豪壮之气，是盛唐的风度。

唐·孟浩然

春眠不觉晓，处处闻啼鸟。夜来

风雨声,花落知多少。《春晓》 夜来:指前一夜,来,助词。　全诗写春日早晨睡醒来的情景:春日酣睡不觉天已亮了,只听到处都是鸟叫声。想起昨夜风雨声大作,不知道打落了多少花朵啊。短短二十字,清新自然,而又情味绵绵,难怪能如此脍炙人口。

气蒸云梦泽,波撼岳阳城。《临洞庭上张丞相》　云梦泽:指云泽和梦泽,古书称二泽范围极广,洞庭湖乃其一部分。撼:摇动。岳阳城:今湖南岳阳市,在洞庭湖以东。二句意为:洞庭湖水气蒸腾,笼罩着云梦泽,水波浩荡,仿佛摇撼着岳阳城。　二句乃写洞庭湖壮景,意境浩大,气势恢弘,真乃大手笔。

山寺钟鸣昼已昏,渔梁渡头争渡喧。《夜归鹿门歌》　昼已昏:谓天色已昏暗。渔梁:襄阳城东沔水中有渔梁洲,即江水中的一块陆地。在山寺黄昏的钟声中,渔梁洲渡口挤满了归帆的船只,一片喧嚷。二句着辞平常,却点染出了一派人间烟火气,甚是动人。

人事有代谢,往来成古今。《与诸子登岘山》　人生百事,都不过是以新代旧的更替,旧的往,新的来,便成了古往今来。　二句是对历史、人生更替、往来的高度概括,道出了一个伟大的真理,有一种俯仰

万代的意味。

风鸣两岸叶,月照一孤舟。《宿桐庐江寄广陵旧游》　鸣:风使叶鸣。江风吹动,两岸的树叶簌簌作响,一轮明月当空,照着我这一叶孤舟。　二句写诗人行旅之中的情景,对仗工整,意象孤清,于萧瑟之中铺开一片清明之气,在艺术上非常精致。

荷风送香气,竹露滴清响。《夏日南亭怀辛大》　荷风:从荷花间吹来的风。竹露:竹叶间的露水。清响:清冷的响声。　二句写盛夏晚间在荷花、青竹间怡然地感受和风、清香和天籁。　描写玲珑细腻,意境幽美静谧,在平常的夏景中写出了不平常的美好。

唐·王昌龄

忽见陌头杨柳色,悔教夫婿觅封侯。《闺怨》　陌(mò)头:路口。夫婿:古代妇女称丈夫。觅封侯:求取功名。　乍然望见了路边的杨柳吐露春色,不禁后悔让夫婿远离自己去求取功名。　此诗写闺怨,二句由"忽见"而及"悔教"的嗟叹,曲尽少妇心理刹那间的微妙变化,写得跌宕又真实。

洛阳亲友如相问,一片冰心在玉壶。《芙蓉楼送辛渐》　你(指辛渐)

此去洛阳,如果亲友们问起我的情况,你就说我恰如一片冰心在玉壶之中。 "冰心"、"玉壶"皆是指至纯高洁,诗人以此自况,后世也常常以"一片冰心在玉壶"之句自喻或喻人品性高洁。

黄沙百战穿金甲,不破楼兰终不还。《从军行》 黄沙:沙漠。金甲:铠甲的美称。楼兰:西域古国名,故址在今新疆。 在沙漠中身历百战,金甲都已磨穿,但不灭强敌,誓不归还。 二句诗写出了戍边将士勇往直前,夺取胜利的英雄气概。 "黄沙"、"金甲"的强烈色彩、粗砺质感,"不破"、"不还"的豪壮决绝的语气,都使这两句极具边塞诗的刚性之美。

唐·李颀

腹中贮书一万卷,不肯低头在草莽。《送陈章甫》 贮:藏。草莽:草野、民间。 陈君你熟读万卷书,学问这么好,又怎么会肯低头埋没在草莽之中呢。 二句语势豪壮慷慨,今可以用以如诗人那样表达对友人的衷心赞叹,也用以自况。

年年战骨埋荒外,空见蒲桃入汉家。《古从军行》 蒲桃:即"葡萄"。年复一年,战死边疆的战士的尸骨就埋在了荒凉的关外,只是徒然地看到葡萄被进贡入中原王朝。二句写边战的残酷和无意义,措辞沉痛。

唐·王维

大漠孤烟直,长河落日圆。《使至塞上》 大漠:沙漠。孤烟:燧烟,古时边塞告警和报平安的信号。长河:黄河。 在浩瀚无边的沙漠上,燧烟如柱,直上高空;在横穿沙漠的黄河中,留下了落日的圆浑的映象。 二句是写大漠黄昏景象的千古名句,其"直"、"圆"二字的妙处诚如《红楼梦》中所说的:"这'直'字似无理,'圆'字似太俗。合上书一想,倒像是见了这景的。若说再找两个字换这两个,竟再找不出两个字来。"

独在异乡为异客,每逢佳节倍思亲。《九月九日忆山东兄弟》 独自身在他乡,每到过节的时候就特别思念家乡的亲人。 二句以如同口语般浅显的语言道尽了孤单游子佳节思亲的落寞心境,千百年来广为后人所引用。

君自故乡来,应知故乡事。来日绮窗前,寒梅著花未?《杂诗》绮窗:雕饰花纹的窗户。 您从故乡来,应该知道故乡的事吧,你出发的时候,格子窗前的梅树开花了没有啊？　全诗寓巧于朴,独问寒梅,如叙家常,亲切有趣,情韵悠扬。

行到水穷处,坐看云起时。《终南别业》　穷:尽。　信步行到溪流的尽头,便坐下来,仰看那云雾涌起的妙景。　二句走笔如行云流水,悠游闲适中流露出无限的玄禅意味。

空山不见人,但闻人语响。《鹿柴》空旷的山谷间不见人影,只听见人语声在山谷间回响。　二句以寥落的人声反衬出山林之幽静,可谓尽得以动写静之妙道。

古木无人径,深山何处钟。《过香积寺》　走在古木参天、人迹罕至的山径上,深山中遥遥地传来钟声悠悠。　二句写入山访寺途中所历,虽未正面写香积寺,却将寺院之幽僻环境和佛教的那种清寂的意味表达得极为传神。

田夫荷锄至,相见语依依。《渭川田家》　荷(hè):扛。依依:形容彼此之间讲话很久,闲适亲近的样子。　二句意为:农夫们三三两两地扛着锄头回到村口,同我见面交谈,彼此情深意长。　二句洋溢着乡村闲适的生活气息和朴素的人情味,读来有融融暖意。

江流天地外,山色有无中。《汉江临眺》　江:长江。山色有无中:指

在水气蒸腾中,山色隐现,远望似有若无。　二句写景极具中国传统水墨画之气势和韵味,确是“诗中有画”。

漠漠水田飞白鹭,阴阴夏木啭黄鹂。《积雨辋川庄作》　漠漠:水田开阔的样子。阴阴:幽暗貌。啭(zhuàn):鸟声婉转。　白鹭在开阔的水田上翩然飞过,黄鹂在浓绿的夏木丛中啼声婉转。　二句描写夏季田园的清新迷人的景象,其色彩的搭配尤妙,洁白的鹭鸟投影在明净的水面上,鲜黄的黄鹂鸟点缀在翠绿的夏木丛中,想来就极为悦目了。

明月松间照,清泉石上流。《山居秋暝》　明月朗照苍翠的松林,清澈的泉水潺潺地在山石间流过。二句写月夜山景,落笔明澈,意象空静,是王维山水诗的典型风格。

荒城临古渡,落日满秋山。《归嵩山作》　荒凉的城关对着萧瑟的古渡口,残阳洒满了秋日的山林。二句以荒城、古渡、落日、秋山四个意象,勾画出一派冷落秋景,意境雄浑而苍凉。

草枯鹰眼疾,雪尽马蹄轻。《观猎》草都枯萎了,猎鹰的目光在光秃秃的原野上特别锐利;积雪融化了,马奔跑起来没有沾滞,十分轻快。二句写打猎时的情景极为生动,尤妙在“疾”、“轻”二字,不仅贴切

恰，更是令诗句顿时生气飞动，充满动感。

山中相送罢，日暮掩柴扉。春草明年绿，王孙归不归。《送别》　柴扉：柴门。"春草"二句：本于《楚辞·招隐士》"王孙游兮不归，春草生兮萋萋"。王孙，代指友人。这首送别诗由"送别罢"写起，将送别归来的孤独落寞写得含蓄又丰满，而刚刚送走友人便问明年"归不归"，更有一种惆怅万端的意味。

劝君更进一杯酒，西出阳关无故人。《渭城曲》　劝：勉。敬奉请饮之意。阳关：古关名，故址在今甘肃敦煌西南。　我劝你再喝干一杯酒吧，等往西出了阳关就再也碰不到相熟的朋友了。　二句寓殷殷惜别的深情和感伤于劝酒之中，透出一股豪健之气，真唐人风度也。

唐·崔颢

停船暂借问，或恐是同乡。《长干行》　我停船冒昧问访，恐怕咱俩是同乡呢！　此诗是男女二人在水上行舟时的对答，充满水乡情调。此二句是承前二句女子主动搭讪、自报家门后，又觉得不好意思，故而作出的解释。那种情窦初开，率真大胆又不失少女羞涩的情

态，惟妙惟肖。

黄鹤一去不复返，白云千载空悠悠。《黄鹤楼》　悠悠：浮荡的样子。（古仙人骑走的）黄鹤一去再也不曾回还，而那黄鹤楼头的白云却千百年来都这般兀自悠然飘浮。感慨人事沧桑而山河无恙，有一种深沉的空茫感。

日暮乡关何处是，烟波江上使人愁。《黄鹤楼》　乡关：故乡。烟波：江上水气如烟。　二句意为：黄昏时分登楼远望，故乡在哪里啊，只有那江上的烟波惹动我的无限愁思。　明言乡愁，其实个中愁思远非乡愁可以涵盖，这种欲说还休的情绪复杂性也使得这两句诗在历代咏乡愁的诗句中显得尤为苍茫和深沉，遂广为后人引用。

唐·高适

战士军前半死生，美人帐下犹歌舞。《燕歌行》　战士们在沙场上出生入死，而主帅的帷帐里美人们犹在轻歌曼舞。　二句通过强烈的对比，写边战之惨烈与将领们的荒淫混账，落笔之沉痛自在轻歌曼舞之外。

莫愁前路无知己，天下谁人不识君。《别董大》　天下之大，何处没有知音，你不必忧愁此去没有朋

友,天下谁不知道你的高才啊。二句是送别朋友远行时的劝慰之语,情谊真挚,语气豪迈,一扫送别诗之惨戚。

唐·李白

长安一片月,万户捣衣声。《子夜吴歌·秋歌》　长安:唐建都长安,今陕西西安。捣衣:原是指洗衣时用木杵在砧上捶击衣服,使之干净。此处指捣练,是为缝制冬衣作准备。　月下万户捣衣,是为了替远离长安、征戍在外的家人赶制冬衣。　二句意象明净安宁,却有一种淡淡的离思忧伤如月色般笼罩其间,极富美感。

郎骑竹马来,绕床弄青梅。《长干行》　竹马:以竹竿当马骑。床:指庭院中的井床。弄:玩。　二句意为:那时候郎君你拿竹竿当马骑来找我玩,两个人绕着井床互相追逐,投掷青梅。　二句回忆儿时与丈夫嬉戏玩闹的快乐,两小无猜的生动场面写得天真无邪。后演变为成语"青梅竹马",借指自幼相好的青年男女。

长风几万里,吹度玉门关。《关山月》　长风:远风、大风。玉门关:古关名,是唐通往西域的要塞,故址在今甘肃敦煌西。　万里长风,猎猎吹过西域边塞的玉门关。　二句气势浩荡,一派边塞的萧瑟与旷远。

蜀道之难,难于上青天。《蜀道难》　入蜀之道的难行,更比登天难。　二句后世常用以写蜀道地形之险峻难行,有时也用以比喻难以克服的困难或难以轻易达到的目标。

一夫当关,万夫莫开。《蜀道难》　只要一个人把守关口,就是千万人也攻不上来。　二句写蜀道剑阁的险峻地势,造语极见气势。既可以用其原意形容某处的地形险要,也可以用来比况某个人的英勇无敌。

君不见黄河之水天上来,奔流到海不复回。《将进酒》　二句意为:你没见那汹涌的黄河水,如同从天上而来,奔流到海,一去不复回。　二句在原诗中是起兴下文岁月易逝、人生易老之意。而诗句本身也有着所描写的黄河水般的滔滔气势。

人生得意须尽欢,莫使金樽空对月。《将进酒》　金樽(zūn):金杯。人生在世,得意的时候就应当尽兴狂欢痛饮,不要让酒杯徒然空对明月。　从字面上看,二句有及时行乐的思想,其实这是借酒浇愁,表现了诗人政治抱负不得实现的愤懑心情。

天生我材必有用,千金散尽还复来。《将进酒》　天生我材一定是有用的,即使挥金如土地散尽金银,还是可以重新获得。　这是作者强烈自信心的表露。后世常引用"天生我材必有用"之句表示自信或自勉。

长风破浪会有时,直挂云帆济沧海。《行路难三首》之一　长风破浪:比喻实现宏大的抱负。云帆:指航行在大海里的船只。济:渡。终有一天我将如御长风,破浪而去,扬帆入云渡沧海,实现自己的宏伟抱负。　二句气势纵横,慷慨激昂,表达了一种实现自我抱负的非凡决心与信心,广为后人所引用。

且乐生前一杯酒,何须身后千载名。《行路难》　乐:以……为乐。且痛饮眼前这杯美酒,何须惦念着身死之后的千载虚名。　二句乃达人之语,表达了一种生当及时行乐,不为虚妄的身后荣名所累的通达洒脱的人生观。

安能摧眉折腰事权贵,使我不得开心颜。《梦游大姥吟留别》　安:怎么。摧眉折腰:意谓奴颜婢膝。我怎么能低眉折腰去侍奉权贵,使我自己不能开心舒畅呢?　二句鲜明地反映了作者视权贵如粪土的高傲性格。

弃我去者,昨日之日不可留,乱我心者,今日之日多烦忧。《宣州谢朓楼饯别校书叔云》　弃我去者:指已逝的时光。乱我心者:指眼前送别朋友。　往日的时光离我远去,无可挽留;今日的离愁扰乱我心,令人烦忧。　诗句准确地反映了作者追悔年华虚度而又对现实不满的复杂心情。后人常用以表达一种俯仰人生的慨叹和唏嘘。

抽刀断水水更流,举杯销愁愁更愁。《宣州谢朓楼饯别校书叔云》　抽刀欲截断流水,流水断而复流,举杯消愁,只是愁上添愁。　作者的言下之意是:人不能自溺于愁苦之中,而应当自拔出来,振作精神。比喻极富感染力。

五岳寻仙不辞远,一生好入名山游。《庐山谣寄卢侍御虚舟》　五岳:东岳泰山、西岳华山、南岳衡山、北岳恒山、中岳嵩山之合称。岳,大山。好:喜爱。　五岳寻仙不怕遥远,我一生无非是喜欢周游名山大川。　二句原是指游山寻仙,现多被引用来指爱好游赏山水。

举杯邀明月,对影成三人。《月下独酌》　高举酒杯,我邀明月同饮,月光投映出我的身影,月、我、影凑成三人相伴共饮。　二句乃极得诗仙精神的名句,邀月对影成三人的奇想,是寂寞,也是放达,是孤独,也是倜傥。

山随平野尽,江入大荒流。《渡荆门送别》　江:长江。大荒:一望无垠的原野。　山影随着平原的出现而消失,滔滔江水又奔腾在广阔无际的原野上。　二句写出了江水流过三峡后壮丽的山川景色。逼真如画,极具空间流动感。

浮云游子意,落日故人情。《送友人》　游子:指久居外乡的人,这里指友人。故人:指自己。　二句意为:浮云无定,好似游子飘流不定的行踪;落日缓缓下山,好似自己留恋友人的心情。　借眼前景,写惜别情,对仗工整,意象合切。

两岸猿声啼不住,轻舟已过万重山。《下江陵》(一作《早发白帝城》)　只听见长江两岸猿声相呼相引,此起彼伏,不知不觉间,小舟已驶过万重山。　诗人遇赦东返,此二句以畅快的笔势写行舟之快,实际上反映了诗人心情之雀跃兴奋,后世则常用来作为轻松顺利的游途写照。

飞流直下三千尺,疑是银河落九天。《望庐山瀑布》　三千尺:极言高。九天:九重天。即天空最高处。　瀑布水从高处飞泻而下,就像是银河从九重天上倒落下来。　二句以银河落九天的奇想来写瀑布的壮观,气势丰沛,成为后世咏瀑布的首选名句。

故人西辞黄鹤楼,烟花三月下扬州。《送孟浩然之广陵》　故人:老朋友,指孟浩然。黄鹤楼:在今湖北武昌。烟花:指春日花开如烟的绚丽景象。　友人于黄鹤楼道别,登程东行;在繁花如烟的三月顺江而下,向着扬州行进。　二句意思浅白,"烟花三月下扬州"成了后世与扬州相关的最有名的诗句。"烟花三月"也成为常用的表示春日的成语。

仰天大笑出门去,我辈岂是蓬蒿人。《南陵别儿童入京》　蓬蒿人:埋没于草野之人,指平民百姓。仰天大笑,我得意地出门,要入京去了,像我这样的天才又怎么会埋没于草野之中呢?　唐玄宗天宝六年(747)秋,李白奉诏入京,启程告别家人时写下此诗。二句表现了作者的狂喜心情与自视才高,想施展抱负的大志。"我辈岂是蓬蒿人"也像"天生我才必有用"一样多为后世自高之人所引用。

举头望明月,低头思故乡。《静夜思》　我抬头望见天上的明月,引动情思,不禁低头思念起故乡来。见月思乡,对月怀人,千古皆然。

桃花潭水深千尺,不及汪伦送我情。《赠汪伦》　桃花潭:在今安徽省泾县内,周长十里,水甚深。汪伦:桃花潭边一村民,曾酿酒款待李白,李白将去,他踏歌相送。那桃花潭的潭水有千尺深,却比不上汪伦专程跑来给我送别的感情深。　二句就地作比,意思通俗晓畅,情感更显真挚,毫无造作之感。

吾爱孟夫子,风流天下闻。《赠孟浩然》　夫子:古代对有德才之望的男子敬称。风流:指儒雅潇洒的风度。　二句乃李白敬赠孟浩然之句,称赞对方称赞得可谓简单又雍容气派,故常常为后人所套用。

宣父犹能畏后生,丈夫未可轻年少。《上李邕》　宣父:指孔子。唐贞观年间下诏尊称孔子为宣父。畏:敬畏,佩服。丈夫:犹大丈夫。年少:泛指年轻人。　二句意指后生可畏,当位的前辈不应当看轻年轻人。今既可以是年轻人引以自我鼓励,也可以是前辈引以感叹后生可畏。

相看两不厌,只有敬亭山。《独坐敬亭山》　敬亭山:在今安徽宣城县城北。　互相对望而久久不厌倦,只有敬亭山啊。　二句以拟人手法写一种在自然中独处的自足和欣然,颇有些哲学意味。后世常将"相看两不厌"用作形容男女相悦的情语。

清水出芙蓉,天然去雕饰。《经乱离后天恩流夜郎忆旧游书怀赠江夏韦太守良宰》　(如同)从清水中长出来、盈盈盛开的芙蓉花,是天然的、没有雕饰的美丽。　原诗是赞美韦良宰的作品清新自然、不假雕饰,后世仍多用以评论那些自然、

清新的文学作品;有时也用来赞美女孩子的纯美。

春风知别苦,不遣柳条青。《劳劳亭》　春风知道人们离别的痛苦,故意不让柳条发青。　折柳送别是古代的习俗,作者把春风人格化,说它与离别的人同样伤别,从而使之成了作者感情的化身。二句构思奇妙,意味无穷。

相思相见知何日,此时此夜难为情。《三五七言诗》　思念你,想见你,而相见怎知要到哪一天,此时此刻,思念你的良夜,我是多么的情难自禁啊。　缠绵情语,委婉动人。

西岳峥嵘何壮哉,黄河如丝天际来。《西岳云台歌送丹丘子》　西岳:指华山。峥嵘:高耸的样子。华山高耸入云,多么雄壮,远望黄河宛如一条细细的丝带,从天边飘逸而来。　二句写出了华山的雄伟,黄河的壮丽。

白日不照吾精诚,杞国无事忧天倾。《梁甫吟》　白日:喻皇帝。杞国:古国名,在今河南杞县。《列子·天瑞篇》载,春秋时杞国有人担心天崩地陷无处安身,因而吃不下睡不着。　二句意为:虽然皇帝看不到我的一片诚心,但我仍像杞人忧天那样为国家担忧。表现了作者对自己怀才不遇遭遇的怨愤和赤诚的爱国之心。

浮生若梦,为欢几何?《春夜宴从弟桃花园序》 浮生:指人生。为欢:指赏心乐事。 二句谓人生就像梦幻,极为短暂,而真正的赏心乐事又能有多少? 这让人很自然地联想到曹操的"对酒当歌,人生几何?",都表达了一种人生苦短,当及时行乐的人生态度。

唐・常建《破山寺后禅院》

山光悦鸟性,潭影空人心。《破山寺后禅院》 山光:山头的光影。潭影:清澈潭水中的倒影。空:使动用法,使……空。 二句意为:山光令鸟儿任性腾欢,潭中水影涤除了人心的杂念。 后世常引用此二句来形容身处山水之间的怡然姿态和心境。

唐・杜甫

会当凌绝顶,一览众山小。《望岳》 会当:终当,定要。凌:登上。一旦登上泰山绝顶,放眼四周群山都觉得非常渺小。 二句是写泰山的千古名句,气魄非凡。现多用来写人们登高望远时视野和胸襟开阔的感受,也可引申用以形容一个人的卓尔不群,眼界或境界高。

正是江南好风景,落花时节又逢君。《江南逢李龟年》 落花时节:指暮春。 今日与君重逢,正是江南的落花纷飞的好时节。 二句意象虽美,但原诗所写是杜甫和李龟年在安史之乱后在江南偶然重逢的心情,其实是颇有恍如隔世之感的。而后世多以诗歌的字面意思,引用以表达朋友间重逢、偶遇的喜悦。

落日照大旗,马鸣风萧萧。《后出塞》 大旗:大将所用的红旗。萧萧:风吹声。 鲜红的落日照在大将的军旗之上,战马嘶鸣,野风萧萧。二句抓住了塞外与军营特有的景致,以几个典型意象就集中地表现出了千军万马的壮阔军容和边塞的萧瑟犷莽,是边塞诗中的名句。

故人入我梦,明我长相忆。《梦李白》其一 二句意为:友人啊你出现在我梦里,知道我一直把你惦记。 所谓"日有所思,夜有所梦",二句常被用以表达对一个人的思恋之深。

冠盖满京华,斯人独憔悴。《梦李白》其二 冠盖:帽子和车盖,指称达官贵人。京华:指京师。斯人:指李白。憔悴:困顿。 京城里都是些达官贵人,而才高八斗的李白却独独困顿失意。 二句是为李白人才被埋没而鸣不平,后世也常用以感慨才高而不得志的人。

千秋万岁名，寂寞身后事。《梦李白》其二　身后：死后。　二句意为：李白纵然是名垂千古，又怎能同死后的寂寞相抵！　大凡大才之人，往往不为时所赏所容，生前际遇平常甚至颇为窘迫，古今皆然，中外皆然。

文章憎命达，魑魅喜人过。《天末怀李白》　"文章"句：意谓有文才的人总是薄命遭忌。魑（chī）魅：指山鬼妖怪。李白被流放夜郎，传说夜郎乃魑魅之地，要提防不为所食。　二句意为：文才横溢，必遭排斥和打击，吃人的山鬼妖怪，巴不得有人从自己身旁经过，攫而吞食。　前句系愤激语，后句喻奸佞小人总不忘加害君子。

笔落惊风雨，诗成泣鬼神。《寄李十二白二十韵》　一下笔即会惊动风雨，而诗写成之后更是令鬼神也为之饮泣。　二句是赞叹一个人非同凡响的文学才能，及其作品强烈的艺术感染力。为后世所习用。

无边落木萧萧下，不尽长江滚滚来。《登高》　一眼望不到头的无边秋树，落叶纷纷而下，长江流不尽，江水一路滚滚自西而来。　二句写杜甫登高所见的景象，对仗工整，气象宏阔，充满了萧瑟悲凉之感，极富感染力。

一去紫台连朔漠，独留青冢向黄昏。《咏怀古迹》其三　紫台：即紫宫或紫禁，指汉宫。朔漠：北方沙漠之地，指匈奴。青冢：指王昭君墓，在今呼和浩特市西南，传说墓草常青，故名。　（昭君）一辞别汉宫，就接上了荒漠重重，老死胡地，黄昏中只留下青冢。　二句概述了王昭君离开汉宫，远嫁匈奴，埋骨异乡的一生。　未着一字议论，读来却是感慨无穷。

万古云霄一羽毛。《咏怀古迹》其五　羽毛：以鸾凤喻诸葛亮。　（你的功绩）仅是万古云霄中威风呈现的羽毛一片。　此句乃咏叹诸葛亮盖世功业。后世也用来泛指一个人的成就，独步千古，万代仰慕。

露从今夜白，月是故乡明。《月夜忆舍弟》　露：指白露节气，在阳历九月八日前后。《月令七十二候集解》释白露："（农历八月节），阴气渐重，露凝而白。"　今宵是白露节，露水仿佛变白，月亮还是故乡的最为明亮。　二句表达了游子思乡怀亲的特殊心理感受。"月是故乡明"的句式，往往被后世化用，以表达恋乡之情，如"茶是故乡浓"、"水是故乡甜"等等。

遥怜小儿女，未解忆长安。《月夜》　怜：爱怜。忆长安：想念在长安的父亲。　二句意为：可怜一双儿女还小，不懂得思念身陷长安的父亲。　　说孩子之"未解",其实是在写解相思的大人相思相忆之深。二句流水对,表面意思浅白,而表达的感情却委婉深挚,至为感人。

白日放歌须纵酒,青春作伴好还乡。《闻官军收河南河北》　　放歌:放声高歌。纵酒:开怀痛饮。青春:春天。　　大白天应当放声高歌,开怀畅饮,趁着明媚春光,与妻儿作伴回乡。　　得闻官军收归失地,诗人非常高兴,更兼得返故乡,喜悦之情,溢于言表。二句节奏明快,对仗工整,可见诗人已到了"纵心所欲不逾矩"的地步。

人生不相见,动如参与商。《赠卫八处士》　　不相见:极言相见之难。动:每每。参(shēn)商:二星名,参星、商星,一出一没,永不相见。　　命运让人们长别不见,往往像参星和商星那样无缘会面。　　二句抒发了身逢离乱,人生聚难散易的沧桑之感。后世也常引此二句抒发聚少离多的唏嘘。

国破山河在,城春草木深。《春望》　　国破:指长安沦陷。城:指长安。草木深:指兵后荒凉,城中草木丛生。　　国都沦陷而山河依旧,春来只见满城草木丛生,一派荒凉。　　二句言安史之乱带来的灾难,渲染出一种浓重的悲怆感,极概括,极深沉。

烽火连三月,家书抵万金。《春望》烽火:本指边地报警的烟火,此指安史之乱的战火。连三月:连续三个月。抵:值得上。　　战乱连续三个月没有结束,这时候能得到一封家信,顶得过白银万两。　　二句真切表达了战乱中思念离散亲人的悠悠深情。

出师未捷身先死,长使英雄泪满巾。《蜀相》　　出师句:指蜀汉建兴十二年,诸葛亮伐魏,据五丈原,与魏军隔渭水相持,当年八月,胜负未决,诸葛亮病死军中。　　二句意为:诸葛亮在五丈原出师未捷身先死,使那一代代的英雄都为之泪洒衣襟。　　后来也被用来惋惜英雄的事业未尽而已身死。

朱门酒肉臭,路有冻死骨。《自京赴奉先县咏怀五百字》　　朱门:红漆的大门,指豪富之家。　　富豪人家的美味珍馐吃不完而变臭,野路上却躺着一具具冻死者的尸骨。　　二句极鲜明形象地揭示了当时贫富不均的对立状况。

花径不曾缘客扫,蓬门今始为君开。《客至》　　花径:花间小路。蓬门:蓬草编结的门。　　二句意为:我门前的小路没有因为您要来而刻意打扫过,而我的大门今天却欣然为您敞开。　　写喜客之至,显得轻快自然,有相亲相近之意。

星垂平野阔,月涌大江流。《旅夜书怀》　　平野:平展的原野。大江:

长江。　　平野辽阔,群星摇挂如垂,大江挟着涌出的月轮奔流不息。　　二句写夜间所见的江畔景色,宏阔雄壮,星垂月涌的画面极为动人。

尔曹身与名俱灭,不废江河万古流。《戏为六绝句》之二　　尔曹:你们这帮人,语含斥责。不废:犹无妨,不伤。　　即使你们这伙人身死名灭,也不妨碍(初唐四杰的作品)像长江大河一样万古流传。二句巧妙地嘲讽了那些哂笑、菲薄初唐四杰——王勃、杨炯、卢照邻、骆宾王的俗子,充分肯定了"四杰"打破六朝绮靡诗风,开创新诗体的成就。　　现用以指一切反历史潮流者将落得身败名裂的下场,而一切正义力量则不可阻挡。

一片花飞减却春,风飘万点正愁人。《曲江二首》　　花一片片地飘飞坠落,春色正在减退,更那堪风吹起那万点落花,引人愁思。　　二句意象凄美迷离,既是恋春伤春之语,也颇可体会出些自伤际遇的意味。

人生七十古来稀。《曲江二首》之二　人生能活到七十岁的,自古以来就很稀少。　　谓人生短暂。后人常用来抒发各自的感慨。因此句,后上了七十岁就被称为古稀,或古稀之年。

吴楚东南坼,乾坤日夜浮。《登岳阳楼》　　吴楚:春秋战国时的吴、楚两国之地,大体上讲,吴国在洞庭湖东面,楚国在洞庭湖南面。坼(chè):裂开。洞庭湖位于吴楚之间,故曰"坼"。乾坤:天地,此指日月。　　仿佛是大地崩裂成了吴、楚两块,形成了这片大湖;日月就像在浩淼的水面上日夜交替,出没沉浮。　　二句写景笔势纵横,意象宏大,是描写洞庭湖的名句。

文章千古事,得失寸心知。《偶题》写文章是千古不朽的事,文章写得好不好、是得是失,自己心里最知道。　　二句道出了自古而今写文章的人的心声,故流传甚广。

新松恨不高千尺,恶竹应须斩万竿。《将赴成都草堂途中有作先寄严郑公》之四　　新松、恶竹:喻人类中的美与丑。　　二句意为:新栽的小松树我恨不得让它们一下子长成千尺长松,不长高、不长直的竹子即使有一万根也必须砍去。　　二句鲜明地表现了作者对真善美的炽热的爱和对假恶丑的刻骨的恨,富有教育意义。　　现常用以说明新生力量,盼其快快成长,清除邪恶势力,惟恐不尽。

此曲只应天上有,人间能得几回闻。《赠花卿》　　这样美妙的曲子只应当是天上才有,在人间能听得到几回啊!　　二句作为盛赞乐曲美妙的名句,可谓脍炙人口。

语不惊人死不休。《江上值水如海势聊短述》　语言不能惊人，死也不罢休。　此句原是极言作者写诗之求工，后世引用，既有指写文章"语不惊人死不休"的，更多的则是指说话"语不惊人死不休"。

读书破万卷，下笔如有神。《奉赠韦左丞丈二十二韵》　读透了大量的书籍后，下笔写作时自然如有神助。　二句是杜甫的经验之谈，阐明了读与写之间的关系，后世身体力行的人往往都深以为然。

射人先射马，擒贼先擒王。《前出塞》之六　在战场上，马目标大，马射倒了则人非死即伤，故射人先射马；蛇无头不走，把首领擒得，群贼自然溃散，故擒贼先擒王。　二句似是当时的军谚，后世也是作为俗谚广为流传。

唐·岑参

轮台九月风夜吼，一川碎石大如斗，随风满地石乱走。《走马川行奉送封大夫出师西征》　轮台：今新疆米泉，时为军府所在地。走：小跑。这里指石块快速滚动。　九月的轮台，夜间狂风怒吼，一川的碎石大如斗，风过处，满地乱滚。二句写漠北边戍秋日恶劣的自然环境，有一种粗犷的力度和雄奇的气势，历来为人激赏。

马上相逢无纸笔，凭君传语报平安。《逢入京使》　马上匆匆相逢，没有纸笔可书家信，就托您传句话，代我报一声平安。　二句不假雕琢，信口而成，却将戍客思家恋乡的迫切心情和悲辛之意表达得真切丰满。

忽如一夜春风来，千树万树梨花开。《白雪歌送武判官归京》　梨花开：喻树上雪花。风停雪止，树树皆白，如同一夜之间春风忽然吹来，吹开了千树万树雪白的梨花。　二句写北地大雪过后的情景，奇思逸想，壮观华美。

山回路转不见君，雪上空留马行处。《白雪歌送武判官归京》　山回路转，终于看不到你了，只是徒然留下了雪地上的马蹄印。　二句写出送行者长久怅望的场面，含蓄地表达了惜别之情。

唐·刘长卿

古调虽自爱，今人多不弹。《弹琴》　这（《风入松》）古调啊，我虽然深自喜爱，可今世的人们啊，还有谁愿意去弹！　二句表面上是说弹琴，实是寄寓着诗人在诗歌创作风格和个人遭际方面不为时赏的寂寞感慨。

细雨湿衣看不见,闲花落地听无声。《别严士元》　蒙蒙细雨润湿了衣裳,但却看不见雨丝;枝上的残花轻飘飘落到地上,听不到一点声音。　二句写景,堪称精细入微。

唐·钱起《省试湘灵鼓瑟》

曲终人不见,江上数峰青。《省试湘灵鼓瑟》　一曲终了,看不见人,只见江上的那些山峰青青葱葱地矗立着。　此诗乃就《楚辞》诗意,结合湘水女神的传说所作的一首试帖诗。二句写"曲终人不见",只见"江上数峰青"的惘然,不知这一切是梦是真,余音似在峰际缭绕,情思亦绵绵不尽。

唐·张继《枫桥夜泊》

月落乌啼霜满天,江枫渔火对愁眠。《枫桥夜泊》　江枫:水边的枫树。江,江南人泛称河流为"江"。夜月西斜,乌鸦啼叫,只见秋霜满天,江岸上,枫树影影绰绰,渔火孑然一点,对着在舟中愁思难眠的旅人。　二句意象密集,彼此之间似乎无法顺然连缀,却共同营造出了一种凄寒冷落的意境,极富感染力。

姑苏城外寒山寺,夜半钟声到客船。《枫桥夜泊》　姑苏:苏州的别称,因城西南的姑苏山而得名。寒山寺:在苏州枫桥西,因初盛唐时的名僧寒山曾住此而得名。姑苏城外寒山寺夜半的钟声,悠悠然地传到了客船之中。　寒夜里清宏的钟声回荡在寂静之中,无疑是令客船中愁思难眠的人更添惆怅。

唐·司空曙《云阳馆与韩绅宿别》

乍见翻疑梦,相悲各问年。《云阳馆与韩绅宿别》　乍见:忽然相见。蓦然重逢,反而怀疑自己是在做梦,阔别多年,音容不再,含悲相问年辈。　二句将故友久别重逢、恍如隔世的情态,描摹得极为传神、细微。南宋范晞文评此联"情融神会,殆如直述","最能感动人意"(《对床夜语》)。

唐·韦应物

春潮带雨晚来急,野渡无人舟自横。《滁州西涧》　春潮:二、三月间河水盛涨,称春潮或春汛。野波:郊野渡口。　日暮时分,春日的潮水挟裹着雨水,流得特别急,郊野的渡口上,一艘无人的小舟兀自横斜在急流上漂荡。　二句写荒江野渡的幽谧景色,一派自然而然的野趣。

浮云一别后,流水十年间。《淮上喜会梁州故人》　浮云:喻漂泊无定,聚散无常。流水:喻指时光如水,匆匆流逝。　我们如同浮云漂泊,相聚之后便各分东西,十年的时间如流水匆匆而逝。　二句对仗工整,又平易如话,于区区十字之间道尽了人生无常、岁月匆匆的感慨,历代为人传诵。

落叶满空山,何处寻行迹。《寄全椒山中道士》　在那空旷的山谷间,落叶满地,我要到何处去寻访你的行迹呢。　那种满山落叶而人迹难寻的意境,仿佛是中国山水画中一个极富意蕴的留白,将友人闲云野鹤的飘逸气度,和自己怅然若失的惆怅情绪都表达得绵绵不尽,耐人寻味。

唐·戴叔伦《除夜宿石头驿》

一年将尽夜,万里未归人。《除夜宿石头驿》　这一年就要在除夕之夜中过去了,我却一个人离乡未归,漂泊在万里之外。　二句把出行者强烈的乡思和孤处异域的凄苦写得淋漓尽致。

唐·张志和《渔歌子》

青箬笠,绿蓑衣,斜风细雨不须归。《渔歌子》　箬(ruò)笠:竹叶所制的斗笠。蓑衣:用棕丝或稻草编制的雨衣。　头戴青箬笠,身披绿蓑衣,一点点斜风细雨无须匆匆归去啊。　几句通过对自然风景和渔夫生活的赞美,表示对自由生活的爱好和向往。

唐·卢纶《晚次鄂州》

万里归心对月明。《晚次鄂州》万里漂泊,归心似箭,面对明月格外凄凉。　对月怀乡乃古诗中常见的意象,此句写得如此简净而深情,难能可贵。

唐·李益

不知何处吹芦管,一夜征人尽望乡。《夜上受降城闻笛》　芦管:即胡笳,胡人用芦页卷制的吹奏乐器,声音悲凉。　夜色中不知哪里有人吹奏起悲凉的胡笳,惹得远征边地的男儿,一夜都痴痴地思念故乡。　二句以胡笳悲声烘托戍客苦战怀乡之情,极富感染力。

早知潮有信,嫁与弄潮儿。《江南曲》　潮有信:海潮因受月亮影响,涨落都有定时,故称。弄潮儿:熟悉水性,随潮进退,善于搏击风浪的健儿。　早知道潮水涨落有时,我倒还不如嫁给那弄潮儿。二句是妻子对丈夫在外经商,每每说好了归期又不归来的抱怨,将小女子的怨怼和娇嗔的口吻描摹得极为传神,诚所谓"无理而妙"(贺裳《皱水轩词筌》)。

从此无心爱良夜,任他明月下西楼。《写情》　从此之后都无心欣赏那良夜之美,任由那明月慢慢地沉下西楼去。　二句写失恋的痛苦,细腻真实。

别来沧海事,语罢暮天钟。《喜见外弟又言别》　沧海事:以沧海桑田喻世事变迁剧烈。暮天钟:指黄昏时分的钟鼓报时。　分别以来,人间已经几度沧桑,语罢相对,已响起了报时的晚钟。　二句意境苍茫杳远,别来的沧桑感受随着暮天的沉沉钟声回荡,可谓语罢而意不罢。

唐·孟郊

梧桐相待老,鸳鸯会双死。《列女操》　梧桐:传说雄为梧,雌为桐。会:终当。双死:鸳鸯雌雄相随,同生同死。　梧桐两树同栽,相对终老,鸳鸯成双为伴,终当同生同死。　二句以梧桐相依待老,鸳鸯同生共死起兴,引出夫妻相依相存的关系,后世流传甚广。

谁言寸草心,报得三春晖。《游子吟》　寸草心:小草的嫩心,喻游子之心。三春晖:春日的阳光,喻母爱。三春:春季分为孟春、仲春、季春,合称三春。　谁能说这长不过寸的小草的一点绿意,报答得了春天太阳的光辉。　二句于反问中将游子对母亲那混杂着愧歉的感激之情表达得情真意切,遂成为传诵至今的名句。

春风得意马蹄疾,一日看尽长安花。《登科后》　正逢春风得意,马蹄翻飞疾驰,一日之内便把长安的花都看尽了。　孟郊屡试不第,二句写登第后志得意满的神态和得意兴奋的心情。前句"春风得意"现常用来形容人心情愉快。

唐·李端《听筝》

欲得周郎顾,时时误拂弦。《听筝》　周郎顾:周郎,指周瑜,二十四岁为建威中郎将,吴中呼为周郎。能妙解音律,人奏曲有误,必知而顾看,时人称:"曲有误,周郎顾"。　弹筝的姑娘，为博周郎回头看一眼，便时时故意拨错弦。　二句借用典故，以一个生动的细节，将佳人芳心萌动的狡黠娇俏描摹得煞是旖旎。

唐·王建
《十五夜望月寄杜郎中》

今夜月明人尽望，不知秋思在谁家。《十五夜望月寄杜郎中》　今晚月明，人人都望着月亮怀念远方的人，都不知秋思会落在谁家。二句写家人之思、之盼，似乎新奇俏皮，内里的感受却令人唏嘘。

唐·张籍

还君明珠双泪垂，恨不相逢未嫁时。《节妇吟》　把当初你相赠的明珠还给你，我泪水涟涟，恨只恨没有相逢在我还未嫁人的时候啊。此诗原是托喻婉拒藩镇李师道的拉拢，后世则多用此二句的本意来表达感情中相见恨晚的感伤与无奈。

良马不念秣，烈士不苟营。《西州》秣(mò)：牲口的饲料。苟营：苟且营求。　好马志在千里，不会顾及饲料的事，有志者以天下大事为忧，不苟营个人私利。

唐·杨巨源《城东早春》

若待上林花似锦，出门俱是看花人。《城东早春》　如果等到上林苑的花开得如锦绣般灿烂时再去看风景，那出门就都是看花人，熙熙攘攘了。　二句是说赏春当早，不要等到花开如锦了再去凑热闹。

唐·崔护《题都城南庄》

人面不知何处去，桃花依旧笑春风。《题都城南庄》　人不知道去了什么地方，只有桃花依旧在春风中笑绽。　二句表现了作者访人不见的惆怅心情。

唐·韩愈

天街小雨润如酥，草色遥看近却无。《早春呈水部张十八员外》之一天街：指皇城的街道。酥：酥油。皇城的街上小雨如同酥油一样滋润大地，那早春刚刚冒尖的草，远看嫩绿一片，近看却是还稀稀疏疏。　二句写早春草景，如画家设色，在有意无意间，高妙绝伦。

李杜文章在，光焰万丈长。《调张籍》　李杜：李白、杜甫。李、杜作品流传天地间，生命长久，永放光芒。　　二句是作者对李、杜作品的高度赞扬。

云横秦岭家何在？雪拥蓝关马不前。《左迁至蓝关示侄孙湘》　秦岭：山名，在今陕西省南部，东西走向。蓝关：即蓝田关，在今陕西省蓝田县境内。　　阴云横亘在秦岭前面，家在什么地方？大雪堆积在蓝田关前，马儿也无法前行。　　二句一回顾，一前瞻，借恶劣的气候和自然环境，寄托作者思念家人、伤怀国事的复杂心情。

古之君子，其责己也重以周，其待人也轻以约。《原毁》　君子：指有道德的人。责己：要求自身。重以周：严格而又全面。轻以约：宽大而又简约。　　古代的君子，对自己要求严格而全面，对别人的要求却宽容而简单。　　严于律己，宽于待人的为人之道，是古代君子的优良传统。

取其一，不责其二；即其新，不究其旧。《原毁》　取：选取，肯定。即：针对。　　二句意为：肯定别人的一个长处而不苛求再有第二个，看他的现在的表现而不要追究其过去。　　这是韩愈对于宽以待人之道的进一步阐发，也即以发展的眼光看人。

不塞不流，不止不行。《原道》　不堵塞佛老之道，儒道就不能流传；不禁止佛老之道，儒道就不能推行。　　现常用来说明不抑制不好的东西，好的东西就不能树立起来并发扬光大。

世有伯乐，然后有千里马。《杂说四》　伯乐：孙阳，字伯乐，春秋时秦人，善相马。　　世上是有了伯乐，然后才会有千里马。　　二句喻指只有有了善于识别人才的人，才能发现杰出的人才。

师者，所以传道授业解惑也。《师说》　所以：凝固的虚词词组，意为"用来……的"，与现代汉语中表因果关系的连词"所以"意义不同。老师，是靠他来传授道理、教授学业、解释疑难的。　　韩愈对于"师者"的这番定义，朴素而精到，成了后世的一种标准，广为征引。

人非生而知之者，孰能无惑？《师说》　人不是生下来就懂道理、有知识的，谁能够没有疑难困惑呢？此句常被引用来鼓励初学者提问或求师。

不耻相师。《师说》　耻：以……为耻。相师：互相为师，即互相学习。此句意为：不以互相学习为耻。此句在原文中是说职业低下的巫医们尚且不以互相学习为耻，而士大夫之族却偏偏以之为耻的可笑现象。后演变为鼓励人互相学习的成语。

闻道有先后,术业有专攻。《师说》明白道理有先后,专业上各有专攻的领域。　　二句是说大家学习各有先后,而擅长的方面也各有不同,不应当互相轻视,更不应当以己之长,量人之短,而应当互相学习。

业精于勤荒于嬉,行成于思毁于随。《进学解》　嬉:玩耍,漫不经心。行:行为,办事情。毁:毁坏,失败。随:因循。　　学业精进是由于勤勉,学业荒废则是因为玩乐;做事成功是由于善于思考,做事失败则是源于因循随便。二句所说的学习和修身之道,放诸千古而皆准,故成为后世教导子弟的嘉言名句。

贪多务得,细大不捐。《进学解》务:追求。得:收获。捐:丢弃。不知满足,力求多得,不分大小,概不丢弃。　　二句在原文中是说"国子先生"对待学问的态度,后来成为成语,既可作褒义(指学习知识欲望很大),亦可作贬义(泛指贪多),视所言对象而定。

人患不知其过,既知之,不能改,是无勇也。《五箴序》　人就怕不知道自己的过错,如果已经知道了,却不能够改正,那就是没有勇气的表现。　　说明能够意识到错误需要智慧,能够主动去纠正错误需要勇气。

与其有誉于前,孰若无毁于其后;与其有乐于身,孰若无忧于其心。《送李愿归盘谷序》　与其当面受人赞誉吹捧,不如背后不受谤毁;与其身体享受逸乐,不如心里无忧无虑。　　提醒人们要自重自爱,保持良好心态,这是一种生活态度。

告我以吾过者,吾之师也。《答冯宿书》　告诉我我的过错的人是我的老师。　　这是一种虚心的、孜孜于自我提高的精神。

士穷乃见节义。《柳子厚墓志铭》见(xiàn):同"现",显示。　　人在穷困中才显现出气节道义。说明窘迫的处境是对人性、人品以及人情最好的考验。

言有穷而情不可终。《祭十二郎文》言语有说完的时候,而哀伤之情却绵绵不尽,没有终绝。　　二句指哀悼伤感之情非言语可表达尽,后世引用却不止于伤悼之情,亦可表示其他感情。

小人之好议论,不乐成人之美,如是哉。《张中丞传后叙》　好议论:谓喜好讥评。成人之美:成全他人的善事。　　小人喜好讥评他人,不喜欢成全他人的善事,到了这样的地步啊。　　此句意本《论语》之"君子成人之美,不成人之恶,小人反是"。

凡法始立必有病。《钱重物轻状》 凡是一种法令刚开始制定执行的时候必然是有弊端的。　这是对政治制度的成熟的看法，推而广之，任何制度、方法都是如此，一开始总是不那么完美的，有一个不断完善、成熟的过程。

师其意，不师其辞。《答刘正夫书》 师：学习。　要学习其文章的精神，不要仅仅学习其文辞。　这是韩愈重要的文论思想，放到今天的文章学中，依然值得借鉴。

大凡物不得其平则鸣。《送孟东野序》　一般来说，事物失去它原有的平衡就要发出鸣声。　此句说明人生遭际与创作的关系；人生坎坷，心中不平，就有倾诉的冲动，从而也就有创作和作品。现常用来表示对事情不平而抒发己见。成语"不平则鸣"本此。

唐·刘禹锡

山围故国周遭在，潮打空城寂寞回。《石头城》　故国：故都，指石头城，在今南京市清凉山一带。这里曾是东吴、东晋、宋、齐、梁、陈六朝的国都。周遭：周围。空城：指荒凉的石头城。　二句意为：群山环抱的石头城，旧时城墙还在，江潮拍打着荒凉的古城又悄然无声地退了回来。　写尽石头城的荒凉景象，抒发了昔盛今衰的感慨。

人世几回伤往事，山形依旧枕寒流。《西塞山怀古》　自古而今，人世经历了多少伤心之事，可金陵的山势依旧枕着那寒冽的江流。意谓江山几番改朝换代，不知有多少兴亡旧事，而万古恒然的山水却无动于衷地依旧如故。　以自然之不变反衬人世之多变，俯仰古今的沧桑悲寒之意，浑厚大气。

旧时王谢堂前燕，飞入寻常百姓家。《乌衣巷》　王谢：王导和谢安，东晋有名的两大豪门世族。多居于乌衣巷。寻常：普普通通。过去在王谢大族堂前作巢的燕子，如今都飞入普通百姓家啦。　二句表达了物是人非的怀古慨叹，但燕子的意象用得极为巧妙，诚如《唐诗解》所评："不言王谢堂为百姓家，而借言于燕，正诗人托兴玄妙处。"

九曲黄河万里沙，浪淘风簸自天涯。《浪淘沙》　九曲：传说黄河有九曲十八弯。　黄河曲曲弯弯，携带着万里的泥沙，风浪滚滚，好似自天尽头奔流而来。　二句乃描写黄河，有民歌的通俗，却又气势雄浑。

东边日出西边雨，道是无晴还有晴。《竹枝词》之一　晴：天晴，因谐声而借指感情的"情"。　那东边日出，西边却还在下雨，说是没有晴,却又有晴。　二句看似写天气,表达的却是姑娘乍疑乍喜的复杂心情。　仿照民歌形式,妙用谐音,巧为比喻,很是形象、生动。

玄都观里桃千树,尽是刘郎去后栽。《元和十年自朗州承召至京,戏赠看花诸君子》　玄都观(guàn):位于长安城南的一座道教庙宇。刘郎:作者自称。　玄都观里的千株桃树如今花开满枝,那可都是我刘郎被贬后所栽种的啊。　二句借花木表达诗人终于从贬所归朝的感慨,却被人指称是讽刺朝中新贵,诗人因此再度被贬。

沉舟侧畔千帆过,病树前头万木春。《酬乐天扬州初逢席上见赠》　沉舟:沉没的船。侧畔:旁边。病树:枯老的树木。　沉舟旁边千万只帆船照旧过往,枯树前面更有千万棵树木绽青吐绿。　作者以"沉舟"、"病树"自比,感叹徒见千帆过往,万木向荣。但二句被人认为客观上包含着一种新陈代谢的自然规律。后常用来说明:历史是不断发展的,个别的停滞不能妨碍全局。也可说明旧事物阻挡不住新事物的产生、成长,新事物正是在旧事物的消亡中成长起来的。

请君莫奏前朝曲,听唱新翻杨柳枝。《杨柳枝词》之一　前朝曲:指已经过时的陈旧曲子。翻:改制。请你不要弹奏过时的曲调了,听我来吟唱新编的《杨柳枝》吧。　二句表现了不泥古、不守旧,贵创新的进步思想。

山不在高,有仙则名;水不在深,有龙则灵。《陋室铭》　山不在于高,有仙人居住就会知名;水不在于深,有蛟龙潜藏就显得有威灵。　二句广为后世引用,既有取表面意思形容山水之钟灵毓秀的,也有取其寓意,喻指决定人们声誉高低的,不是其地位,而是其德望。

谈笑有鸿儒,往来无白丁。《陋室铭》　鸿儒:大儒,泛指博学之士。白丁:无功名者,这里指没有文化的人。　到我这里来谈谈笑笑的人都是有学问的大儒,我来往的绝没有毫无文化的白丁。　二句是说相对于自己屋舍的简陋,在这陋室中与其交往的却都是大儒。后世常以写自己交友之风雅,颇有自得之意。

唐·白居易

野火烧不尽,春风吹又生。《赋得古原草送别》　野火:荒山野地燃烧的火。　野火烧不尽原野上的小草,春风一吹,它们便又生长起来了。　二句写小草顽强的生命力,也常常用来形容某些事物或现象的摧而复生,既可用作褒义,也可用作贬义。

天生丽质难自弃。《长恨歌》　天生的美丽难以自己抛弃。　此句原是写杨贵妃有着难以埋没的美貌。后多用来形容女子的美貌以及引申到天资方面，"天生丽质"也成了赞美女子的常用成语。

上穷碧落下黄泉，两处茫茫皆不见。《长恨歌》　碧落：道家所称的天界。黄泉：地深处，阴间。上到天庭，下至黄泉地寻找，但到处都是渺渺茫茫，见不到一点踪影。　二句原是写方士为唐明皇上天入地寻找杨妃而不得。后世文艺作品中常以"上穷碧落下黄泉"表示到处求索之意。

在天愿作比翼鸟，在地愿为连理枝。《长恨歌》　比翼鸟：传说中的一种鸟，一目一翼，雌雄并比而飞。《尔雅·释地》："南方有比翼鸟焉，不比不飞，其名谓之鹣鹣。"连理枝：枝或干连生在一起的树。在天上，愿作一对双飞的比翼鸟，在地上，愿作枝干相连的连理枝。比翼鸟、连理枝，都是象征男女坚贞不渝的爱情的。　二句在原诗中是唐明皇和杨贵妃之间的情誓，其在流传中成了最著名的古典情誓，广为后代引用。

天长地久有时尽，此恨绵绵无绝期。《长恨歌》　绵绵：长久不断。天再长，地再久，也终会有结束的一天，而此恨却将绵绵不尽，没有绝期。　二句写唐明皇和杨贵妃分离的情恨。　后世文学作品在写情时常常引用表示遗恨无穷。

千呼万唤始出来，犹抱琵琶半遮面。《琵琶行》　始：才。犹：还。反反复复地催唤，她才出来，还抱着琵琶遮住了半边脸。　二句原是形容琵琶女的羞怯，后世既有用其原意形容女子的娇羞之态，也有略带贬义，指某些人一面难见；更有引申以"犹抱琵琶半遮面"形容事态不明朗的。

别有幽愁暗恨生，此时无声胜有声。《琵琶行》　一曲终了，别有一番幽怨愁绪悄悄地弥漫开来，这个时候，真是无声胜过了有声啊。二句描绘了一种余音袅袅，余味无穷的艺术境界。"此时无声胜有声"后世由音乐而扩展至说一切以无胜有的境界。

同是天涯沦落人，相逢何必曾相识。《琵琶行》　天涯：天边，喻指异乡他域。沦落：失意流落。同样是漂泊异地的人，我们相逢又何必非要是曾经相识的旧交呢。二句原是写诗人与琵琶女都有沦落天涯的不幸遭遇，虽然不相识却有幸相逢，彼此算是能够互相理解的知音，后来常用以形容人在困境中相惜相知、互相扶携的感情。

共看明月应垂泪,一夜乡心五处同。《自河南经乱,关内阻饥,兄弟离散,各在一处。因望月有感,聊书所怀。寄上浮梁大兄、於潜七兄、乌江十五兄,兼示符离及下邽弟妹》　乡心:思乡之心。五处:指标题所示诸兄弟所在的五个地方。　我们共看着这皎洁的明月,都会潸然泪下,这一夜的怀乡之情是五处都一样的啊。二句虽属想象,但诗意真挚,引人共鸣。

周公恐惧流言日,王莽谦恭未篡时。《放言》　周公句:周公,姓姬名旦,周武王之弟,成王之叔。史称西周初年,武王死,成王年幼,周公辅政。其弟管叔、蔡叔散布流言说周公将不利于成王,周公恐惧,避难居东三年。后来才弄清楚,周公是忠臣,是一心辅佐成王的。王莽句:史载王莽在未篡位之前,虽然出身贵族,但不喜声色犬马,恭俭自守,礼贤下士,对长辈尽礼,以伪善骗取了人们的信任。故在篡位之前是以正人君子的面目出现的。　二句意为:周公曾被人怀疑篡位而退身东避,王莽在篡汉前曾给人一种谦恭下士的印象。二句以两个历史典故说明:真伪正邪,须日久方能看透,不可凭一时的表面现象来妄加判断。

乱花渐欲迷人眼,浅草才能没马蹄。《钱塘湖春行》　乱花:各式各样的花。没(mò):漫过,遮没。春花开得缤纷绚烂,渐渐迷乱了人眼,小草才长出浅浅的一层,刚刚能覆没马蹄。　二句写初春的美丽景色,清新动人。

饥不啄腐鼠,渴不饮盗泉。《感鹤》　腐鼠:死老鼠,典出《庄子·秋水》。盗泉:相传山东泗水县有泉,名曰盗泉,人饮此水,立萌贪心(《水经·洙水注》)。　鹤就算是饥饿也不会去吃死老鼠,就算是渴了,也不会去喝盗泉的水。　二句是以鹤为依托,盛赞一种高洁磊落、不妥协苟且的情操。

可怜身上衣正单,心忧炭贱愿天寒。《卖炭翁》　可怜卖炭的老翁自己身上的衣衫单薄,却心里担忧他的炭会卖不出价钱而希望天气更寒冷。　二句观察细致,刻画入微,通过对卖炭翁反常心理的刻画,将底层百姓的那种辛酸生活写得令人揪心。

相恨不如潮有信,相思始觉海非深。《浪淘沙》词　我恨你啊,久久不归,还不如那潮水有信期;我想你啊,才觉得这思念之情比大海还要深。　二句深得民歌精髓,以直白、热烈、夸张的言辞来写思妇之情,情深如许,读来非常感人。

日出江花红胜火,春来江水绿如蓝。《忆江南》词　蓝:蓝草,此指用蓝草制成的靛青染料。　太阳出来了，江边的花红得胜过了火，春日里，那江水比蓝靛更绿。二句写春日江南迷人景致，色彩明艳强烈，生机盎然，难怪诗人要感慨——"能不忆江南"！

来如春梦几多时，去似朝云无觅处。《花非花》 来的时候如同春梦一般稍纵即逝，没有多少时间；离去之后，更是像那朝云流散，渺然无处寻觅。 二句妙在营造了一种迷蒙怅惘的意境与情绪，"春梦"、"朝云"的比喻更使得夜晚的欢会变得亦真亦幻，别有一番凄迷的美感。

文章合为时而著，歌诗合为事而作。《与元九书》 合：应当。时：时代。事：事实，现实。 文章应当为了反映时代而写，诗歌应当为了反映现实而作。 这是白居易新乐府运动的核心主张，在文论史上具有很高的价值。

唐·李绅《悯农》

谁知盘中餐，粒粒皆辛苦。《悯农》有谁知道我们盘中所吃的餐饭，每一粒都是农人辛苦劳作的结果。二句写农人的辛苦，表达了"悯农"的情感，而后世常常引用此二句教育人、尤其是教育小孩要爱惜粮食，珍惜农人辛勤劳作的果实。

唐·柳宗元

千山鸟飞绝，万径人踪灭。孤舟蓑笠翁，独钓寒江雪。《江雪》绝：没有踪影。径：小路。蓑（suō）笠翁：穿着蓑衣、戴着斗笠的渔翁。 千山之中的鸟都飞尽了，万条小路上行人都绝迹了。独有孤舟中的老翁，头戴斗笠，身披蓑衣，在风雪漫天的江中独自垂钓。 此诗于寥廓而寂寞的背景下，写一个孤舟独翁，独钓寒江雪的形象，表达了诗人在永贞革新失败后遭到流贬的凄独而清绝的心态。 人物和景色浑然一体，后世许多山水画都取此诗所写景色为题材。

欸乃一声山水绿。《渔翁》 欸（ǎi）乃（nǎi）：摇橹之声。 只听见船橹"欸乃"一声，便把那山山水水都摇绿了。 谓船橹声摇绿了山水，此番奇思、个中诗意，真是妙不可言。

唐·元稹

贫贱夫妻百事哀。《遣悲怀》之二亡妻与自己共处贫贱，吃尽苦辛，如今想来一切都觉特别心酸。

此句感慨亡妻一直以来都在跟着自己挨贫受苦，后世每每以此来说经济上窘迫或不甚理想的夫妻生活的可悲可哀。

唯将终夜长开眼，报答平生未展眉。《遣悲怀》之三　唯将句：谓今后将长鳏(guān)不娶。古云鳏鱼眼睛终日不闭，又以男子无妻曰鳏。唯，只。将，以，用。未展眉：没有笑颜。　二句意为：我只有像鳏鱼似的终夜忧思不眠，誓不再娶，来报答你吃苦受累未曾开颜的一生。　二句充分表达了诗人对亡妻的哀悼、思念和愧疚之情，每每令后世悼亡者情同此情、心有戚戚焉。

曾经沧海难为水，除却巫山不是云。《离思》之四　经：经历。沧海：指渤海。除却：除了。巫山：山名，在今四川省和湖北省交界处，其上长年多云。　曾经经历过沧海的人，再看其他地方的水，都不会再觉得那算得上水，看过巫山的云的人，除了巫山的云，便觉得其他地方的云看起来都不是云。　二句是写其对失去的爱人的刻骨铭心，除她之外，此生再也没有能与其比肩、能令自己心动的人了。后世亦常引用来说爱情中的这种感受，也可推而广之，说开过了某种眼界或经历过了某种大变故之后，其他的事情都不再能令之惊叹或害怕等等。后浓缩为成语"曾经沧海"。

唐·贾岛

只在此山中，云深不知处。《寻隐者不遇》　(师傅)就在这幽幽山中，只是云雾深深，我也不知道他究竟身在何处。　二句是诗人向"隐者"的童子询问其踪迹时得到的回答，既写出了"隐者"神龙见首不见尾的气韵风致，又透露出浓浓的禅味，令人回味无穷。

二句三年得，一吟双泪流。《题诗后》　二句：指作者《送无可上人》诗中的"独行潭底影，数息树边身"二句。　费了三年的心智才炼得这样的两句诗，每次吟咏都禁不住泪流满面。　贾岛是唐朝著名的苦吟派诗人，二句既写出了诗人苦吟作诗的艰辛，也说明好诗佳句得来不易。

十年磨一剑，霜刃未曾试。《剑客》　花了十年工夫磨成这把剑，剑刃冷亮如霜，还未曾试过它的锋芒。这里，以"剑"喻身怀高才的人，写其渴望有机会一展才华。成语"十年磨一剑"本此，比喻一个人多年在某一方面的沉潜用功。

鸟宿池边树，僧敲月下门。《题李凝幽居》　小鸟栖息在池边树上，一个僧人敲响了月下的屋门。一个"敲"字，以声韵取胜，反衬出幽居的冷清。　据说，诗人为用"推"还是用"敲"字，反复琢磨，甚至不知不觉冲撞了京兆尹韩愈的车骑队伍（《诗话总龟》卷十一）。"推敲"一词即来源于此。

唐·张祜《何满子》

故国三千里，深宫二十年。一声何满子，双泪落君前。《何满子》何满子：曲名。相传开元中有一歌手何满子获罪被处死，临刑前，唱出这支曲子，声音婉转、悲哀。离开故乡三千里，不觉已经身在深宫二十年了。悲歌一声《何满子》啊，禁不住双泪洒落君前。　此诗是张祜最著名的宫怨诗，"三千里"与"二十年"的对举，一声悲歌，两行清泪，委实积怨深沉，令人悲酸。

唐·李贺

天若有情天亦老。《金铜仙人辞汉歌》天如果像人一样有情的话，那么它也会因为悲伤而衰老的。　慨叹人事的盛衰。此句想象奇特，意蕴深沉。后来还曾有人为李贺的这句千古名句对了个"月若无恨月

常圆"的下句。

女娲炼石补天处，石破天惊逗秋雨。《李凭箜篌引》　女娲(wā)句：古代神话说共工氏怒触不周山，天倾西北，女娲炼五色石补苍天。逗：透过。　二句意为：音乐声把女娲补好的天也惊破了，秋雨纷纷落下来了。　用惊天地、泣鬼神来写出李凭箜篌声之高绝。成语"石破天惊"本此，比喻对某件事感到意外震惊，或对文字议论感到出奇的惊人。

黑云压城城欲摧，甲光向日金鳞开。《雁门太守行》　欲：将。甲光：盔甲的光芒。金鳞：指盔甲片如鱼鳞状。　黑云滚滚高压城头，城墙像要被摧毁一样，云隙中射出一缕阳光，照在战士的盔甲上，甲片闪闪发光。　写敌兵压境的态势，气势宏大，极具动态。"黑云"句，后世常用来喻形势危急。

男儿何不带吴钩，收取关山五十州。《南园》　吴钩：古时吴地出产的一种刃稍弯的战刀，此泛指战刀。关山：喻阻隔之地，此指唐代藩镇割据的地方。五十州：指河南北五十余州。　男子汉何不手提战刀，去收复那五十州失地。意谓男子汉应当横刀战场，杀敌立功。

雄鸡一唱天下白。《致酒行》　雄鸡一声长鸣，黑暗过去，天下大白。

比喻对未来充满信心。

唐·温庭筠

鸡声茅店月,人迹板桥霜。《商山早行》　清寒的晓月照在简陋的茅屋顶上,公鸡声声啼晓,板桥上覆着一层晨霜,印着早行的人们的脚印。　二句全以名词组成,营造出了一派寒晨清晓的宁静氛围,意境清寒寥落,非常具有美感。

江上柳如烟,雁飞残月天。《菩萨蛮》　江上的垂柳柔细如烟,雁儿飞过残月犹挂的天空。　二句写残夜欲晓时候,江边的一片凄清景象,所选择的景物和由此构成的画面,有一种凄美、迷离、落寞的美感,正符合原词的闺怨主题。

过尽千帆皆不是,斜晖脉脉水悠悠。《梦江南》　眼见江上千帆行过,却不见离人归来,唯有那落日斜晖绵绵不断地照着那江水悠悠流淌。　二句写女子痴痴苦等爱人归来的怅失与无奈,说不出的幽怨凄婉。

唐·杜牧

青山隐隐水迢迢,秋尽江南草未凋。《寄扬州韩绰判官》　迢迢(tiáo):遥远的样子。　隐隐的青山啊,流水迢迢远逝,江南地气和暖,秋日已尽,而草色青青,犹未枯凋。　二句写江南和美的风光,优美如歌,后世亦常引用以吟咏江南风光。

东风不与周郎便,铜雀春深锁二乔。《赤壁》　周郎:指周瑜。铜雀:铜雀台,在邺城(今河北临漳),曹操所建。二乔:大乔、小乔姐妹,是东吴著名的美女,乔为其姓。大乔为孙策之妻,小乔为周瑜之妻。二句意为:如果不是东风帮了周瑜的忙,赤壁之战中东吴可能大败,连美貌的大小乔也被曹操掳去,锁进铜雀台了。　诗人借咏周瑜侥幸取胜,说明英雄人物只有获得必要的客观条件才能成就一番事业,同时也寄寓了作者对自己生不逢时的嗟叹。

商女不知亡国恨,隔江犹唱后庭花。《泊秦淮》　商女:以歌唱为生的乐妓。后庭花:《玉树后庭花》,南朝陈后主所作的吴声歌曲,后成为亡国之音的代称。　歌女们不知什么是亡国的恨憾,隔着河还在吟唱亡国之歌——《后庭花》。二句意象唯美,而口吻冷峻。后世一般用以讽刺醉生梦死,无心国家兴亡、民生疾苦之人。

娉娉袅袅十三余,豆蔻梢头二月初。《赠别》其一　娉娉(pīng):即娉婷,指姿态娴静美好。袅袅(niǎo):即袅娜,指柔美姣好。豆蔻:又名鸳鸯花,夏初盛开,二月正含苞待放,故以喻处女。梢头:喻娇嫩。　你娉婷袅娜,刚刚十三有余,就像那枝头的豆蔻花儿,含苞待放在二月之初。　二句将妙龄少女的姿采写得清新可人,尤其是豆蔻花的比喻更是妙绝,后世遂常以"豆蔻"来比喻少女,十几岁的少女时光也被称为"豆蔻年华"。

蜡烛有心还惜别,替人垂泪到天明。《赠别》其二　蜡烛似有心有情,为人惜别,替人垂泪一直到天明。　二句移情于物,"蜡烛"有心,知道惜别,替人垂泪,正反衬出情侣之情深,不忍离别,以致欲哭无泪。

江东子弟多才俊,卷土重来未可知。《题乌江亭》　江东:指乌江以东(在今安徽和县东北,秦置乌江亭),项羽曾随叔父项梁于此起兵。未可知:未可预料。　江东一带有许多风华少年,回到那里重整旗鼓,卷土重来,前途未可限量。二句对历史的成败发挥了独到见解。

南朝四百八十寺,多少楼台烟雨中。《江南春》　南朝:史称建都于建康(今江苏南京)的宋、齐、梁、陈四朝为南朝。　南朝所建的四百八十寺啊,多少的楼台正在这烟雨中伫立着。"四百八十寺"只是一个概数,并非实指。　二句描写烟雨中的无数佛寺楼阁,有一种迷离又恬静的美感。

停车坐爱枫林晚,霜叶红于二月花。《山行》　坐:因,由于。因为喜欢那傍晚美丽的枫林,便停下车来欣赏,秋日里绚烂的枫叶比二月里的花儿更红。　"霜叶红于二月花"句,诚如《唐人绝句精华》所言:"霜叶胜花,常人所不易道出者。一经诗人道出,便留诵千口矣。"

清明时节雨纷纷,路上行人欲断魂。《清明》　纷纷:细密而零乱的样子。欲断魂:形容心里十分悲伤。　清明时节路上细雨纷纷,赶路的游子愁绪难遣。　二句白描入诗,成为写清明的佳句。

唐·许浑《咸阳城东楼》

山雨欲来风满楼。《咸阳城东楼》山雨要来了,大风吹满了整座楼。此句写山雨来前风吹满楼的征兆,后每被用来形容一个大事件、大变局要发生前的种种前奏征兆。

唐·赵嘏《江楼感旧》

月光如水水如天。《江楼感旧》月光泻在水上,水天连成一片。

此句短短七字,"如"字复沓,"水"字相接,形成了婉转的韵律,将江天一色的浩茫又清丽的景色描写得无与伦比的美妙与和谐。

唐·李商隐

此情可待成追忆,只是当时已惘然。《锦瑟》 可待:岂待。惘然:惆怅失意。 这样的情怀啊,何忍去追忆?就是当时,身处其中,也只是空自惘然。 二句是对昔日情怀与爱恋的迷离而又深沉的哀思,乃千古情语。

刘郎已恨蓬山远,更隔蓬山一万重。《无题》其一 刘郎句:相传东汉献帝永平年间,刘晨、阮肇入天台山采药,遇仙女二人,与其结为夫妇,留居半年后返回,从此仙凡相隔,再也不相往来。刘郎,指刘晨。蓬山:即蓬莱山,神话中的海上仙山之一。 二句意为:当日刘晨尚且叹恨妻子所居的仙山太过遥远,如今你我间却相隔比蓬莱山更远一万重。 二句感叹与意中人相隔遥远,无法重逢,可谓情深恨长。

春心莫共花争发,一寸相思一寸灰。《无题》其二 春心:指男女之间相思爱慕的情怀。 春心啊,莫要同春花争相开,因为你有一寸

相思,就有一次心灰意冷,有一次失望。 所谓"莫共"云云,是悔辞,更是怨辞,寄寓的正是一段深刻的感情和对其的无限留恋与伤悼。

身无彩凤双飞翼,心有灵犀一点通。《无题》之一 灵犀:旧说犀角中有白纹如线直通两头,感应灵敏。 虽然身上没有凤凰那样可以比翼双飞的翅膀,无法跨越阻隔相见,但我们彼此心灵是相通的。 二句写有情人在相思却无法相守的哀怨中,聊知彼此心灵相通的那种深刻的安慰,凄婉动人。 "心有灵犀一点通"后演变为成语"心有灵犀",用以比喻两心相通。

相见时难别亦难,东风无力百花残。《无题》 相见不易而分别更难堪,彼此恋恋不舍,东风因离人悲叹,百花也为离人凋残。 二句写恋人之间的难分难舍,仿佛人的感伤感染了天地万物。 "相见时难别亦难"一句尤多为后人所引用,写相见的难得和分别的难舍,既适用于恋人,亦适用于亲人和朋友。

春蚕到死丝方尽,蜡炬成灰泪始干。《无题》 丝:双关语,与"思"相谐。蜡炬:蜡烛。 那别后的情思啊,如同春蚕吐丝,到死才尽,那相思的清泪啊,如同蜡炬燃烧,烧成灰了泪才会干。 二句比

喻爱情的忠贞不渝。现常用来比喻为了某种事业鞠躬尽瘁的高尚情操。

天意怜幽草，人间重晚晴。《晚晴》　上天眷顾小草，人们喜欢雨后傍晚的晴好。　二句描绘了雨后的恬静黄昏，草幽天晴的怡美之境，后代引用时偏重于后一句，喻指人们珍重晚节，仍当努力不懈。

可怜夜半虚前席，不问苍生问鬼神。《贾生》　可怜：有可叹之意。虚：徒然。前席：指因为喜悦或兴奋而移坐于前面的坐席。苍生：百姓。　可叹宣称求贤若渴的汉文帝，夜半召见贾谊，前坐相就，不是为了问百姓生计，而是徒然地询问鬼神之事。　二句借咏贾谊，实则反映了封建时代贤才不能施展自己的才干的普遍现象，其中显然寄寓着诗人的个人感慨。

嫦娥应悔偷灵药，碧海青天夜夜心。《嫦娥》　嫦娥：传说是有穷国羿(yì)之妻，后羿从西王母处求得不死之药，为嫦娥窃之而食，奔往月宫，遂成月中仙子。　嫦娥应该后悔偷取了灵药而飞升不死，如今只有在天界遥对碧海青天，一颗心夜夜寂寞寥落。　二句显然是借嫦娥的传说来写自己既追求热烈的人世生活，又不甘变心从俗的矛盾心理。

夕阳无限好，只是近黄昏。《登乐游原》　夕阳的景色无限美好，只可惜已近黄昏，好景不长了。　二句常用来表达人到晚年，时日虽好却已不长久的慨叹，其中寄寓了对美好的无限留恋和感伤。

何当共剪西窗烛，却话巴山夜雨时。《夜雨寄北》　何当：何时。剪烛：蜡烛燃久，烛芯结成穗状烛花，光线昏暗，须剪去使烛复明。巴山：这里泛指作者流寓的巴蜀之地。　不知道什么时候才能和你一直在西窗剪烛长谈，说起我在这巴山夜雨时的心情。　二句设想奇绝，明明还在巴蜀的夜雨中给友人回信，却说等回去之后，两人剪烛夜谈，说起今夜的"巴山夜雨时"，将盼归怀人之情写得别开生面，耐人体味。

他生未卜此生休。《马嵬》之二　未卜：未可预料。休：停止，完结。来生能不能再续前缘尚不可知，但此生的恩爱却已结束了。　此句原是写杨贵妃死在马嵬，她和玄宗来生能否再做夫妻还是未知之数，今生的缘分却是尽了。　后人常用此句来自伤命运多苦，他生能不能过上好日子尚未可知，今生却是没有指望了，吟来别有一番难言的苦楚。

留得枯荷听雨声。《宿骆氏亭寄怀崔雍崔衮》　那水里的荷叶早已枯凋，姑且留下它们供人聆听雨滴打落到残叶上的声音吧。 这首诗是借秋景抒发对朋友的怀念,意象萧瑟,别有一种凄清的诗意。此句经由《红楼梦》中林黛玉之口而更广泛地为人所熟知。

雏凤清于老凤声。《韩冬郎即席为诗相送,一座尽惊。他日余方追吟"连宵侍坐徘徊久"之句,有老成之风,因成二绝寄酬,兼呈畏之员外》其一 雏凤:小凤凰,这里指韩冬郎,即韩偓,他当时是初露头角的诗人。老凤:指韩瞻,即韩偓之父。 小凤凰的声音比起老凤凰来更为清亮。在原诗中是指韩冬郎的诗歌清丽胜过了他的父亲。 二句是说后辈青出于蓝胜于蓝的意思。

唐·李频《渡汉江》

近乡情更怯,不敢问来人。《渡汉江》 离家乡越来越近了,反而心中更加情怯,不知家人是否安好,都不敢询问来人家中的情况。 近乡情怯似乎是一种反常的心理,但对于久游在外,与家人"音书绝"的游子来说,却是再真实不过的情绪,二句将这种忐忑的心情写得至为感人。

唐·陈陶《陇西行》

可怜无定河边骨,犹是春闺梦里人。《陇西行》之二 无定河:源出内蒙鄂尔多斯,东南流经陕西横山、绥德等县,至清涧县入黄河。流急沙多,深浅无定,故名。 可怜那无定河边战死的枯骨,还是那家乡春闺中妻子夜夜梦见、盼他归来的人。 二句写战争的残酷,森森白骨与春闺梦中人形成了强烈的对比,具有令人揪心的悲剧感。

唐·罗隐《自遣》

今朝有酒今朝醉,明日愁来明日愁。《自遣》 今天有酒就畅快痛饮,一醉方休,明天的烦愁到明天再管。 二句反映了作者政治上失意后的颓唐情绪。 现常用来形容得过且过的生活态度。

唐·秦韬玉《贫女》

苦恨年年压金线,为他人作嫁衣裳。《贫女》 压金线:指以金线绣嫁衣。 恨只恨年年都这样辛苦地刺绣,偏偏不是为了自己出嫁,而只是在日复一日地替别人做嫁衣。 二句借写贫女的悲苦,表达自己怀才不遇的苦闷。后多用"为他人作嫁衣裳"表示白白地为别人忙活的无奈或不甘，浓缩为成语"为人作嫁"。

唐·章碣《焚书坑》

坑灰未冷山东乱，刘项原来不读书。《焚书坑》　山东：指函谷关以东地区。刘项：刘邦和项羽，他们领导农民起义队伍推翻了秦王朝的残暴统治。　焚书坑里的灰烬还没有冷却，崤函以东就已经义军四起，天下大乱了，起义亡秦的刘邦、项羽原来都是不读书的人啊！　诗人讽刺秦始皇企图以焚书来除灾避祸，巩固政权的蠢举。

唐·曹松《己亥岁》

凭君莫话封侯事，一将功成万骨枯。《己亥岁》之一　请你们别再提那些将帅们封侯的事了吧，要知道，他们的功名是由累累白骨筑成的。　二句深刻揭露了封建社会中统治阶级成员靠牺牲人民的生命来换取自己加官晋爵的罪恶行径。对比鲜明，揭露深刻。

唐·陆龟蒙《离别》

丈夫非无泪，不洒别离间。《别离》

丈夫：大丈夫，男子汉。　男子汉大丈夫不是没有泪，但泪水不会在离别时洒落。　二句写出了男子汉的刚毅性格。是别离时勉励双方的佳句。

唐·司空图《漫书》

逢人渐觉乡音异，却恨莺声似故山。《漫书》之一　故山：指故乡。碰见的人一多，渐渐觉得人们的口音不同于家乡，可恨的是，那黄莺的叫声仍然和家乡的一样。　二句委婉地写出了作者的深切乡思。"迁怒"黄莺之情写得自然真切。

唐·杜荀鹤《题弟侄书堂》

少年辛苦终身事，莫向光阴惰寸功。《题弟侄书堂》。　少年：年轻时。惰(duò)：懒，懈怠。寸功：喻指最少的时间。功，功夫。　年轻时辛苦学习是应该的，因这关系到自己一辈子的前途，切莫偷懒耍滑，虚掷光阴。　二句强调年轻时努力学习的重要性。

唐·卢延让《苦吟》

吟安一个字，捻断数茎须。《苦吟》

茎：根。须：胡须。　吟咏好一个字，要捻搓掉好几根胡须。极写作者作诗时字斟句酌、苦思冥想、刻意求工的情态，真切生动。

唐·韦庄

无情最是台城柳，依旧烟笼十里堤。《台城》　台城：故址在今玄武湖旁。　最无情的便是那台城的柳树，空历了六朝的兴亡更替，依旧自顾自年年新绿如烟，笼罩着那十里长堤。　写草木无情，其实是为了说人事多变，盛衰无常，其中寄寓着诗人深沉的兴亡慨叹。

人人尽说江南好，游人只合江南老。《菩萨蛮》　合：应当。　人人都说江南是好地方，每个游访江南的人都应当在江南住到老。二句极言江南地方的美好，多为后人所引用，两个"江南"的重复，在句子间形成了一种复沓的韵律，有民歌的风味。

珍重主人心，酒深情亦深。《菩萨蛮》　要珍惜主人的一片心，酒喝得深，情意也深。　二句诚如前人所评，是"以风流蕴藉之笔调，写沉郁潦倒之心情"，但今多用于亲友聚会，表示宾主之欢。

唐·张泌《寄人》

多情只有春庭月，犹为离人照落花。《寄人》　最多情的只有庭院中的春宵良月，还在为离别的人温柔地照着落花。　月色多情，正好反衬出离人情思的深婉，心情的孤寂。二句意象梦幻迷离，散发着一种凄艳玲珑的感伤。

唐·无名氏《金缕衣》

有花堪折直须折，莫待无花空折枝。《金缕衣》　直须，就应该。有花可以折的时候就应该折下来，不要等到花都凋落了，徒然地折下空空的花枝。　二句借花为喻，要人爱其正当年的芳华。也有人解为劝人及时行乐或是劝人爱惜光阴，这两种意思在后人引用中都比较多见。

五代·南唐·冯延巳

风乍起，吹绉一池春水。《谒金门》　乍：突然。　风骤然吹起，吹绉了那一池平静的春水。　二句妙在将一池春水写得如同一匹平滑的丝绸,被风吹皱了,写得清新而又形象。

撩乱春愁如柳絮,悠悠梦里无寻处。《蝶恋花》　那双飞的燕儿撩拨得我的春愁如同飘飞的柳絮一样迷乱,我就是在悠悠的睡梦中也见不到久久不归的情郎啊。　这首词写女子面对春景,盼着久久未归的情郎时的纷乱思绪。"撩乱春愁如柳絮"一句尤妙,将外在的春景与内心的春愁纠结在同一个意象上,非常传神。

日日花前常病酒,不辞镜里朱颜瘦。《鹊踏枝》　病酒:因饮酒过量而不适。不辞:即听任之意。每天在花前狂饮,听任镜里的容颜日日清瘦。　二句写春来之闲愁,似乎是爱情的苦闷,又似乎是人生的失意,后人引用却多偏重于情愁。

月明如练天如水。《鹊踏枝》　练:洁白不染色的熟绢。　那月光如同白练垂地,天空如同水般明净。　此句写月夜景色,莹白明澈,极富美感。

五代·南唐·李璟《浣溪沙》

细雨梦回鸡塞远,小楼吹彻玉笙寒。《浣溪沙》　鸡塞:即鸡鹿塞,故址在今内蒙,这里泛指边塞。吹彻:吹到最后一曲。玉笙:饰玉之笙。笙,一种簧片乐器。　细雨搅乱了我的梦,梦见远在边疆的意中人瞬间远去,只好起身,独坐小楼,吹笙寄情,清寒的乐声充满小楼。　二句写秋夜闺怨,雨声、笙声,似乎声声在耳,意境凄美清寒,非常动人。

五代·南唐·李煜

一壶酒,一竿鳞,世上如侬有几人。《渔父》　身上挂着一壶酒,手里拿着一枝挂着鱼的钓竿,想喝就喝,任意东西,这世上像我这样逍遥自在的人又有几个?　几句以近乎大写意的笔法勾勒了渔父的形象,展现了渔父无欲无求而又逍遥自在的生活,是古典诗词中文人化和精神化的渔父形象的典型。

车如流水马如龙。《望江南》　当年出游时,车子如同流水往来,马匹前后相接如龙。　此句是李煜在亡国后对昔日繁华生活的回忆。　今人常以此句形容车马往来不绝,繁华热闹的景象,与成语"车水马龙"意同。

无言独上西楼,月如钩。《乌夜啼》　一个人默默地独自登上西楼,只见那缺月如钩。　二句看似淡淡的叙述,却将一种寂寞冷清的气氛渲染到了极点,将个人内心的孤独苦闷与外在物象感通相连。

剪不断,理还乱,是离愁,别是一番滋味在心头。《乌夜啼》　满怀的愁思,想剪断又剪不断,想理出个头绪,却越理越乱,这就是离愁。离愁聚结在心头,滋味实在特别。"剪不断,理还乱"常常被后世引用来比喻情丝烦恼无从排解,或是某些事情没有头绪,无从处理解决。而"别是一番滋味在心头"则常用以言说那些冷暖自知、不足为外人道也的内心感受。

自是人生长恨,水长东。《乌夜啼》　人生总是充满愁苦,这就像水总是要往东流一样不能改变、无从抗拒。　李煜在遭受国破家亡和屈辱幽禁后,对人生的看法是完全悲观和消极的,此句正是其心态的真实写照,读来无比沉痛。

问君能有几多愁,恰似一江春水向东流。《虞美人》　几多:多少。试问你心中有多少的愁啊?这忧愁,就像是滔滔东去的江水,绵长无尽。　二句以水喻愁,言愁之多,言愁之不尽,实乃断肠之句。

梦里不知身是客,一晌贪欢。《浪淘沙》　身:自己。客:宋灭南唐,李煜被俘到汴京(今开封),他从南唐国君沦为囚徒,故说自己是客。一晌(shǎng):片刻,一会儿。

在梦里面不知道自己已经是阶下囚,又出现了往昔的帝王生活,还尽情贪欢了一阵。　二句实是写现在的不堪与悲苦,却落笔在梦中极为短暂的贪欢上,以欢写愁,尤为心酸。

砌下落梅如雪乱,拂了一身还满。《清平乐》　砌:台阶。　台阶下的梅花像雪花一样纷乱地洒落,刚刚拂去就又落了一身。　二句写"春半"时分,梅花凋落的景象,画面凄迷而又纯美。

离恨恰如春草,更行更远还生。《清平乐》　离恨就像那春草,越走越远,依旧绵绵不尽地生长着。二句以春草喻离恨,把思念之情写得至为深长。

五代·前蜀·牛希济
《生查子》

语已多,情未了,回首犹重道。《生查子》　话已经说了很多了,却仍觉得说不尽情意万千,忍不住回过头来再说几句。　这是写情人之间依依惜别,难舍难分的情景,在自觉"语已多"到"回首犹重道"的顿挫间,牵衍出"情未了"的无尽缠绵。

宋　代

宋·王禹偁

水村渔市，一缕孤烟细。《点绛唇》
在那江边的渔村里，一缕炊烟袅袅
升起。　　二句描绘江南胜景，宛
如一幅清新淡雅的水乡泽国风
景画。

**一国之政，万人之命，悬于宰相，
可不慎欤。**《待漏院记》　　悬：牵
系。宰相：封建社会辅助皇帝、统
领群僚、总揽政务的最高行政长
官。欤(yú)：文言助词，表示疑问
或感叹。　　几句意为：一个国家
的大政，数以万计的人的性命，掌
握在宰相一个人的手里，说话办
事，不谨慎行吗？　　强调身居要
职的官员，凡事丝毫马虎不得。

竟举窥天管，争燃煮豆萁。《谪居感
事》　　竟：终日。举：仰着头。窥
天管：从管孔中窥视皇帝。天，指
皇帝。后句化用三国曹植《七步
诗》："煮豆持作羹，漉菽以为汁，萁
在釜下燃，豆在釜中泣"，原喻兄弟
相残，此喻同僚相害。萁(qí)：豆
子的秸秆。　　终日仰着头，看着
皇帝的脸色行事；彼此之间却像豆
萁燃火煮豆子一样互相残害。
二句深刻揭示了封建统治集团内
部勾心斗角的事实。

乃知国家事，成败因人心。《唱山
歌》　　于是知道，国家的盛衰和兴
亡，取决于人心的向背。　　意谓
人心所向是国家盛衰兴亡的关键，
所谓得人心者得天下。

宋·寇准

**更尽一杯酒，歌一阕。叹人生，最
难欢聚易离别。**《阳关引》　　阕
(què)：量词，歌曲或词一首叫一
阕。　　再喝完一杯酒，唱一首
歌。感叹人生，最难的是欢聚，最
容易的是离别。　　写离别时的
愁绪，语言晓畅，情真意切。

**波渺渺，柳依依；孤村芳草远，斜
日杏花飞。**《江南春》　　渺渺
(miǎo)：无边无际的样子。依依：
柔弱的样子。斜日：夕阳。　　江
水浩大，绿柳随风摇摆；一座孤零
零的村庄，绿草如茵伸向远方，杏
花在夕阳中飘落。　　几句用白

描手法写景,借以衬托思妇的春愁。

宋·林逋

金谷年年,乱生春色谁为主? 余花落处,满地和烟雨。《点绛唇》
金谷:指晋代石崇所筑之金谷园,故址在今河南洛阳市西北。乱生:到处生长着。　几句意为:金谷园年年春色满园,碧草欣欣遍野,究竟是谁这么安排的呢? 残花落尽的时候,春草就与细雨轻风融成一片,长得更加茂盛了。　此词咏春草,而终篇无一个"草"字,物中见情,寓意深远,故被近人王国维誉为"咏春草绝调"(《人间词话》)。

疏影横斜水清浅,暗香浮动月黄昏。《山园小梅》　疏影:指梅花疏朗的影子。横斜:形容梅花影子错落有致。暗香:清幽的香气。梅花疏朗的影子错落有致地倒映在清浅的水中,清幽的香气在朦胧的月光下飘散。　作者用"疏影"、"暗香"写花,以水和月陪衬,写梅花的神态,十分入神,历来受到人们赞赏。

为善易,避为善之名难;不犯人易,犯而不校难。《省心录》　犯:侵犯,冒犯。校(jiào):计较。做好事容易,但自愿回避做好事的名誉就难了;不侵犯别人容易,受到别人侵犯而不计较就困难了。　几句说明为善而不图名,受人侵犯而不计较,没有很高的修养很难做到。

律己足以服人。《省心录》　律:约束。　严格约束自己,就足以使人心悦诚服。　强调严于律己的重要性。

以言伤人者,利于刀斧;以术害人者,毒于虎狼。《省心录》　术:权术,手段。　用言语伤害人,比刀斧之伤害人还要锋利;用手段伤害人,比虎狼之伤害人还要狠毒。指出与人相处,决不能以言伤人和以术害人。

和以处众,宽以待下,恕以待人,君子人也。《省心录》　和:和气,和善。处:交往。恕:宽恕。君子:有修养的人。　对众人和气相处,对部下宽厚相接,对有过失的人宽恕相待,这就是有修养的人。

闻善言则拜,告有过则喜。《省心录》　善言:高妙之论。拜:古时表示恭敬的一种礼节,如今之揖。过:过失。　听到高妙的言论就拜谢,有人提示自己的过失则欣喜。　意谓人应当有虚心好学、闻过则喜的精神。

不自重者取辱,不自畏者招祸。《省心录》　自重:自己敬重自己,指注意不使自己的言行失当。自畏:

自己畏惧自己,指注意不使自己在起居出处方面有闪失。　不注重自己言行的人,一定会自取羞辱;不谨慎自己出处的人,一定会招致灾祸。　提醒人们对自己的一言一行、一举一动都必须小心谨慎,切不可粗心大意。

耳虽闻,目不亲见者,不可从而言之。《省心录》　耳朵虽然听说了,如果没有亲眼见到过,也不能学着别人的话到处传播。　意谓耳听为虚,眼见为实;对道听途说不能轻信,更不能张扬。

能自俭者未必能周人,自恣者必害人。《省心录》　自俭:自己俭朴。俭,节省。周:救济,接济。自恣:放纵自己。恣,放纵。　能自己俭朴未必能够救济别人,但要放纵自己,为所欲为,就一定会妨害别人。　指出不做善事毕竟不伤人,倘若放纵自己就要害人,危害极大。

知不足者好学,耻下问者自满。《省心录》　好(hào):喜欢。　知道自己有不足之处,就喜欢学习;耻于向学问不如自己的人求教,就会满足于已有的成绩而不思进取。　说明人应当正视自己的不足,不耻下问,这样才能不断进步。

昼之所为,夜必思之。《省心录》　昼:白天。　白天做的事,到晚上一定要好好思考一番。　告

戒人们对自己的所作所为,要及时回顾,以便总结经验,吸取教训,把事情做得更好。

利可共而不可独,谋可寡而不可众。《省心录》　利:利益,好处。共:共享。　好处可以大家一起享受,而不能自己独占;谋划只可和少数人商议,而不能和众多的人商议。　指出不同的事情应当采取不同的方法对待。

块土不能障狂澜,匹夫不能正颓俗。《省心录》　障:阻挡。狂澜:汹涌的波涛。匹夫:一个人。正:端正。颓俗:衰败的风气。　一块泥土无法阻挡住汹涌的波涛,一个人不能把颓败的风气扭转过来。　意谓实现社会风气的好转,需要许多人的共同努力。

内睦者家道昌,外睦者人事济。《省心录》　人事济:世事办成。　家庭内部和睦,家境就会兴旺起来,在外能和睦相处,就能办成事情。　说明和睦对己对事的重要性。

少不勤苦,老必艰辛;少能服劳,老必安逸。《省心录》　少(shào):年轻时。服劳:做事勤劳。　年轻时不勤劳刻苦,到老了日子一定难过;年轻时能吃苦耐劳,年老之后日子一定安闲舒适。　要求人们从小就应勤苦做事,这样,晚年才会幸福。

宋·范仲淹

碧云天,黄叶地,秋色连波,波上寒烟翠。《苏幕遮》　蔚蓝的长空秋云飘浮,枯黄的秋叶铺满大地,秋色连着水波,冷色的波纹上水气弥漫。　几句由上而下,由近而远,描绘出苍茫的秋色,词笔婉丽。元王实甫《西厢记》杂剧"长亭送别"一折中的"碧云天,黄花地"唱词,即化用于此。

四面边声连角起,千嶂里,长烟落日孤城闭。《渔家傲》　边声:边地的悲凉之声,如马鸣、风号之类。千嶂里:在层层山峰的环抱中。嶂,像屏障一样的山峰。　几句大意为:军中号角吹响,边地的悲凉之声也随之而起,在层层山峰的环抱里,炊烟及暮霭升起,夕阳西下时,孤零零的城池关上了城门。描写边疆要塞秋日傍晚的苍凉景色。

先天下之忧而忧,后天下之乐而乐。《岳阳楼记》　在天下人忧愁之前先忧愁,在天下人享乐之后才享乐。　意谓吃苦在前,享乐在后。二句表现了作者忧国爱民,以天下为己任的博大胸怀。现常用来赞颂革命者先人后己、甘愿为事业牺牲自己的崇高思想和行为。

春和景明,波澜不惊,上下天光,一碧万顷。《岳阳楼记》　景明:天气晴朗。景,日光,引申为光明。春风和煦,阳光明媚的时节,湖上风平浪静,天光水色,在万顷碧波之上连成一片。　写出了洞庭湖春日景色之妙。

宋·苏麟《断句》

近水楼台先得月,向阳花木易为春。《断句》　靠近水的楼台没有树木遮挡,先看到月光;向阳的花木光照条件好,容易繁茂。　喻指由于某种得天独厚的条件而优先获得好处。

宋·张先

沉恨细思,不如桃杏,犹解嫁东风。《一丛花令》　沉:深。桃杏:桃花和杏花。解:得。　三句意为:我深自悔恨,细细思量,竟连桃杏都不如,因为它们还能嫁给东风,待到秋天结出果实来。　作者早年曾同一出家少女相会,二人常常幽会,临别,作者作此词以道其怀。这几句是以女方口气写的,把她对爱情的渴望和追求,以及自怨自艾、自怜自惜的心理,十分含蓄地表现了出来。

天不老,情难绝。《千秋岁》　天不会变老,人情也难绝。　以天不会老衬托出人情也不会绝,给人以新颖之感。

人意共怜花月满,花好月圆人又散。《木兰花》　人意:人情,人之常情。怜:喜爱。　人们都喜爱花好月圆,可是花好月圆时,朋友们又各在一方了。　写伤别之情,慨叹世事难以十全十美,具有一定的哲理性。

沙上并禽池上暝,云破月来花弄影。《天仙子》　并禽:成双成对的禽鸟。暝:日落,天黑。　暮色笼罩之下,鸟儿成双成对地栖息在沙岸上;风儿吹来,云开月现,花影婆娑多姿。　二句写黄昏时的景物,描绘了一种幽静的境界,以衬托自己孤寂的情怀。一个"弄"字,下得极其生动细致,"境界全出矣"(王国维《人间词话》)。

柔柳摇摇,坠轻絮无影。《剪牡丹》　婀娜的柳枝随风摇曳,落地的柳絮,风儿一吹,顿时无影无踪。二句写暮春之柳,着重刻画了柳絮的轻盈之美。一本作"柳径无人,堕风絮无影"。此与作者另两首词中的"云破月来花弄影"、"帘幕卷花影",因善用"影"字,使张先获得了"张三影"的雅号。

那堪更被明月,隔墙送过秋千影。《青门引》　哪还能忍受明亮的月光,把邻女荡玩秋千的身影送过了高墙。　二句表现作者残春时节思念恋人的寂寞心情。不着笔于人,只提到秋千,且还是影子,这足以使诗人难以忍受。写得含蓄而又韵味十足,"真是描神之笔,极希微窅渺之致"(黄蓼园《蓼园词选》)。

宋·晏殊

无可奈何花落去,似曾相识燕归来。《浣溪沙》　没有办法,眼看着春花又在凋零;似曾相识,那飞回旧巢的燕子。　二句生动而又概括地表现了对美好事物逝去的伤感和物是人非的惆怅,且虚实相衬,俪对工巧,情致缠绵,浑然天成,所以千百年来盛传不衰。

满目山河空念远,落花风雨更伤春。不如怜取眼前人。《浣溪沙》　空:徒然。念远:思念远方的人。怜:爱。取:着。　眺望山河徒然思念远方的亲人,风雨中飘零的花朵更触发春天的伤感。倒不如及时行乐,爱惜身边的人吧。词人感叹人生短促,离别太多,进而流露了把握当前、享有生活,超脱愁苦的生活态度。几句看似平淡,但却于浅白轻灵中见委曲,于含蓄蕴藉中寓顿挫。

昨夜西风凋碧树,独上高楼,望尽天涯路。《鹊踏枝》　凋碧树:使碧树凋零。天涯路:指极远的路。昨夜西风吹落了树叶,我独自登上高楼,望尽了天边路(却不见离人归来)。　三句写登楼怀人念远之情。纯用白描手法,气象开展。王国维举此三句为"古今之成大事业、大学问者,必经过三种之境界"的第一境(《人间词话》)。

春风不解禁杨花,濛濛乱扑行人面。《踏莎行》　不解:不知道。杨花:柳絮。濛濛:密布貌。　春风不知道怎么禁住杨花,以致它像密雨似的乱扑人脸。　二句写春天里杨花飘飞的景象,意趣盎然。

长于春梦几多时,散似秋云无觅处。《木兰花》　(人生)比起一场春梦能长久几分?却像秋云易散,无处追寻。　意谓人生像春梦那样短暂,稍纵即逝,又像秋云飘忽不定,无处寻觅。以工整流畅的属对,感叹人生苦短。

无情不似多情苦,一寸还成千万缕。《木兰花》　一寸:指愁肠。无情的人怎知多情的苦楚,起初愁肠寸断,却变作了无穷的离愁别恨。以形象的比喻,描写了相思之苦。

池上碧苔三四点,叶底黄鹂一两声。日长飞絮轻。《破阵子》　碧苔:绿色的苔藓。黄鹂:黄莺。水池里浮着点点绿色苔藓,树叶上传来一两声黄莺鸣叫,尽日轻飘着柳絮。　三句动静相衬,写出一片旖旎春光。

宋·张昇(biàn)《离亭燕》

多少六朝兴废事,尽入渔樵闲话。《离亭燕》　六朝:吴、东晋、宋、齐、梁、陈,都偏安江南,以建康(今江苏南京市)为首都,称六朝。渔樵:渔民和打柴的。　二句意为:六朝兴亡更迭,多少件令人感叹的故事,如今都成了渔夫樵子们闲谈的话题。　全词赞美建康的山川胜景;此二句有感于历史的无情变化,而慨叹江山依旧,物是人非。

宋·宋祁《玉楼春》

绿杨烟外晓云轻,红杏枝头春意闹。《玉楼春》　绿柳如烟,衬着几朵朝云轻快地浮起,粉红的杏花枝头,花朵好似在闹腾着春意。二句描绘了绚丽多彩的春天景色。"着一'闹'字,而境界全出"(王国维《人间词话》)。

宋·梅尧臣

落尽梨花春又了,满地残阳,翠色

和烟老。《苏幕遮》　　春又了:春天又过去了。　　梨花落尽,标志着春光已逝,夕阳照在大地上,草色与暮霭相冥合,渐渐由嫩绿变得有些苍老了。　　二句咏草而不见"草"字,却将春草写得形神俱足。

状难写之景,如在目前;含不尽之意,见于言外。 梅尧臣论诗,欧阳修《六一诗话》引　　状:描摹。　　几句意为:诗人必须把难以描摹的景物和情思,化为既生动而又含蓄的诗的语言,景物要写得令人有"如在目前"的感觉,含意要能引起读者的积极遐想。　　这是梅尧臣对欧阳修谈诗时说的话,对诗歌写景抒情提出的高要求,历来为诗家所推崇。

宋·叶清臣《贺圣朝》

三分春色二分愁,更一分风雨。《贺圣朝》　　三分春色:指春光已不多。　　春光已剩下不多,其中大部分掺和着忧愁,还有小部分被风雨摧伤。　　二句以春色的消减来写离别愁绪,独出心裁,生动别致。

宋·欧阳修

无风水面琉璃滑,不觉船移。微 动涟漪,惊起沙禽掠岸飞。《采桑子》　　琉璃滑:指水面像琉璃一样平滑。比喻平静无风,水波不兴。涟(lián)漪(yī):细小的水波。沙禽:指沙鸥。　　无风时水面平静如琉璃,感觉不到船行,只见湖面细小的水波微微在动,惊起沙鸥贴着湖岸飞起。　　几句歌咏颍州(今安徽阜阳县)西湖之美,想象奇特,动静相宜,反映了作者乘兴而游、自得其乐的情趣。

月到柳梢头,人约黄昏后。《生查子》　　到:一作"上"。　　月儿爬上柳树梢时,与恋人相约幽会在黄昏后,同去看灯。　　二句写元宵夜恋人间爱情的幸福和甜蜜,情景相生,风味隽永。

庭院深深深几许?杨柳堆烟,帘幕无重数。《蝶恋花》　　堆烟:形容杨柳攒聚在一起,好像烟雾堆积一般。　　庭院深深,究竟有多深呢?院外杨柳葱郁,像烟雾堆积,院内帘幕重重数不清。　　二句充分表现了深闺里女子的孤独寂寞和怨恨之情。

行云却在行舟下,空水澄鲜。俯仰留连,疑是湖中别有天。《采桑子》　　却:反。空水:指天光水色。澄鲜:清澈明亮。　　流云倒映于水面,仿佛在小舟下前行,天光水色,清澈明亮。仰头看天,俯身弄水,留恋不舍,疑惑湖水中是否另有一个天空。　　几句以细腻的笔触勾画出碧天白云倒映于水上的画面，以及观景时逍遥自在的神情。

尊前拟把归期说，未语春容先惨咽。人生自是有情痴，此恨不关风与月。《玉楼春》　　尊前：指送别的宴席前。春容：指女子的脸色。惨咽：悲伤而泣。自是：自然地。饯行宴上欲说回来的日期，话未出口她已悲伤而泣。人生的痴情自来就有的，这离恨并不关乎风晨月夜等自然景物。　　几句写离别情态，在委婉的抒情中表达了一种人生哲理，"人生"二句"于豪放之中，有沉著之致，所以尤高"（王国维《人间词话》）。

今年花胜去年红，可惜明年花更好，知与谁同。《浪淘沙》　　花：此专指牡丹花。　　今年牡丹花比去年红，明年花儿会开得更好，可惜有谁知离合异同。　　三句由眼前物景来抒写惜别怀友之情，构思新颖，别有诗意。

当路游丝萦醉客，隔花啼鸟唤行人。《浣溪沙》　　游丝：指随风摆动的细柔柳条。　　一路垂柳萦绕好似热情挽留陶醉于美景中的游客，隔着花丛鸟儿鸣叫又似在呼唤游人莫要归去。　　二句以拟人手法渲染春景之美。垂柳有意，啼鸟多情，人与自然和谐，构成一片

画境，以致令人难分情与景。

救非当在早，已暴何由敛。《答原父》（一作《答刘廷评》）　　非：不正确，错误。已暴：一作"暴恶"。暴，暴露。敛：收起，收回。　　纠正错误应当尽早下手，不然暴露于世以后就无法挽回了。　　原是指修撰史书时要认真仔细，有错即改。现可用来说明：必须把错误消灭在萌芽状态。

始知锁向金笼听，不及林间自在啼。《画眉鸟》　　金笼：装饰华美的鸟笼。自在啼：自由自在地鸣叫。　　今天才知道关在笼子里叫它歌唱，远不如让它在林间自由自在地啼鸣。　　比喻说明自由的重要。现常用以表达渴望摆脱束缚，恢复自由的强烈愿望。

有志诚可嘉，及时宜自强。《送惠勤归余杭》　　可嘉：值得嘉许。自强：自己奋发图强。　　胸有壮志，这着实值得赞扬，但还应该抓紧时间，努力图强。　　二句诗是作者勉赠友人的话，说得语重心长。

君子与君子以同道为朋，小人与小人以同利为朋。《朋党论》　　君子：指人格高尚的人。同道：志趣相同。朋：因共同目的相结合。　　二句意为：人格高尚的人的结合是以共同的志向为基础的，人格低下的人的结合是以共同的利益为基础的。

虽有忧勤之心而不知致治之要，则心愈劳而事愈乖；虽有纳谏之明而无力行之果断，则言愈多而听愈惑。《准诏言事上书》　忧勤：忧愁和劳苦，指忧思并勤于国事。致治：取得太平局面。要：要点，关键。乖（guāi）：违背。纳谏：接受别人对自己的批评。　几句意为：虽有忧劳于国家、尽力于政务的心愿，但不懂求得太平盛世的要领，那么势必会越操心，事情越是办不好；虽有接受规劝的明智，但缺乏尽力实行的坚定意志，那势必会规劝之言听得越多就越是困惑不解。　说明治理国家不仅要忧勤国事，更要懂得治国之术；不仅要从谏如流，更要尽力实行。

宁以义死，不苟幸生，而视死如归。《纵囚论》　幸生：侥幸偷生。宁为正义事业而死，也不能苟且偷生，而且要把死看得如同回家一样平常。　指出为了正义，应当平淡地看待死。

忧劳可以兴国，逸豫可以亡身。《伶官传序》　忧劳：忧患劳苦。逸豫：安乐。　忧患劳苦，可以使国家兴盛；安闲逸乐，可以把自身一同葬送。　说明人要成就一番事业，就必须勤苦操劳，而不能贪图安逸，肆情享乐。

祭而丰不如养之薄也。《泷冈阡表》　祭：祭祀。养：这里指赡养。之：指代父母。　对死去的老人，祭品即使非常丰盛，也不如在他们活着的时候能以微薄之力尽到赡养他们的义务。　这里诠释了真正的"孝"，即对老人厚葬不如薄养。

不复知人间有羞耻事。《上高司谏书》　不知道人间还有羞耻的事情。　常用以斥责人行事自私自利，不顾脸面，恬不知耻。

用人之术，任之必专，信之必笃。《为君难论上》　笃：笃实。　用人的方法是，任用必须专一，信任必须笃实。　说明应该充分发挥所用人的某一方面才干，并给以充分信任。

宋·柳永

执手相看泪眼，竟无语凝噎。《雨霖铃》　凝噎：气闷，咽喉堵塞。　二人手拉着手，含泪四目相看，竟然只有呜咽，一句话也说不出。　二句以白描手法刻画出一对情人难舍难分的情态。

多情自古伤离别，更那堪冷落清秋节。《雨霖铃》　自古以来都为离别而伤痛，更何况在这金秋清冷的夜晚。　作者把一时的情况说成是永恒的、普遍的现象，从而使句子显得含蕴丰富，凝重有力。

今宵酒醒何处？杨柳岸，晓风残

月。《雨霖铃》　今夜酒醒,不知又飘泊在何处? 也许在清晨凉风吹拂,残月斜照的杨柳岸旁。　几句把离情的凄冷愁苦,融入清幽的景物中,情景交融而词中有画,遂成为千古传诵的名句。

衣带渐宽终不悔,为伊消得人憔悴。《蝶恋花》　衣带渐宽:喻指身体渐渐消瘦。伊:她,作者所爱慕的人。消得:值得。　衣带一天天宽大,却始终毫无悔意,就算再憔悴消瘦,为了她也心甘情愿。二句深刻细腻地表达出作者赤诚专一的忠贞爱情,难怪王国维称其为"专作情语而绝妙"(《人间词话》)。

才子词人,自是白衣卿相。《鹤冲天》　白衣:布衣,平民。　才子词人,本来就是江湖状元。二句嘲薄权贵,表现出对功名利禄的傲视。

青春都一饷。忍把浮名,换了浅斟低唱。《鹤冲天》　饷:通"晌",一会儿。忍:怎忍。浅斟(zhēn)低唱:慢慢饮酒,宛声轻唱,表示细细作乐享受。　青春短暂,不如忍心把浮薄的功名换作唱歌饮酒吧。这是词人落榜后发出的沉痛呐喊,半是解嘲,半是愤懑。

东南形胜,三吴都会,钱塘自古繁华。《望海潮》　形胜:地势优越,风景优美的地区。三吴:旧以吴兴郡、吴郡、会稽郡合称三吴,钱塘古属吴郡。钱塘:今浙江杭州。自隋代设置杭州后,钱塘也作为杭州的别称。　中国东南最数钱塘形势优越,风景优美,堪称三吴都会,自古就昌盛繁华。　三句以赋体手法陈述了杭州在地理上以及历史上、经济上的重要与繁盛。

重湖叠𪩘清嘉,有三秋桂子,十里荷花。《望海潮》　𪩘(yǎn):山峰。清嘉:清丽美好。三秋:农历九月。桂子:桂花。　湖连着湖,山叠着山,风景清丽美好,还有深秋的飘香桂子,初夏的十里荷花。几句从客观环境着笔,写出了杭州的清丽之美。

渐霜风凄紧,关河冷落,残照当楼。《八声甘州》　霜风:指深秋的风。凄紧:凄厉强劲。关河:泛指山河。　秋风渐渐刮得凄厉猛烈起来,山河变得冷落荒凉,夕阳的余辉洒向城楼。　三句表现了深秋日暮凄厉苍凉的景象,视野宽广,境界阔大。就连一向不以柳词为然的苏轼,也极赞赏这首《八声甘州》,尤称赞这三句"不减唐人高处"(赵令畤《侯鲭录》)。

剪裁用尽春工意,浅蘸朝霞千万蕊。《木兰花》　春工:把春天比作工匠。　春工用尽心意剪裁,并薄洒朝霞,点染出这千万朵花蕊。二句以拟人手法写杏花的艳丽之美,想象新颖奇特,形象生动鲜明。

宋·石介

一人奉口腹,百姓竭膏油。《汴渠》
奉:进献。膏油:喻指劳动人民用
血汗换来的财富。 一个人满
足了口腹之欲,众百姓竭尽了脂
膏。 二句揭露了封建统治者
对劳动人民的残酷敲榨。

前事之失,后事之鉴。《唐鉴序》
以前做事失败的教训,可以作为以
后做事的鉴戒。

患诚不至,而不患功难就。《宣化军
新桥记》 就:成就,完成。
担心的是心不够笃诚,而不担心事
功难就。 意谓只要用心笃诚,
就能成就功业。

诗之作,与人生偕者也。《石曼卿诗
集序》 偕:一同,并行。 诗
歌创作,是与人们各自的生活实践
同步并行的。 说明生活是诗
歌创作的源泉。

**大勋所任者唯一人,然群谋济之
乃成。**《上范经略书》 大勋:伟大
的功业。济:帮助。 承担伟大
功业的只有一个人,但功业的完成
还需要群策群力。 说明一个
人即使有很大的本领和力量,但也
不能脱离集体的力量和大家的
帮助。

宋·苏舜钦

丈夫志,当景盛,耻疏闲。《水调歌
头》 景盛:比喻壮年兴旺之时。
大丈夫的志向,就是在壮年时成就
一番事业,而以疏懒闲散为耻。
表现出作者不甘心谪居生活,希望
有所作为的雄心壮志。

**云头艳艳开金饼,水面沈沈卧彩
虹。**《中秋松江新桥对月和柳令之作》
金饼:喻指圆月。沈沈:形容江水
深沉。彩虹:指倒影在水中的画
桥。 金色的明月空挂天空,水
波潋滟的江面映出画桥的倒影,犹
如空中彩虹。 写中秋之夜美
景,别开生面。

宋·黄晞《聱隅子》

民不富,士不荣;君不胜,国不壮。
《聱隅子·文成篇》 士:泛指官
吏。荣:光荣。胜:力能担任。
壮:强大。 百姓不富裕,作官
的就不光荣;君王能力不强,国家
就不能昌盛。 指出强国富民,
关键在于统治者的能力和责任心。

**古之人以德服人,今之人以威服
人。**《聱隅子·生学篇》 古时候的
人以道德高尚让人敬服,现在的人

则以威力强大让人顺服。　"以德服人"是良好社会风气的标志之一，"以威服人"则是社会弊端的反映。

无责人以如己，无誉己以如人。《聱隅子·生学篇》　无：义同"勿"，不要。责：责求，要求。誉：赞扬。不要像责求自己那样责求别人，不要像赞扬别人那样赞扬自己。意谓责己要严，责人要宽；誉己要少，誉人要多。

学非师而功益劳，友非人而过益滋。《聱隅子·生学篇》　益：越发，更加。劳：疲劳。友：交友。过：错误。滋：多。　学习而没有一个好老师只会疲于用功，交友而没有交上益友只能增发过错。说明必须慎于求师、交友。

小善渐而大德生，小恶滋而大怼作。《聱隅子·道德篇》　大德：极大的美德。滋：滋长。大怼(duì)：巨大的怨恨。怼，怨恨。　小的善行一点一点地累积，就会发展形成大的美德，小的恶行慢慢滋长，最终势必导致大的怨恨。　说明人应当不拒小善，不轻视小恶。

积善之家，必有余休；积不善之家，必有余忧。《聱隅子·扬名篇》　休：喜庆，美善。　积累善行的人家，一定会有很多喜庆；积累恶行的人家，一定会有很多忧患。　劝戒人们一个家庭同样必须多多积善，切莫积恶。

千里之旱，一雨或能救其将枯；绵年之病，丸药或能救其少死。《聱隅子·扬名篇》　或：也许。绵年：连年。丸药：一丸药。少：即将。　天下大旱，天下一点雨也可能救活即将枯死的禾苗；多年之病，一粒药丸也可能救活将死的病人。说明在事情还没有到绝对无法挽回的时候，必须竭尽努力以争取理想的效果。

始而善者，善之饰也；终而善者，善之德也。《聱隅子·三王篇》　仅仅在开始的时候做善事，这不过是以善事装饰自己；自始至终做善事，才真正是美德的体现。　强调只有一辈子做善事，才是真正的道德高尚。

宋·苏洵

知无不言，言无不尽。《衡论·远虑》知道什么就说什么，毫无顾虑；有多少就说多少，毫无保留。　意谓做人要率直。

为国者无使为积威之所劫哉！《六国论》　无使：不使。积威：指敌国长期积累的威势。劫：威胁。治理国家的人不要被敌国强大的威势所吓倒。　这种不屈服于淫威的抗暴精神，是中华民族的优良传统。

项籍有取天下之才,而无取天下之虑;曹操有取天下之虑,而无取天下之量;刘备有取天下之量,而无取天下之才,故三人终其身无成焉。《项籍》　项籍:即项羽,名籍,字羽。虑:谋略。量:度量。项羽有统一天下的才干,而无统一天下的谋略;曹操有统一天下的谋略,而无统一天下的度量;刘备有统一天下的度量,而无统一天下的才干,所以三人逐鹿一生,终未成就大事。　作者对三位历史人物的评价,精辟而又经典,常为后人借鉴。

泰山崩于前而色不变。《心术》　崩:崩塌。色:脸色。　泰山就在面前崩塌,脸色一点不改变。形容人沉静镇定,在异常情况下泰然自若,毫不慌张。常用来称赞人的胆量,也指人有很好的修养。

贤者不悲其身之死,而忧其国之衰。《管仲论》　贤者:指品德高尚的人。　品德高尚的人不为自己将死而悲哀,而为自己国家衰败而忧愁。　赞美热爱国家而将个人生死置之度外的崇高思想和博大胸怀。

祸之作也,非作于作之日,亦必有所由兆。《管仲论》　作:产生。由兆:缘由和预兆。　祸害并不是在它产生的时候才产生的,必定有它的缘由和预兆。　说明坏事的产生有一个过程,必须防微杜渐。

宋・周敦颐《爱莲说》

出淤泥而不染,濯清涟而不妖。《爱莲说》　淤(yū)泥:水面下沉积的泥沙。濯(zhuó):洗。清涟:清澈的水波。妖:妖艳。　莲花虽然是从淤泥中生长出来,但洁净无染;虽然是沐浴在清澈透底的水波中,但朴实无华。　二句以莲的特点,比况不趋炎附势、不同流合污的高风亮节。用语精当,寓意深刻。

宋・曾巩

身世自如天下少,利名难退古来稀。《题关都官宅》　身世:人一生的经历、遭遇。自如:行动不受限制。　自己能支配自己命运的事,天下很少见;能摆脱名利纠缠的人,自古以来没几个。　二句慨叹人事无常,名利诱人。

学似海收天下水,性如桂奈月中寒。《寄晋州孙学士》　桂:传说月上有高五百丈的桂树。奈:即耐。　学问要像收尽天下水的大海一样渊博,性情要像月宫中经霜斗寒的桂树一样坚强。　　二句是作者给友人提出的希望,也是他对自己的要求。

日月有常运,志士无安辀。《送徐铉著作知康州》　　常运:固定的轨道。安辀(zhōu):舒适的车子。辀,车子。　　太阳和月亮有其固定的运行轨道,有志之士没有舒适的车子乘坐。　　意谓有志之士要想有所成就,必须艰苦奋斗。

法修则安且治,废则危且乱。《唐论》　　修:制定。　　制定并实行法律和政令,国家才能得到安宁和治理,无法可循,国家就会发生危机和混乱。　　强调法制对国家安宁的重要性。

法者,所以适变也,不必尽同;道者,所以立本也,不可不一。《战国策目录序》　　法:指治国的方法。道:指治国的指导思想。　　治国方法是用来顺应形势变化的,不一定完全相同;治国思想是用来确立根本体制的,不可以不一致。主张治国不拘于一个模式。

宋·司马光

始知青鬓无价,叹飘零官路,荏苒年华。《锦堂春》　　青鬓:黑色的鬓发,代指青少年时期。荏(rěn)苒(rǎn):时间渐渐流逝。　　才知道青年时代是无价的,可叹自己在仕途飘零,美好年华已渐渐流逝。感叹青春不再,仕途失意,凄婉之情流于笔端。

君子挟才以为善,小人挟才以为恶。《资治通鉴·周威烈王二十三年》　　君子:有道德有修养的人。挟:怀有。小人:人格卑鄙的人。为恶:干坏事。　　君子怀有才干是用来做好事,小人怀有才干则是用来干坏事。

能勤小物,故无大患。《资治通鉴·周威烈王二十三年》　　勤:忧虑。小物:小事物。　　能对小事情加以忧虑,就不会出现大的祸害了。提醒人们对任何小事都不能大意,以免酿成大患。

才者德之资也,德者才之帅也。《资治通鉴·周威烈王二十三年》　　资:凭借。帅:统帅。　　才是德的凭借,德是才的统帅。　　意谓无德,则才的使用便没有方向,无才,则德的纯美便无法得到表现。论述了德才的关系,极为精辟。

家贫思良妻,国乱思良相。《资治通鉴·周威烈王二十三年》　　家中贫困,则希望有一个会持家的妻子,国家混乱,则渴求有一个治国有方的宰相。　　意谓有了困难,就需要有能力的人相助。

人主自臧,则众谋不进。《资治通鉴·周安王二十五年》　　人主:君主,指最高统治者。自臧:自以为是。臧,善,好。　做君主的自以为是,那么大家就不进献计策了。　说明只有君主谦虚,才能做到广开言路。

凡百事之成也必在敬之,其败也必在慢之。《资治通鉴·秦昭襄王五十二年》　敬:看重,重视。慢:轻慢。　大凡一切事情的成功,都在于能严肃认真地对待它;之所以失败,一定是因为轻视了它。说明要把事情办好,就必须严肃认真,毫不马虎。

尽小者大,慎微者著。《资治通鉴·汉武帝建元元年》　著:显名。把小事情尽力做好,也就成就了大事业,谨慎对待细微的方面,其名誉也就称显于世了。　指出做任何事不能舍小贪大。

表曲者景必邪,源清者流必洁。《资治通鉴·汉顺帝阳嘉二年》　表:古时测量日影以计时的标杆。景:同"影"。邪:同"斜"。　标杆弯曲,其影子也一定是歪斜的;源头清澈,水流也一定是洁净的。原喻指上梁不正下梁歪,上级清廉明正了,下面的自然端正无邪。也可喻指人品不好,为人处世必定邪恶,品质好为人处世必定得宜适当。

取其道不取其人,务其实不务其名。《资治通鉴·汉顺帝永建二年》

道:政治主张。　选用人才,要看他的主张而不看他是何人,注重他的真才实学而不注意他的名气。　提出了选用人才的标准,即以才取人。

英雄无用武之地。《资治通鉴·汉纪·建安十三年》　杰出的人物无处施展自己的才能。　感叹、惋惜有才能、有抱负的人无法施展才能。

官在得人,不在员多。《资治通鉴·唐太宗贞观元年》　得人:得到贤良之人。　官在于得到贤良之人,而不在于人员众多。　说明用人要精,要得当,才能办好事情。

由俭入奢易,由奢入俭难。《训俭示康》　由俭朴变为奢侈很容易,由奢侈变为俭朴则十分困难。提醒人们必须时时注意艰苦朴素。

学者贵于行之,而不贵于知之。《答孔文仲司户书》　行:实践。做学问的人贵在能把学到的东西运用实践中去,而不贵于仅仅了解这些知识。

宋·王安石

千里澄江似练,翠峰如簇。《桂枝香》　练:白绢。簇(cù):丛列、堆聚的样子。　千里的长江澄净,像一条白色的绸绢,岸上无数座青山集聚峭拔。　　二句写出南方山水之美,于秀丽中透出豪气。

隔岸桃花红未半,枝头已有蜂儿乱。《渔家傲》　　江对岸的桃花还没开一半,已见枝头上蜂儿争相采蜜。　　二句写春夜梦中所见桃花源之景,生动自然。

春风又绿江南岸,明月何时照我还。《泊船瓜洲》　　和煦的春风又吹绿了大江南岸,什么时候明月照着我返回家乡?　　二句写春景勾起的思乡之情。其中"春风"句中的"绿"字,经过作者多次修改,先是"到",后改为"过",又改为"入"、"满",最后才定为"绿",因而成为文学史上的美谈。

千门万户曈曈日,总把新桃换旧符。《元日》　　曈曈(tóng):日出时光亮的样子。新桃、旧符:即新桃符、旧桃符。古代习俗,春节时家家户户用桃木板画上符(上有门神及其名字),插在门旁,据说可以压邪驱鬼。　　初升的太阳照亮了千家万户,总要把新桃符换下旧桃符。　　二句写春节来临时作者的喜悦之情。现常用后一句说明除旧布新是事物发展的客观规律。

岁老根弥壮,阳骄叶更阴。《孤桐》　　弥:更加。阳骄:烈日暴晒。阴:同"荫",指枝叶茂盛形成浓荫。孤桐越老,树根越粗壮,阳光越强烈,树叶越茂密旺盛。　　二句以

孤桐自喻,抒发作者坚强不屈、斗争到底的精神。现常用来形容年老志更坚。

入之愈深,其进愈难,而其见愈奇。《游褒禅山记》　　几句意为:入山洞愈深,前进则愈加困难,而见到的景色就愈加奇异。　　字面上是记游,实则是借题发挥,寓意深刻,说明在为政和治学上,只要不断克服困难,定能获得令人意想不到的收获。

世之奇伟瑰怪非常之观,常在于险远。《游褒禅山记》　　瑰(guī)怪:珍贵而奇异。　　世上奇特壮丽又罕见的自然风景,常常是在艰险遥远而人迹罕至的地方。　　二句寓意是:要实现远大理想,必须勇于探索,不畏险阻,付出长期的努力。

不责人以细过,则能吏之志得以尽其效。《兴贤》　　细过:细小的过失,错误。志:指为公尽职的意愿。对细小的过失不指责,那么有才干的官吏办事就能收到最大的效益。说明宽容待人的重要性。

国以任贤使能而兴,弃贤专己而衰。《兴贤》　　国家因为任用贤能之士而兴盛,因为舍弃贤能、独断专行而衰败。　　揭示了任贤使能对国家盛衰的关系,可谓一语中的。

风俗之变,迁染民志,关之盛衰,不可不慎。《风俗》　　迁染:影响和

改变。志：指思想意识。　　社会风气的改变，会影响和改变百姓的思想，这关系到国家的兴衰，因而不能不谨慎对待。　　意谓必须倡导良好的社会风气，人民才会有高尚的精神风貌，国家就能兴盛。

人无完行，士无廉声。《风俗》人、士：互文同义，指官员。　　社会风气不正，官员就会缺少高尚的品行，以致不顾廉洁奉公的名声。强调社会风气的好坏，也决定了官吏品德的高尚和堕落。

宋·晏几道

落花人独立，微雨燕双飞。《临江仙》　　落花飘零，院里愁人孑然而立，春雨霏微，空中飞燕双展翅。二句以"人独立"与"燕双飞"两相对照，形象地刻画出离别的怨恨，故被赞为"千古不能有二"的名句（清谭献《谭评词辨》）。

衣上酒痕诗里字，点点行行，总是凄凉意。《蝶恋花》　　衣上的酒痕，诗中的文字，点点行行，无不显现伤别的凄凉之情。　　几句写与情人欢别后的不胜凄婉之情，感情真挚深切。

从别后，忆相逢，几回魂梦与君同。《鹧鸪天》　　自从分别后，常忆相逢时的情景，多少回梦中同你欢

聚。　　三句纯用白描，写别后相思之深，乃至积思成梦，语言直率，情意动人。

宋·苏轼

似花还似非花，也无人惜从教坠。《水龙吟》　　非花：谓柳絮不是花。从教坠：任凭它飘落。从，纵，任凭。　　那飘飞的柳絮，像是花，又不像花，也没人怜惜它的飘零。二句咏叹杨花（古人把柳絮视作杨花）的飘零无人顾惜，也叹人的青春消逝无人关怀。

拣尽寒枝不肯栖，寂寞沙洲冷。《卜算子》　　二句意为：孤雁挑遍了高枝却不肯栖宿，宁可栖在寂寞寒冷的沙洲上。　　二句以比喻手法抒发了作者不肯随波逐流，对进退出处慎重选择的高洁意志。

人有悲欢离合，月有阴晴圆缺，此事古难全。《水调歌头》　　阴晴：指天阴无月，天晴有月。　　三句意为：人有喜有悲、有合有分，月有阴有晴，自古以来就难以完美顺心。意谓世界上不可能有永远圆满的事情，揭示了一条自然规律。

但愿人长久，千里共婵娟。《水调歌头》　　婵（chán）娟：形态美好的样子，此指月亮。　　但愿天下人人长生，纵使相隔千里，都尽情同

享这月夜的良辰。　祝愿人们长久于世,彼此同享人生之乐。

大江东去,浪淘尽、千古风流人物。《念奴娇》　大江:指长江。风流人物:杰出一世的人物,此指三国时代的豪杰们。　滚滚大江奔流东去,千百年来一代代杰出人物,尽被江浪销尽。　三句揭出无穷兴亡之感。

乱石穿空,惊涛掠岸,卷起千堆雪。《念奴娇》　千堆雪:形容浪花飞溅。　陡峭的石壁高入云天,惊人的巨浪拍击着江岸,激起一堆堆雪白的浪花。　几句自上而下,由近及远,有声有色地描绘了赤壁古战场的雄奇景色。

十年生死两茫茫,不思量,自难忘。《江城子》　十年:指作者妻子去世已十年。苏轼妻王弗,于治平二年(1065)病死,至苏轼作此词正为十年。两茫茫:点出阴阳隔绝,茫茫邈远。　十年了,我和爱妻生死殊途,我强迫自己不去想你,心底又怎能忘记。　三句悼念亡妻,明知"茫茫",却又不由得不思量,递进手法的运用,弥见思念之深,沉痛之极。

枝上柳棉吹又少,天涯何处无芳草。《蝶恋花》　柳棉:柳絮。枝上的柳絮随风飘落殆尽,只有青草一直长到天边,处处都能相逢。　二句反映了作者伤春惜春之情,又

寄寓了政治上的失意和自勉。

笑渐不闻声渐悄,多情却被无情恼。《蝶恋花》　却:反。恼:撩拨。墙内少女的笑语渐渐寂止,墙外多情的行人反被无情撩拨。　二句显示了美好事物可望而不可即,或可即而不可留的人生哲理,语言朴素自然,琅琅上口。

谁道人生无再少,门前流水尚能西。《浣溪沙》　无再少:不会再次年轻,即青春一去不复返。　谁说人的一生不会青春重焕?要知道门前这条溪水还能自东向西倒流。　二句表现了作者身处逆境而不失意的积极、乐观的人生态度。

人间有味是清欢。《浣溪沙》　清欢:清闲时的欢快。　人世间最有意味的是清闲时候的欢快。此句既含人生哲理,又富有诗意,很耐人寻味。

生前富贵草头露,身后风流陌上花。《陌上花》　风流:指美名、高位之类。　生前的荣华富贵,不过是清晨草头上的露珠,死后的美好名声,就像小路旁的野花。　意谓人世荣华富贵、名誉地位都不过是过眼烟云,很快就会消失。

因病得闲殊不恶,安心是药更无方。《病中游祖塔院》　恶:坏事。因为生病而有闲暇实在不是坏事,能够安心是治病的良药,再没有其

他更好的方法。 说明事物总是有弊有利的，得病看似坏事，却能使自己得到休息的机会，远离尘俗，所以大可不必沮丧。

腹有诗书气自华。《和董传留别》 诗书：泛指书籍，比喻学问。华：光彩，光辉。 只要肚里有渊博的学问，气质自然就会充满光彩。 说明知识渊博的人自然气度不凡。

欲把西湖比西子，淡妆浓抹总相宜。《饮湖上初晴后雨》 西子：西施，春秋时期越国著名美女。我想把西湖比作美女西施，无论淡妆还是浓施粉黛，对她总都适宜。二句描绘西湖美景，以"西子"作比，既超奇脱俗，又恰切适当，足以引发人无限的遐想。

不识庐山真面目，只缘身在此山中。《题西林壁》 缘：因为。之所以看不清庐山真实面目，只是因为你置身于此山中。 二句通过形象描绘，揭示了一个深刻的哲理：当局者迷，旁观者清。

竹外桃花三两枝，春江水暖鸭先知。《惠崇春江晓景》 竹林外边，几枝桃花已经开放；春江水暖，游荡的鸭群最先知道。 二句写得春意盎然，饶有韵味。现常用后句比喻事情发生前便能察觉。

旧书不厌百回读，熟读深思子自知。《送安惇秀才失解西归》 旧书：指已读过的书。 读过的书再读一百遍也不厌倦，只要熟读深思，你就自可知道其中的道理。强调温故而知新，必须边读边思考，这样必有所获。

人生识字忧患始，姓名粗记可以休。《石苍舒醉墨堂》 姓名粗记：项羽少时学书不成，说会写字不过能记姓名就是了，不值得学。这里借用此语。 人生在世，能读书写字，种种忧患也就来了，只要大略知道自己的姓名就可以。 二句感慨当时社会中知识分子的不得意，因知识多，忧愁烦恼接踵而至。

退笔如山未足珍，读书万卷始通神。《柳氏二外甥求笔迹》之一 退笔：写秃了头的笔。如：一作"成"。珍：以为贵，称道。通神：弄通奥妙。 二句意为：终日埋头写作，笔头磨掉了，笔杆堆积如山，这也不值得称道；只有学深学透上万卷书，才能悟得个中的窍门。 说明多读才能善写。

物必先腐也，而后虫生之。《论项羽范增》 腐：腐烂。虫：蛀虫。东西必先自身腐烂了，而后才会生蛀虫。 指出事物（包括人）的变化，内因是起主导作用的。

匹夫见辱，拔剑而起，挺身而斗，此不足为勇也。《留侯论》 匹夫：寻常的人。 普通人只要一受侮辱,就怒而拔剑,挺身斗殴,这并不是勇敢。 批评感情冲动的匹夫之勇。

强将手下无弱兵。《题连公壁》英勇强悍的将领手下没有软弱的士兵。 比喻好的领导者能带出好的队伍。

古之立大事者,不惟有超世之才,亦必有坚韧不拔之志。《晁错论》古时候那些干出一番大事业的人,不仅有超世之才,还有在任何情况下都坚定而毫不动摇的志向。 强调志向坚定是成就大事的一个重要条件。

味摩诘之诗,诗中有画;观摩诘之画,画中有诗。《书摩诘蓝田烟雨图》味:体会揣摩。摩诘:唐代诗人王维,字摩诘。 四句意为:体味王维的诗,诗里有画意;观摩王维的画,画里有诗的韵味。 这是苏轼对王维诗画的精到评价,堪称定评;同时也揭示了文艺创作的一个规律:诗画等作品的创作必须要有形象思维,都应讲求"意境"的熔铸和创造。

辞至于能达,则文不可胜用矣。《答谢民师书》文:文采。 言辞要做到能表情达意,那么文采就运用不尽了。 认为作品的达意与文采是应该统一的,顾此失彼就写不出好文章。

宋·晁说之《晁氏客语》

君贵明,不贵察;臣贵正,不贵权。《晁氏客语》 察:洞察。正:正直。 君主以明辨为贵,而不以洞察一切为贵;臣子以正直为贵,而不以善于权变为贵。 意谓君主应当在大是大非问题上心明眼亮,不必事无巨细全部弄清;臣子应当心怀刚直,切忌随机应变,胸无直节。

民可明也,不可愚也;民可教也,不可威也。《晁氏客语》 明:使明白。威:威慑,欺凌。 对老百姓,可以使他们明白,不可以使他们愚昧;可以教导他们,不可以威慑他们。

自喜者不进,自大者道远。《晁氏客语》 道:大道理。 沾沾自喜的人不会有长进,自高自大的人会越走离大道理越远。 说明人不应当骄傲自满,而应当进取不止。

出无谓之言,行不必为之事,不如其已。《晁氏客语》 无谓:没有意义,没有用处。行:做。已:停止。 说没有意义的话,做没有必要的事,不如不说不做。 指出说话做事都要三思,以是否有意义、有必要为准绳。

宋·李之仪《卜算子》

我住长江头,君住长江尾。日日思君不见君,共饮长江水。《卜算子》 长江头:指长江上游,在今四川一带。长江尾:指长江下游,在今江苏一带。 我住在长江的上游,你住在长江的尽头,每日思念你却不能相聚,好在江水为我们共有。 二句歌咏爱情,写得意新语妙,朴素真挚,饶有民歌情趣。

宋·黄裳《喜迁莺》

归棹晚,载荷花十里,一钩新月。《喜迁莺》 棹(zhào):桨,代指船。 划船夜归,载着十里荷香,空中一弯月亮如钩。 几句描写端午节泛湖晚归的情景,景色优美,反映了作者悠闲自得的情趣。

宋·黄庭坚

断虹霁雨,净秋空,山染修眉新绿。《念奴娇》 断虹:残剩的彩虹。霁(jì)雨:雨停转晴。 秋雨初停,彩虹消散,晴空明净如洗,山峰碧绿如染,好似美人修长的眉峰。以美人长眉来形容山峰,绘景形象生动。

春归何处? 寂寞无行路。若有人知春去处,唤取归来同住。《清平乐》 春天悄然逝去,我寂寞地追寻着她,找不到目的地。如果有谁知道她的踪迹,唤回她同我们住在一起吧。 写惜春、觅春之情,新颖、曲折、清奇,反映了作者对美好事物的执着追求。

人到愁来无处会,不关情处总伤心。《和陈君仪读太真外传》 无处会:无法理会。不关情处:与人情无关的事物。总:也。 二句意为:一个人只要愁上心来,无法排解时,那些与人情无关的事物,也会令人伤心。 写人愁极而产生的心态。

五更归梦三千里,一日思亲十二时。《思亲汝州作》 十二时:指十二个时辰。古时把一昼夜分为十二个时辰,两个小时一个时辰。夜里做梦回到了三千里外的家乡,白天晚上无时无刻不在思念亲人。二句形容对亲人思念之深。

灵丹一粒,点铁成金。《答洪驹父书》 好像用一粒灵丹,就能使铁变成金子。 二句比喻把别人不好的文章稍加修改,使其另有新意妙处。

嬉笑怒骂,皆成文章。《东坡先生真赞》 玩笑、嘲笑或怒骂的话,写出来都是很好的文章。 形容写作不拘形式,任意发挥,都能写出好的文章。

宋·杨时《河南程氏粹言》

治道之要有三,曰立志、责任、求贤。《河南程氏粹言·论政篇》(程颐语) 责:督促。任:所任用的人。 治理国家的方法中有三个要点,即树立雄心大志,督促所任用的人积极工作,访求贤才。

安危之本在人情,治乱之机系事始。《河南程氏粹言·论政篇》(程颢语) 本:根源。人情:人心。机:事物的枢要,关键。 国家的安危取决于人心,国家的治乱关键在行事之始。 说明得人心、慎举事是国家长治久安的关键所在。

治天下国家,必本诸身。其身不正,而能治天下国家者,无之。《河南程氏粹言·论学篇》(程颐语) 求诸身:求之于自己,从自身做起。 治理国家的人,一定要从自身做起。自身不端正,而能把国家治理好,这样的事是不会有的。

言不贵文,贵于当而已,当则文。《河南程氏粹言·论学篇》(程颐语) 文:辞藻华丽。当:得当。 说话不必讲求漂亮动听,重要的是表达得当;表达得当,自然就算文了。

进学不诚则学杂,处事不诚则事败。《河南程氏粹言·论学篇》(程颐语) 诚:专一。 搞学问不专心,学到的东西势必杂乱无章;做事情不专心,事情非做坏不可。 说明任何事情都要一心一意地做,否则徒劳无功。

天下之事,苟善处之,虽悔,可以成功;不善处之,虽利,反以为害。《河南程氏粹言·论事篇》(程颐语) 苟:如果。悔:灾祸。 天下的事情,如果能妥善处理,即使是灾祸,也可以变为有利;不能妥善处理,即使本来很有利,也会成为祸害。

外事之不知,非患也,人患不能自见耳。《河南程氏粹言·论事篇》(程颐语) 患:忧患。自见:自己认识自己。 身外之事不知道,这没有什么忧虑的;人所忧虑的,是不能自己认识自己。 意谓人贵有自知之明。

行事在审己,不必恤浮议。《河南程氏粹言·论事篇》(程颐语) 审己:省察自己。恤:忧虑。浮议:流传而无根据的议论。 做事在于省察自己(问心无愧),没有必要为那些纷杂的议论而忧虑。 意谓只要自己确定的事是正确的,就不必顾忌流言蜚语。

将欲治人,必先治己。《河南程氏经说·中庸解》 治:管理。 想要去管别人,一定要首先把自己管好。　　强调以身作则,表帅作用的重要性。

宋·张耒《答李推官书》

理胜者,文不期工而工;理诎者,巧为粉泽而隙间百出。《答李推官书》　　理胜:这里指文章内容充实。工:精巧。理诎(qū):指文章内容贫乏。粉泽:粉饰。隙间:缺陷,漏洞。　　几句意为:文章内容充实,不刻意精巧也会精巧;而内容贫乏,虽巧为修饰也会缺陷百出。　　强调文章内容的重要性,指出只在技巧上下功夫是徒劳的。

宋·刘弇(yǎn)

东风依旧,著意隋堤柳,搓得鹅儿黄欲就。《清平乐》　　著意:着意。隋堤:隋炀帝时大开沟渠,引水入黄河、长江,旁筑御道,并植杨柳。后人称为隋堤。搓:指风儿阵阵吹拂,似人揉搓。鹅儿黄:柳条将成而未成之色。　　东风依旧吹拂,着意使得隋堤的柳条格外垂青,又仿佛把它揉搓得分外柔软,呈现出将成而未成的"鹅儿黄"颜色。几句以拟化手法,刻画春色,微妙

而又贴切。

断送一生憔悴,知他几个黄昏。《清平乐》　　二句意为:一生大概只能在憔悴中断送了,谁知今后还要度过多少个寂寞的黄昏。　　作者抚今追昔,伤感不已,反映了封建时代善良、软弱的知识分子的普遍命运。

宋·秦观

两情若是久长时,又岂在朝朝暮暮。《鹊桥仙》　　岂在:哪在,何须如此。朝朝暮暮:朝朝欢会,夜夜相伴。　　彼此间只要是心心相印,挚爱不移,又何必定要天天厮守在一起呢?　　这是牛郎与织女临别时的山盟海誓和互慰共勉之词,形象地表达了爱情的坚贞不移。

柳下桃蹊,乱分春色到人家。《望海潮》　　桃蹊:桃树下面的路径。柳树下的小路上到处洋溢着春天的气息,而这春光又被纷纷地送到了附近的住户里。　　二句表现出春色无处不在、万紫千红的景象。

斜阳外,寒鸦万点,流水绕孤村。《满庭芳》　　夕阳西下,不远处鸦群像数不尽的黑点,流水环绕着孤零零的小村庄。　　三句融情于景,描述了与恋人离别时的情景。

春去也，飞红万点愁如海。《千秋岁》　飞红：飞舞的落花。春天已逝去，落花万片，愁意像大海那么深广。　二句抒发了作者在政治上屡遭打击、郁郁不得志的极度愁苦之情，真可谓是心灵的呼喊。

可堪孤馆闭春寒，杜鹃声里斜阳暮。《踏莎行》　可堪：那堪，忍受不住。杜鹃声：相传杜鹃鸟凄切的鸣叫是说"不如归去"。　怎能忍受得住，独居客馆，春寒迫人，夕阳西下，天色渐暗，又传来了杜鹃凄切的叫声。　二句抒发了作者被贬官后凄苦失望的情绪。王国维标举其为"有我之境"，并赞之"最为凄婉"(《人间词话》)。

自在飞花轻似梦，无边丝雨细如愁。《浣溪沙》　那自在飘飞的花片像梦一般的轻，无休止的雨丝跟愁似的细。　二句将细微的景物与幽渺的感情极为巧妙而和谐地结合在一起，化抽象为具体，意境新颖奇妙，别具一格。

有情芍药含春泪，无力蔷薇卧晓枝。《春日》　芍药：多年生草本植物。蔷薇：落叶灌木。　芍药真像个多情的女子，经雨后花瓣上依然存留着泪珠般的雨滴；蔷薇花儿卧在枝头娇艳无力。　二句把雨后的芍药、蔷薇拟人化，比作娇弱的女子，增添了无限的情意。

宋·贺铸

当年不肯嫁东风，无端却被秋风误。《踏莎行》　无端：平白无故，没来由。　当初不愿意迎着春风开放，错过了大好时光，如今却在秋风的无端摧残下凋谢了。　二句叹惜荷花的不幸遭遇，实乃抒发了作者仕路崎岖，沉沦下僚的感叹。现常借喻良机错过终受损失的情形。

试问闲愁都几许？一川烟草，满城风絮，梅子黄时雨。《青玉案》　都几许：总共有多少。一川：遍地。风絮：随风飘舞的柳絮。梅子黄时雨：江南一带初夏梅熟之时多连绵之雨，俗称"梅雨"。　要问愁情总共有多少？就像遍地如烟的茂草，像满城飞舞的柳花，又像梅子黄时的雨丝一般。　几句连用三种比喻，将愁思之多而纷乱、迷茫无边、连绵不休形容曲尽，可谓兴中有比，意味深长。作者也因"梅子"句赢得了"贺梅子"之称(周紫芝《竹坡诗话》)。

秋尽江南叶未凋，晚云高，青山隐隐水迢迢。《晚云高》　迢迢(tiáo)：绵长貌。　江南的秋末，树木还未凋零，晚间浮云高翔，青山隐现，江水流向无际的远去。

几句描绘了秋末冬初的景象,画出了山清水秀、绰约多姿的江南风貌。

宋·仲殊

江南三月,犹有枝头千点雪。《减字木兰花》 千点雪:喻压满枝头的梨花。 江南三月,无数梨花盛开,好似点点白雪,白茫茫一片。

数声啼鸟怨年华,又是凄凉时候、在天涯。《南歌子》 年华:时光。 几声鸟啼,仿佛在怨恨时光的迅逝,每当凄凉的时候,我总是在天涯浪迹。 二句移情于物,表现了作者沦落天涯之感。

宋·晁补之

算春长不老,人愁春老,愁只是,人间有。《水龙吟》 想必春天不会衰老,人却愁春老去,忧愁该是人间才有。 二句写惜春,却揭示出一条自然规律:春天循环往复,是永远不去的,是人们多愁善感,害怕"春老"而发愁。 抒情而融以说理,具有浓厚的理性成分。

无穷官柳,无情画舸,无根行客。《忆少年》 官柳:官府种植的柳,此指运河畔所植柳树。画舸(gě):装饰华丽的大船。行客:作者自指。 运河畔的杨柳无边无际,无情的画舸只知载人离去,客乡的游子好似无根之木漂泊无定。 三句写离别愁绪,却无"离别"二字,而以排比句式,三个"无"字冠顶,抒情达意,十分警绝。

黯黯青山红日暮,浩浩大江东注。余霞散绮,回向烟波路。《迷神引》 黯:深黑色。注:流注。散绮:散布的罗绮。绮:带花纹的丝织品。 青山渐渐变深黑,太阳将要落下;江水向东浩荡奔腾,晚霞像散布的罗绮,回头驶向烟雾苍茫的水路。 几句描写船上所见江山景色,色彩绚烂,于动态中见出宏伟气象。

宋·周邦彦

叶上初阳干宿雨,水面清圆,一一风荷举。《苏幕遮》 宿雨:昨晚的雨。清圆:形容荷叶又清润又圆。 初升的太阳照干了叶面上隔夜的雨珠,水上片片荷叶清净圆润,迎着晨风亭亭而立,犹如被擎举着。 二句描绘荷叶之态,得其神理,曲尽其妙,故有"言情体物,究极工巧"之誉(王国维《人间词话》)。

风老莺雏,雨肥梅子,午阴嘉树清圆。《满庭芳》 莺雏:幼莺。嘉树:树的美称。清圆:形容树影。 黄莺的幼鸟在暖风里渐渐长成,枝上的梅子受雨水浸润而长得肥硕，阳光下树影那样清晰圆正。二句描绘江南初夏景色的秀美，极为细密。

叹年华一瞬，人今千里，梦沉书远。《过秦楼》　年华：时光，光阴。可叹光阴瞬间流逝，情人相隔千里，思梦沉沉，音信杳然。　二句写静夜怀人，于平淡中见离苦难抑。

燕子不知何世，入寻常、巷陌人家，相对如说兴亡，斜阳里。《西河》　寻常巷陌：平常的街道。燕子不知人世变化，飞向普通街巷人家，在夕阳的余晖里相对呢喃不已，仿佛在诉说王朝的盛衰兴亡。几句隐括唐刘禹锡《石头城》、《乌衣巷》的诗意而成，通过景物的变幻，抒发了沧桑之感。可见作者"善融化诗句，如自己出"（张炎《词源》）。

愁一篇风快，半篙波暖，回头迢递便数驿，望人在天北。《兰陵王》　半篙波暖：半篙，指撑船的竹篙插入水中近半。波暖，指春天水暖。迢（tiáo）递：遥远貌。天北：因被送者南去，故曰"天北"。　可恨顺风的小船如箭矢飞行，竹篙才插入春水中一半，回望已驶过几个驿站，离人已天各一方，无迹可寻。几句写离愁别恨，一个"望"字，凝聚了难言的凄苦之情。

乱点桃蹊，轻翻柳陌。多情为谁追惜？《六丑》　桃蹊、柳陌：桃树、柳树下的路径。　蔷薇花谢后，花瓣飞散在桃柳下的小路间乱扑乱舞，有哪一个多情的人惋惜它们。　几句抒发了惜花情绪，描绘落花狼藉之状，淋漓尽致。

天憎梅浪发，故下封枝雪。《菩萨蛮》　浪发：滥开。　苍天好像忌恨梅花开得太烂漫，故意落下大雪，盖满枝头。　二句以拟人手法，通过咏梅花雪景，含蓄地表达出思妇怀念亲人的惆怅、抑郁之情。

宋·晁冲之《临江仙》

相思休问定如何，情知春去后，管得落花无？《临江仙》　定如何：到底怎样了。情知：明知。　别问相思之情到底怎么样了，明知春天逝去后，缤纷的落花管不管？几句反映了作者追踪已逝的梦影而不得的无可奈何的心情，充满人生哲理，耐人寻味。

宋·徐俯

天生百种愁，挂在斜阳树。《卜算子》　天生就有那么多愁绪，黄昏落日时又挂在树梢间，驱之不去。

二句以景传情,透出苍凉之意。

春雨断桥人不度,小舟撑出柳阴来。《春游湖》　断桥:指河水上涨,淹没了小桥。度:过。　雨后水涨,淹没了小桥,行人无法过桥,好在有小船从柳阴中撑出来。二句写江南水国风光,纪实真切,兼有绝处逢生的妙境。

宋·朱敦儒

横枝依约影如无,但风里、空香数点。《鹊桥仙》　但:只。　横斜瘦劲的枝条似有若无,微风中点缀着几朵梅花。　二句咏梅,勾画出了一枝破寒乍开的梅花形象,逼真而富有特征。

诗万首,酒千觞,几曾着眼看侯王?《鹧鸪天》　觞(shāng):酒杯。几曾:何尝,哪儿。着眼:注目。平生志在作诗万首,豪饮千杯,哪儿把公卿王侯放在眼里?　表现了作者鄙视权贵,不屑躬身侯门的处世态度。

插天翠柳,被何人,推上一轮明月。《念奴娇》　翠柳直插夜空,柳梢上不知被何人推上了一轮明月?几句咏月,构思新颖奇巧。

洗尽凡心,相望尘世,梦想都消歇。《念奴娇》　凡心:指世俗之念。洗尽凡心俗念,再看红尘人世,虚

幻的梦想都消失了。　几句表达了作者在观赏自然山水时所体验到那种神超形越的感受。

宋·周紫芝

梧桐叶上三更雨,叶叶声声是别离。《鹧鸪天》　三更的夜雨打在梧桐叶上,叶叶声声都唤起离别的悲伤。　二句写别离之悲,从听觉着笔,典丽清新,含蓄委婉。

明朝且做莫思量,如何过得今宵去。《踏莎行》　不要再想明天怎么打发日子,要捱过今晚就是一件难事。　二句先撇开"明朝",再言"今宵"已难熬过,这种以远托近的手法,把深沉的别恨,凄怆的情怀,最充分地表达了出来。

宋·廖世美《烛影摇红》

塞鸿难向,岸柳何穷,别愁纷絮。《烛影摇红》　人似孤鸿,一去无影,难问行踪,但见岸边无尽的柳行,纷然的别愁如同乱絮一样。三句形象地表达了离愁别绪。

宋·李清照

知否? 知否? 应是绿肥红瘦。《如

梦令》　　绿肥红瘦：绿叶茂盛，花儿稀少。绿，代指叶。红：代指花。你可知道，你可知道，应该是绿叶更茂盛，红花更稀少。　　几句以极其精炼的语言，生动形象地描绘出了海棠在暮春雨后叶茂花残的景象，意味隽永，优美动人。

莫道不消魂，帘卷西风，人比黄花瘦。《醉花阴》　　消魂：同"销魂"，指愁闷、沮丧。黄花：指菊花。别说愁苦不伤神，西风把帘子掀开，人比菊花还要瘦得厉害。三句吟出了诗人独居的苦闷心情。"人比"句，借花喻人，新奇传神，意态形象立现，千古传诵。

寻寻觅觅，冷冷清清，凄凄惨惨戚戚。《声声慢》　　戚戚：忧愁苦恼。三句意为：我内心空虚、痛苦，若有所失，多少次欲寻求精神安慰，但四周只有秋色的寂寥和清冷，一派凄戚悲惨。　　几句写内心的伤痛，连用十四个叠字，不仅乐调音节如珠落玉盘，而且烘托出凄惨哀愁的氛围，显示了作者在艺术上大胆新奇的创造力。

天接云涛连晓雾，星河欲转千帆舞。《渔家傲》　　星河：银河。漫天铺满了云雾，犹如波涛滚滚，天将破晓，银河中闪烁的繁星如上千艘船儿扬帆远航。　　二句想象宏富，比喻生脱，别具雄浑、豪迈气格。

只恐双溪舴艋舟，载不动，许多愁。《武陵春》　　舴(zé)艋(měng)舟：像舴艋一样的小船。　　只恐怕双溪的小舟太小太轻，载不动心中许多愁。　　二句把抽象的"愁"写成有重量，船可载，既具体形象，又生动传神。

此情无计可消除，才下眉头，却上心头。《一剪梅》　　这种愁情无法排遣，刚刚舒展开眉头，竟又牵挂在心头。　　写离情难解，语浅而情深。

生当作人杰，死亦为鬼雄。《乌江》　　人杰：人中豪杰。鬼雄：鬼中的英雄。　　活着的时候要做人中豪杰，死了之后也要做鬼中的英雄。二句是对项羽不肯忍辱偷生、自刎而死壮举的热情赞颂，也是作者本人壮阔胸怀的抒发。

宋·郭茂倩《乐府诗集》

健儿须快马，快马须健儿。《乐府诗集·横吹曲辞·折杨柳歌辞》　　好骑手需要有好马，好马需要有好骑手。　　比喻必须有良好的客观条件，个人的才能才会显示出来。

君子防未然，不处嫌疑间。《乐府诗集·相和歌辞·君子行》　　君子应防患于未然，不要处在被人怀疑的地位。　告诫人们应远离是非之地,避免嫌疑。

年少当及时,蹉跎日就老。《乐府诗集·清商曲辞·吴声歌曲》　蹉(cuō)跎(tuó):光阴流逝,事情没有进展。　年轻的时候应当抓紧时间,虚度了年华人就衰老了。　劝勉人珍惜青春,切莫虚掷时日。

悲歌可以当泣,远望可以当归。《乐府诗集·杂曲歌辞·悲歌行》唱悲哀的歌曲可以暂时代替哭泣,远望自己的故乡可以当作回到自己的家乡。　表现久离家乡而不能归的无奈、悲痛的心情。

宋·陈与义

杏花疏影里,吹笛到明天。《临江仙》　月光映照,我坐在杏花稀疏的影子里,吹起笛子,直到天明。二句将静与动、光与影、色香与声响融汇成一片幽美的境界,衬托出诗人的闲情雅兴和疏宕的情怀,因之被誉为"爽语"(王世贞《艺苑卮言》)。

孤臣霜发三千丈,每岁烟花一万重。《伤春》　孤臣:失势无援的臣子,作者自指。霜发三千丈:形容愁思之深。霜发,形容白发如霜。

烟花:指春日秾丽的景色。一万重:极言其盛。　我这个被贬的臣子愁白了头发,哪有兴致把秾丽的春色赏看。　表现了作者深深的忧国之情。

宋·张元幹

怅望关河空吊影,正人间、鼻息鸣鼍鼓。谁伴我,醉中舞?《贺新郎》　吊影:形影相吊,顾影自怜。吊,悲伤。鼻息:鼾声。鼍(tuó)鼓:用鼍皮做的鼓。鼍,扬子鳄。"谁伴"二句:借用《晋书·祖逖传》中祖逖与刘琨闻鸡起舞的典故。几句意为:满怀惆怅,远眺山河,我空自形影相吊,可叹世人懵懂,此时早已鼾声如雷,睡得烂熟,除了你又有谁伴我闻鸡起舞。几句饱含爱国激情,也抒发了自己壮怀不为世人所了解的悲叹。"慷慨悲凉,数百年后,尚想其抑塞磊落之气"(《四库总目提要》语)。

欲挽天河,一洗中原膏血。《石州慢》　膏血:指血肉。　我要用天河之水,洗净中原沦陷区的血腥。　二句表现了恢复国土、扭转局势的强烈愿望,豪气浮动,音调慷慨悲壮。

底事昆仑倾砥柱,九地黄流乱注。

聚万落千村狐兔。《贺新郎》 底事：何事，什么缘故。昆仑：昆仑山，为黄河发源处。砥(dǐ)柱：砥柱山。此喻北宋王朝。九地：遍地。黄河乱注：黄河水流泛滥成灾，以此喻金兵入侵给人民带来的灾难。落：村落。狐兔：喻金兵。几句意为：为什么昆仑天柱黄河砥柱突然倾倒了，黄河浊流到处泛滥成祸。无数村落空无一人，只有成群的狐与兔横行。 连用三个比喻写中原沦陷后满目疮痍、百姓流离失所的惨象，比拟形象，感情色彩鲜明。

目尽青天怀今古，肯儿曹恩怨相尔汝。《贺新郎》 肯：岂肯。儿曹：小儿辈。尔汝：你。 遥望天空，思索古往今来世事之变，怎能像儿女之辈，只知沉浸于个人的恩怨呢？ 这是作者送别遭迫害友人时的共勉之语，表明两人不止是私交，而首先是放眼天下、救国主战的同志。

宋·岳飞

三十功名尘与土，八千里路云和月。《满江红》 尘与土：形容微不足道。八千里：指转战跋涉，征程遥远。 三十年的人生，功名事业不过如尘土般微不足道；数千里的征程，披星戴月，转战南北。二句感慨功名未就，神州未复，乃是愤激之语。

莫等闲、白了少年头，空悲切。《满江红》 等闲：轻易、随便。空：徒然。 切莫轻易地虚度年华，不然，年老之后，再悲伤也无济于事了。 二句以明白晓畅的语言表达了急于立功报国的宏愿，而且极富哲理性。

欲将心事付瑶琴，知音少，弦断有谁听。《小重山》 瑶琴：用美玉装饰的琴。 本想以弹琴表达自己报国雪耻的心事，但可惜知音太少，即使弹断了琴弦，又有谁来欣赏呢？

宋·岳珂《桯史》

卧榻之侧，岂容他人鼾睡。《桯史·徐铉入聘》 在自己睡觉的床铺旁边，怎么能容忍别人熟睡得打呼噜！ 喻指在自己的势力范围内决不允许异己势力存在。

宋·洪迈《容斋随笔》

成也萧何，败也萧何。《容斋随笔·萧何绐韩信》 萧何：西汉时人，他曾荐举韩信为大将军，后韩信被诬告谋反,又是萧何骗其至京受诛。干成这件事的是萧何,败坏这件事的也是萧何。 比喻出尔反尔,反复无常。也用以说明事情的成败皆系于一人。

宋·陆游

无意苦争春,一任群芳妒。零落成泥碾作尘,只有香如故。《卜算子》 苦:极,竭力。碾(niǎn):碾磨或碾压。因为梅在驿外,落花当被驿车所压,故云。 原本就没有苦苦争占春色的意愿,全听凭百花去忌妒吧。花瓣落地化作了泥土,被碾成了碎片,惟有天生的花香永远不变。 几句借咏梅隐喻自己的不幸遭遇和高尚情操,抒发了苦闷、忧愤的心情。

此身谁料,心在天山,身老沧洲。《诉衷情》 天山:指祁连山,借指北方前线。沧洲:水边,代指江湖隐居之地。 我这一辈子怎会想到,心在边陲驰骋,人却老死江湖之上。 三句感怀身世,既反映出自己理想与现实相悖的矛盾痛苦,又蕴含着深厚的历史内容,发人深思。

桃花落,闲池阁,山盟虽在,锦书难托。莫! 莫! 莫!《钗头凤》 山盟:指立下永远相爱的誓言。锦书:书信。 鲜艳的桃花已凋谢,园内的池阁更冷落,相爱的誓言虽然铭记在心,却永远断绝了音书来往。不要再讲了! 不要再讲了! 不要再讲了! 这是陆游因与前妻(唐婉)见而复别写下的词句,肝肠痛断,简直是绝望撒手语。

山重水复疑无路,柳暗花明又一村。《游山西村》 重重山峦,条条溪水好像挡住了去路,可是,山回路转,又是一个绿柳成荫,山花烂漫的村庄出现在眼前。 二句描写了山村的自然风光。现常用来形容进入一个别有天地的境界,或形容绝路逢生的境况。

仁义本何常,蹈之则君子。《送子龙赴吉州掾》 仁义:仁爱和正义。蹈(dǎo):踩,实践。君子:品德完美的人。 仁义本来就不是天生固有的东西,只要认真实践,就可以成为君子。 意谓要具备高尚的品德,成为有修养的人,关键是要亲历亲为。

人生贵适意,富贵安可苟。《酒熟醉中作短歌》 适意:顺心,不违己志。苟:不正当地获取。 人生在世,最要紧的是做事顺乎本心,富贵哪能用不正当的手段获取。意谓做人要有主见,不能为外物所左右。

双鬓多年作雪,寸心至死如丹。《感事六言》　　丹：朱砂，色正红。两鬓多年前就已白得像雪，然而一颗爱国之心到死也是赤红的。表达了至死不变的爱国之心。

壮心未与年俱老，死去犹能作鬼雄。《书愤》　　鬼雄：鬼中的强者。我的雄心壮志并没有随着年龄的增长而衰退，死了以后还可以作鬼中的强者，继续和敌人斗争。二句充分体现了作者至死不屈的爱国精神。

丈夫贵不挠，成败何足论。《入瞿唐登白帝庙》　　挠(náo)：弯曲，喻屈服。论：考虑，理会。　　男子汉大丈夫最可贵的是百折不挠，事情成功与否不必老是挂念在心。意谓做事情应当扎扎实实，坚持不懈，不必计较成败。

小楼一夜听春雨，深巷明朝卖杏花。《临安春雨初霁》　　一夜间在小楼上听到春雨飘落，清晨深巷里就传来叫卖杏花声。　　二句刻画出了南方小城的春景，这十四字一气贯注，生动有致。

挥毫当得江山助，不到潇湘岂有诗。《予使江西时以诗投政府乞湖湘一麾会召还不果偶读旧稿有感》　　挥毫：指用毛笔书写。毫，毛笔。潇湘：湖南一带，此泛指世界，大地。提笔创作必须借助于山川景物，不到大自然的怀抱中去，怎能写出壮丽的诗篇。　　二句强调文学创作离不开生活，离不开实践。

汝果欲学诗，工夫在诗外。《示子遹》　　汝：你，指遹(yuè)，陆游幼子。在诗外：指生活实践。　　你真要想学作诗，就要在作诗之外多下功夫。　　意谓写诗不能只追求辞藻华丽，更要积累生活实践。

伤心桥下春波绿，曾是惊鸿照影来。《沈园》其一　　惊鸿：受惊的鸿雁。这里比喻体态轻盈的美人，即前妻唐婉。　　小桥下碧波荡漾更加使人伤心，这里曾映照过她美丽轻盈的情影。　　抒发了物是人非的伤感。现常用来表达旧地重游时对昔日恋人的思念之情。

古人学问无遗力，少壮工夫老始成。《冬夜书示子》　　无遗力：竭尽全力。　　古时的人们做学问是竭尽全力的，少壮时的努力到老年才看得出结果。　　说明求知、做学问必须勤奋努力，持之以恒，才能有所成就。

文章本天成，妙手偶得之。《文章》　　妙手：指语言文字造诣很深的人。好文章本来是自然成就的，作家的妙手偶然得到了它。　　指出诗文创作要自然，切忌故意造作、雕琢。有时也用以赞美他人的诗文写得好。

文章最忌百家衣。《次韵和杨伯子主簿见赠》　　文章最忌七拼八凑，好似穿了百家的衣服。 说明诗人贵在创新,切忌东抄西抄,凑合成文。

宋·何坦《西畴老人常言》

终身为善不足,一旦为恶有余。《西畴老人常言》 一旦:一时,喻极短的时间。 一辈子做好事也嫌不够,即使在很短的时间里做了坏事也嫌太多。 意谓人应当时时为善,不可一刻为恶。

节食则无疾,择言则无祸。《西畴老人常言》 节食:节制饮食,使有一定量。择言:选择言辞,喻出口谨慎。 节制饮食就不会有疾病,谨慎说话就不会招来灾祸。告诫人必须慎于言语。

人一己百,虽柔必强。《西畴老人常言》 别人做一次,自己就做一百次,长此以往,即使原来很柔弱,也会变得十分强壮。 说明要有过人的本领就得下超过别人的功夫。

美味多生疾疢,药石可保长年。《西畴老人常言》 美味:指味道上好的食物,喻顺耳的话。疾疢(chèn):疾病。疢,病。药石:药物的总称。药,方药。石,砭石。药、石皆治病。长年:长寿。吃香甜可口的食物常会生病,吃很苦的药品可以保证长寿。 喻指听顺耳的话只会贻害自己,听刺耳的话可以造福自身。二句话取意于《左传·襄公二十三年》:"臧孙曰:'季孙之爱我,疾疢也。孟孙之恶我,药石也。美疢不如恶石。……'"

宋·王质《游东林山水记》

天无一点云,星斗张明,错落水中,如珠走镜,不可收拾。《游东林山水记》 张明:放出亮光。收拾:拾取。 几句意为:天空晴朗,星斗极为明亮,参差错杂地映在水中,犹如明珠在水中滚动,不可拾取。 写夜里星映水中的景象,新颖活泼。

风起水面,细生鳞甲,流萤班班,若骇若惊,奄忽去来。《游东林山水记》 班班:犹言明亮。奄忽:迅疾。 微风吹动水面,荡起一片鳞甲状的细波,飞舞的萤火虫点点发亮,像是受到惊恐,迅疾飞来飞去。 文笔细腻生动,读来如临其境。

宋·杨万里

却是池荷跳雨,散了真珠还聚,聚

作水银窝,泻清波。《昭君怨》 跳雨:指雨打在荷叶上四处蹦跳。真珠:喻雨滴在荷叶上滚动之状。水银窝:形容雨珠在荷叶上汇聚之态。 几句意为:雨水打在池塘的荷叶上直蹦跳,叶上的雨珠恰似珍珠滚动,时散时聚,聚时又像水银窝闪闪发光,然后如清澈的水波倾入池中。 写池塘荷叶受雨的情状,绘声绘色,惟妙惟肖,清新活泼,情趣盎然。

小荷才露尖尖角,早有蜻蜓立上头。《小池》 荷叶在水面上刚刚露出一点嫩绿的尖角,便有戏水的蜻蜓停立在上头。 二句以灵活的笔调,描写平凡的景物,充满了生活气息。 现常用来形容人们对新事物的关注和热爱。

正入万山圈子里,一山放出一山拦。《过松源晨炊漆店》 正进入千千万万座山的圈子里面,一座山刚放人通过,另一座山又在前面阻拦。 写在群山中行路的感受,用语通俗,比拟活脱、巧妙。现常用以形容在前进道路上还有千难万险。

大波一跳入天半,粉碎银山如雪片。《池口移舟入江再泊十里头潘家湾阻风不止》 银山:喻掀起的波浪。波涛汹涌仿佛一跳到了半空中,而波涛落下时犹如银山粉碎,雪片纷飞。 写景层次分明,比喻奇美,夸张有力,是写波涛的千古佳句。

却有一峰忽然长,方知不动是真山。《晓行望云山》 长(zhǎng):这里指云峰变得高大。 忽见远处有一山渐渐高大,细看才知是变幻着的云彩,而不动的才是真正的高山。 写遥看云峰变幻的景致,生动活泼,很有趣味。

拼却老红一万点,换将新绿百千重。《又和风雨》之二 拼却:舍弃掉。老红:衰败的花。换将:换得。 除去枝头上的万片残花,换来成百成千的新生绿叶。二句写暮春时节花飘叶绿景色。原是讽刺当时朝中正臣遭受排挤,奸佞之人一时得势的情况。后常反用其意,喻指前辈不遗余力地引荐、培养新人。

闭门觅句非诗法,只是征行自有诗。《下横山滩头望金华山》 诗法:作诗的法则。征行:旅行。 闭门不出,终日搜索枯肠,这不是作诗的正确方法;要是出门游历,接触万事万物,自然会产生诗思。指出诗文创作必须和实践相结合。

见人之过,得己之过;闻人之过,得己之过。《庸言》 过:过错。见到别人的过错,就知道自己的过错;听到别人的过错,就知道自己的过错。 说明应当善于反躬自省,从别人的过失中得到借鉴,以免自己重蹈覆辙。

人之为善,百善而不足;人之为不善,一不善而足。《庸言》　不善:指恶事、坏事。　一个人做好事,就是做上一百件也是不够的;一个人做坏事,只要做一件就太多了。　鼓励人要多多为善。

学而不化,非学也。《庸言》　化:融会贯通。　学习而不能融会贯通,不是卓有成效的学习。

宋·朱熹

问渠那得清如许,为有源头活水来。《观书有感》　渠:它,指池塘。那得:怎么会。如许:这样。要问那水怎么会这般清澈?这是因为它的源头有活水不停地流来。现常用以说明只有不断地从生活中汲取营养,才能写出激动人心的作品。有时也用以赞美一个人在学术、艺术上的成就,有其深厚的渊源。

旧学商量加邃密,新知培养转深沉。《鹅湖寺和陆子寿》　旧学:已掌握的知识。邃(suì)密:深远精密。转:更加。深沉:深刻,充实。对已掌握的知识,不断研讨,以求更加深远精密;对于新的知识,努力进行钻研,以求更加深刻完备。指出求知识、做学问要温故知新,

商讨钻研。

万紫千红总是春。《春日》　绚丽多彩、争芳斗艳的百花,无不洋溢着春天的气息。　极概括地道出了春光无限美好。

书册埋头无了日,不如抛却去寻春。《出山道中口占》　成天埋头在书册里,永远没完没了,还不如抛却书本,到野外去寻春吧。　奉劝那些只知埋头攻读的人常到野外走走。

瀑布自前岩穴濆涌而出,投空下数十尺,其沫乃如散珠喷雾,日光烛之,璀璨夺目,不可正视。《百丈山记》　濆(fèn):指水由地下喷出。投:抛撒。烛:照耀。　几句意为:瀑布从前岩洞穴涌溢而出,自空而下洒落数十尺,水沫犹如散珠喷雾一般,在阳光照耀下,灿烂夺目,让人无法正眼去看。描绘瀑布飞流而下的情状,生动清新。

书不记,熟读可记;义不精,细思可精。唯有志不立,直是无著力处。《朱子大全·又谕学者》　无著力处:有力无处用。著,着。　书上内容熟读可以记住,书中意义细思可以精通。唯有那些未树立志向的人,即使有精力也无处可用。强调读书学习首先要树立志向,明确目的,否则很难学有所获、所成。

循序而渐进,熟读而精思。《朱子大

全·读书之要》 学习要依着顺序逐步深入，读书要反复阅读，并认真思考。 讲读书方法。成语"循序渐进"，本此。

大言不惭，则无必为之志。《四书集注·论语·宪问》 说大话而不感到羞愧，那就一定没有实践的决心。

即以其人之道，还治其人之身。《四书集注·中庸》 道：方法。治：整治。 就用那人对付别人的办法，回过来对付他自己。 意谓用对方采用的手段来予以回击。多用于针锋相对的对敌斗争中。

诗者，人心之感物而形于言之余也。《诗集传序》 心：指思想、感情。感物：受客观事物的感动。形：形成、表现。 所谓诗歌，就是诗人的思想和感情受到客观事物的感动而付诸于语言加以充分表现的东西。

心之所感有邪正，敬言之所形有是非。《诗集传序》 思想所接受的有邪恶和正确的东西，所以言语表现出来的有正确和错误的东西。说明言为心声，语言是心灵的窗户。

精神一到，何事不成？《朱子语类》八 精神集中，什么事情做不成？说明学习或做事必须专心致志，方能成功。

宋·张孝祥

尽挹西江，细斟北斗，万象为宾客。《念奴娇》 挹(yì)：汲取。西江：西来的长江。万象：天地间万物。 让长江水尽化酒浆，我要把北斗七星当作酒杯，邀请天地万物为宾客，纵情豪饮。 几句想象浪漫，气势豪迈，抒发了自己高洁、磊落的情怀。

念腰间箭，匣中剑，空埃蠹，竟何成！时易失，心徒壮，岁将零。《六州歌头》 匣(xiá)：指剑鞘。埃蠹(dù)：指宝剑长期不用，积满灰尘，剑鞘也被虫蛀蚀。蠹，蛀虫。几句意为：感叹腰间的弓箭，套子里的宝剑，久久搁置不用徒然地蒙上灰尘，被蠹虫蛀蚀，我竟然一事无成，心中惆怅，时光容易流逝，一年将尽，空怀报国壮志又有什么用！ 几句抒发了作者报国无门的愤懑之情。

世路如今已惯，此心到处悠然。《西江月》 世路：世俗的生活之路。已惯：见怪不怪。悠然：安闲自适。 对于世俗的生活之路，自己已见怪不怪，心境无论何处都会感到安闲自适。 二句实乃蕴含了诗人备受生活挫折后的辛酸和痛苦，因此看似平淡，却意境深厚,耐人品味。

满载一船秋色,平铺十里湖光。
《西江月》　船儿满载着秋色,行驶在湖中,水面广阔而平静,亮光闪烁。　　二句生动地描绘了秋色湖光,也反映出作者的喜悦之情。

宋·辛弃疾

青山遮不住,毕竟东流去。《菩萨蛮》　毕竟:最终还是。　青山是阻挡不住的,江水终究会冲破包围,滚滚东流。　　原喻指收复北方,统一祖国是一定能实现的。现常用来说明历史的发展是不以人的意志为转移的,任何阻挡历史车轮前进的企图,都是注定要失败的。

把吴钩看了,栏干拍遍,无人会,登临意。《水龙吟》　吴钩:一种弯形的刀,古代吴地所制,此指代宝刀。会:领会,理解。　　我把宝刀看了又看,栏干拍了一行又一行,有谁能领会我登临的心绪情意。　　几句以具有典型意义的动作,宣泄英雄无用武之地的苦闷,以及世无知音的悲愤,后人称其"裂竹之声,何尝不潜气内转"(清·谭献《词辨》)。

众里寻他千百度,蓦然回首,那人却在,灯火阑珊处。《青玉案》　度:次。蓦(mò)然:突然,猛然。阑(lán)珊:零落,将尽。　　我在人群中一遍又一遍地寻找她,总也找不见,猛然回头一看,原来她在灯火冷落的角落里。　　几句借对孤标不群的女子的追求,表现了作者在政治失意后,不肯随波逐流、趋炎附势的孤高性格。　现常用来比喻对问题从不清楚而达到豁然开朗的过程。

旧恨春江流未断,新恨云山千叠。《念奴娇》　离别旧怨,好似一江春水流不尽,又添新恨,就像云山堆成万千叠。　　写男女别后引起的愁恨,透视出一股悲壮郁勃之气,故清人陈廷焯称"'旧恨'二语,矫首高歌,淋漓悲壮"(《白雨斋词话》)。

一轮秋影转金波,飞镜又重磨。《太常引》　秋影:秋天的月亮,此指中秋节的月亮。金波:指月光。飞镜:喻月亮。　　中秋圆月放射出万道金波,它是那样的明亮,就像是晶莹透亮的铜镜刚刚磨过。　以铜镜喻月亮,生动而又贴切,绘出中秋月的迷人之美。

少年不识愁滋味,爱上层楼。爱上层楼,为赋新词强说愁。《丑奴儿》　层楼:指高楼。强(qiǎng):勉强。　　年轻时我不懂忧愁的滋味,才喜欢登上高楼。

喜欢登上高楼,为的是追求新奇,勉强赋诗写愁。　几句写少年时代不懂人生艰辛、无忧无虑而登楼赋诗,无病呻吟的情态,十分传神。

更能消几番风雨?匆匆春又归去。《摸鱼儿》　消:经受,经得住。再无法经受更多的风雨,春天匆匆离去。　二句看似说花落春归,实含有时代之痛,身世之悲。

江头未是风波恶,别有人间行路难。《鹧鸪天》　未是:不算是。别有:另有,更有。　江上的风浪还不算险恶,人世间的道路,那才更艰难凶险呢!　这是作者屡遭迫害打击后发出的感慨,并以此告诫友人,语重心长。

却将万字平戎策,换得东家种树书。《鹧鸪天》　平戎策:平定异族入侵的方略。东家:东邻。种树书:农书,表示归田。　曾向朝廷书奏了上万言的抗敌良策,如今只落得种树栽花田园里。　作者报国壮志中途夭折,因于诙谐幽默中寓有满腔悲愤,令人扼腕喟叹。

稻花香里说丰年,听取蛙声一片。《西江月》　稻花香中蛙声叫成一片,声声似在说好个丰收年。二句调动了视觉、听觉与嗅觉,宣染丰收在望的景色,反映出作者欣然乐观的心态。

千古兴亡多少事,悠悠。不尽长江滚滚流。《南乡子》　悠悠:指迢迢不断的样子。　古往今来有多少兴亡的历史上演,漫长而悠远,就像眼前这流不尽的长江滚滚向前。　感慨今昔,情调沉郁。

了却君王天下事,赢得生前身后名。可怜白发生。《破阵子》　了却:完成。天下事:指收复中原的大事。身后:指死后。　要完成君王平定天下的愿望,博得生前死后不朽的功名。只可叹我已经白发生。　前二句为"壮语",末了感情陡转,一落千丈,作者壮志难酬的悲愤便加倍震撼人心。

宋·陈亮

尧之都,舜之壤,禹之封,于中应有,一个半个耻臣戎。《水调歌头》　都:都城。壤:土地。封:封疆。尧、舜、禹:都是传说中的上古帝王。耻:耻于。臣戎:向异族称臣。　几句意为:被敌人践踏的中原,原是尧的故都,舜的国土,禹的封疆,其中一定会有耻于向金人称臣的志士。　以连珠式的排比句喷薄而出,一气贯注,洋溢着强烈的民族自豪感和抗金必胜的信心。无怪乎后人评曰:"精警奇肆,几于握拳透爪,可作中兴露布(檄文)读。"(清·陈廷焯《白雨斋词

话》）

恨芳菲世界，游人未赏，都付与、莺和燕。《水龙吟》 恨：遗憾。芳菲：指花草香美。 遗憾的是这芳菲世界却没有游人观赏，全都交与莺和燕去领受了。 几句借景抒情，思念中原失地，痛惜、惆怅之情都在言外。

疑则勿用，用则勿疑。《论开诚之道》 可疑的人就不要任用，既任用了就不要怀疑。 意谓对任用的人要充分信任，放手使用。

工贵其久，业贵其专。《耘斋铭》 工：通"功"，事。 做事贵在持之以恒，对事业贵在用心专一。说明做任何事都要心恒志专。

宋·陆九渊

学所以开人之蔽，而致其知。学而不知其方，则反以滋其蔽。《象山先生全集·送杨通老》 蔽：迷惑不解。方：方法。 学习是为了打开头脑中迷惑不解的地方，使人明白。如果学习不懂方法，会反而使人更加迷惑不解。 指出学习要有效果，掌握正确的方法至关重要。

人各有能有不能，有明有不明。若能为能，不能为不能，明为明，不明为不明，乃所谓明也。《象山先生全集·与曹立之书》 人有的有能力，有的没有能力，有的聪明，有的不聪明。如果有能力就表现为有能力，没有能力就承认没有能力，聪明的就表现为聪明，不聪明的就承认不聪明，这就是所谓的明智。 说明人的聪明和能力都是有限的，必须客观、正确地认识自己，这才是明智之举。

束书不观，游谈无根。《语录上》 束书：捆书，束之高阁之意。游谈：与人谈论。 捆起书不读，与人交谈就会漫无所据，不能说服人。说明读书之重要。

积思勉之功，旧习自除。《语录上》 积累起思考、学习的功夫，陈旧的陋习自然会除掉。 指出勤思考，多学习，才能辨是非，提高自身的修养。

人生天地间，如何不植立。《语录下》 植立：指有所建树。人生临世界，为什么不有所建树。意谓人生在世，应当有所作为。

自明，然后才能明人。《语录下》 自己明白，然后才能使别人明白。这是做事学习应遵循的准则。

不可自暴、自弃、自屈。《语录下》 暴：糟蹋，损害。弃：鄙弃。屈：屈服。 不能自己糟蹋自己，自己鄙弃自己，自己使自己屈服。鼓励人应当自强不息，奋发向上。

宋·刘过

拂拭腰间,吹毛剑在,不斩楼兰心不平。《沁园春》 拂拭(shì):擦。吹毛剑:形容剑锋利,吹毛可断。楼兰:汉时西域的鄯善国,在今新疆维吾尔自治区内。此指金侵略军。 擦亮腰间的利剑,要用它斩尽侵略者,以平心中的愤慨。几句表示出渴望恢复中原的壮志和信心。

黄鹤断矶头,故人曾到否?旧江山浑是新愁。《唐多令》 黄鹤断矶:武昌西北有黄鹤矶。断矶,形容矶头荒凉。浑:全是。 这黄鹤楼西北的断矶,过去的朋友不曾到此吧,而今江山依旧,愁意却处处如新。 抒发了江山依旧,人事已非的感慨,语气婉转而心情沉重,含不尽之致。

天时地利与人和,"燕可伐欤"曰"可"。《西江月》 "天时"句:《孟子》:"天时不如地利,地利不如人和。""燕可"句:战国时燕国发生内乱,齐国大臣沈同私下询问孟子:"燕可伐欤?"孟子认为燕君既然已失民心,当然可伐。 天时地利人和都已具备,可出行征伐了么?回答:可以! 意谓南宋各方面条件已备齐,可以开始伐金了。

用典恰合时势,极为巧妙。

宋·姜夔

数峰清苦,商略黄昏雨。《点绛唇》 商略:商量,此作酝酿解。 几座山峰萧疏、苍凉地矗立,仿佛一起在酝酿着黄昏的冷雨。 二句以拟人手法写景,妙在虚处。

春未绿,鬓先丝,人间别久不成悲。《鹧鸪天》 几句意为:春天还没有染绿花草树木,鬓间的白发已提前到来,人间相别太久,便无法感觉愁痛。 写离别之悲由表露转为内蕴,尤为深沉。

燕燕飞来,问春何在,唯有池塘自碧。《淡黄柳》 燕燕:燕子。燕子飞来,询问春在何处,只见花落春尽,仅有池塘水绿了。 几句以拟人手法写春愁,更见愁情之重。

算空有并刀,难剪离愁千缕。《长亭怨慢》 并刀:并州(今山西太原)产剪刀,以锋利著称。 纵使有并州锋利的剪刀,又怎能剪尽千缕离恨,万条愁肠。 形象地表达了作者离恨别愁之难以排遣,言辞俊健,意境苍凉。

长记曾携手处,千树压西湖寒碧。《暗香》 我常回忆起曾和她携手同游处,西湖岸边梅花成林,与凛寒的湖水相映成趣。　二句不仅寓含了人去物非的感喟，也把西湖胜景描绘得形象传神。

嫣然摇动，冷香飞上诗句。《念奴娇》　嫣（yān）然：形容女子笑容，这里指荷花摇曳的样子。荷花妩媚地摇动着身段，清冷香味触动了词人诗兴，被写入了美好的诗句。　二句咏荷花，写得别出心裁。

人所易言，我寡言之；人所难言，我易言之。《姜氏诗说》（一作《白石道人诗说》）　寡：少。　人家很容易说出来的，我就少说；人家难以说出来的，我就用容易理解的话表达出来。　意谓搞创作不能跟在别人后面亦步亦趋，而应当独辟蹊径，有所创新。

宋·叶绍翁《游园不值》

春色满园关不住，一枝红杏出墙来。《游园不值》　满园的春色是关不住的，一枝红艳的杏花冲破樊篱伸出墙外。　二句写春景，十分清新。　现常用后句比喻新生事物冲破禁锢茁壮成长。

宋·徐玑《行秋》

小溪清水平如镜，一叶飞来细浪生。《行秋》　溪水流淌，清澈如镜，这时一叶飞来，飘落水中，溅起细细的波浪。　二句细腻而生动地描绘出溪清叶落的秋景。

宋·林升《题临安邸》

山外青山楼外楼，西湖歌舞几时休？《题临安邸》　西湖：杭州市著名风景区。休：停止。　青山外又有青山，高楼外还有高楼，西湖岸畔的轻歌曼舞何时才能罢休？二句抨击南宋统治者醉生梦死，苟且偷安。　现常用前句形容风景一处比一处好，或比喻强者外还有强者。

宋·汪莘

铁可折，玉可碎，海可枯。不论穷达生死，直节贯殊途。《水调歌头》　穷达：失意和得志。直节：正直不阿的气节。殊途：不同的道路。几句意为：铁可以折，玉可以碎，海可以枯。不论失意、顺心，不管是生是死，时时处处都应当保持正直不阿的节操。　语言铿锵有力，态度坚定不移。

对孤峰绝顶，云烟竞秀，悬崖峭壁，瀑布争流。《沁园春》　一座座山峰劈地摩天,四周彩云缭绕,轻烟缥缈,聚散多变,瀑布竞相从悬崖峭壁上飞流直下。　　几句咏黄山,严整工巧,文辞简括,状难状之景如在目前。

宋·戴复古

千首富,不救一生贫。《望江南》富:多。　　我写下了千首之多的诗歌,却无法改变一辈子清苦的生活。　　二句以精练的语言,极写自己辛酸的一生,生动地反映了封建时代有才华文人的不幸遭遇。

浪说胸吞云梦,直把气吞残虏,西北望神州。《水调歌头》　浪说:慢说。胸吞云梦:司马相如《子虚赋》:"吞若云梦者八九,于其胸中,曾不芥蒂(不觉其有)。"云梦,古大泽名,跨今湖南湖北。长江以北称云泽,长江以南包括今洞庭湖称梦泽。神州:本指中国,此指中原沦陷区。　　别只说胸中能吞纳云梦,你更有吞灭金虏的气概,朝着西北时时眺望沦陷的中原。表现了作者誓灭金虏的爱国抱负。

宋·普济《五灯会元》

放下屠刀,立地成佛。《五灯会元》卷

十九　屠刀:宰杀牲畜的刀。立地:立即。　　放下手里的屠刀,马上就可以成佛。　　原为佛教劝人改恶从善的话,现常用来说明作恶的人已决心悔改,或劝戒某些人停止作恶。

路见不平,拔刀相助。《五灯会元》卷五十　　路上遇见不公平的事,拔出刀来帮助被欺压的人。　　形容勇于打抱不平。

只重衣衫不重人。《五灯会元》卷五十四　　只看重人的衣着,不看重人品。　　说明人很势利,光凭对方穿着好坏决定如何对待。

男大当婚,女大当嫁。《五灯会元》卷五十七　　男子成年后应当娶妻,女子成年后应当出嫁。　　指出男女成年后婚嫁,是理所当然,人之常情。

宋·史达祖

飘丝快拂花梢,翠尾分开红影。《双双燕》　　红影:指花影。春燕轻快地掠过花枝顶端,绿色的尾翼像剪刀似的把花影蓦地剪开。二句咏燕,将其穿花渡影的形态表现得极其生动。

烟蓑散响惊诗思,还被乱鸥飞去,秀句难续。《八归》　　秀句:指词人的诗思。　　烟雨中渔翁披着蓑

衣撒网的声响,激发了诗歌的灵感,群鸥低飞掠过,又将诗思截断。几句借景传情,暗示心绪纷乱,再也无心吟诗。

宋·黄机《霜天晓角》

草草兴亡,休问功名,泪欲盈掬。
《霜天晓角》　草草:草率。盈掬(jū):满捧,形容泪多。　不要问历史上常有的无数兴亡,功名未就,让人止不住泪水流淌。　几句表达了对南宋统治者的失望与怨恨,又是对自身的沉痛悲泣。

宋·刘克庄

未必人间无好汉,谁与宽些尺度。
《贺新郎》　世上未必没有治国安邦的栋梁之材,谁能放宽标准,举用人才呢?　二句含蓄地谴责了南宋统治者腐败无能,又不量才选贤,奋发图强。

旁观拍手笑疏狂,疏又何妨?狂又何妨?《一剪梅》　疏狂:狂放不羁。　众人拍手笑我狂放不羁,放恣又如何?狂傲又如何?几句表露了诗人毫不忧谗畏讥的放逸胸怀,以口写心,肺腑洞见,气势迫人。

醉里偶摇桂树,人间唤作凉风。《清平乐》　桂树:相传月中有桂树高五百丈(唐·段成式《酉阳杂俎》)。喝醉了偶然把月中桂树摇晃,人间都说:"这一阵大风好凉!"　二句咏月而不离民生,以浪漫的幻想,寄托对清平世界的向往。

常恨世人新意少,爱说南朝狂客,把破帽年年拈出。　南朝狂客:《晋书·孟嘉传》载,一年重阳节,孟嘉参加僚友的宴会,酒席间,一阵风吹落了他的帽子,他没有察觉。友人写了篇文章嘲笑他,他亦取笔作答,文辞起卓,四座惊叹。拈(niān):用手指取物。　几句意为:常常令人遗憾的是,那些文人墨客不求创新,只要咏重阳节总是说到南朝狂客,老是把孟嘉落帽的典故搬出来,年年如此。　嘲讽、批评了当时文坛毫无创新的不良风气。

洛阳三月花如锦,多少工夫织得成。《莺梭》　阳春三月的洛阳,繁花如锦似绣,这美好的图景要花多少功夫才能织成啊!　二句以问话的形式,写出了洛阳繁花似锦的春光,构思活泼而有风趣。现常用以说明美好的前景要靠艰苦劳动才能实现。

宋·吴潜《满江红》

报国无门空自怨,济时有策从谁吐。《满江红》　　一心报效祖国,却不被重用,徒留一腔怨恨;本有匡救时事的良策,可又能向谁去倾吐呢?　　二句揭露了封建社会压抑和摧残人才的黑暗现实。

宋·吴文英

落絮无声春堕泪,行云有影月含羞,东风临夜冷于秋。《浣溪沙》柳絮无声无息地飘落,像是春在暗自落泪,月亮不时被云影遮掩,仿佛羞答答不爱露面。梦醒时东风临夜,感觉比深秋更寒冷。　　几句抒写作者的怀人之情,寓情于景,含蓄不尽,耐人寻味。

何处合成愁?离人心上秋,纵芭蕉不雨也飕飕。《唐多令》　　心上秋:心秋合写为"愁"字。　　你要问我这愁字怎讲?是一个"秋"字压在离人心上。纵使不下雨,芭蕉也在秋风中飕飕作响。　　前二句以拆字法写羁旅怀人,末句再以萧瑟秋景烘托离愁,可谓辞情婉转,咀之有味。

楼前绿暗分携路,一丝柳,一寸柔情。《风入松》　　绿暗:绿柳成荫,颜色转深。分携路:指分手的地方。分携,分手。　　楼前那分手处已被绿意笼罩,一枝枝杨柳的柔条,勾起我柔情无限。　　几句借柳怀人,因物赋情,语淡而情深。

水涵空阑干高处,送乱鸦斜日落渔汀。《八声甘州》　　水涵空:远水与天空相连。灵岩山旁有涵空洞,下瞰太湖。涵,包容,包含。　　站在高处的栏干旁远眺,但见天水一色,斜阳里乱鸦飞落渔汀。　　二句把作者的无限沧桑之感,身世之慨,尽都融入景中,于超逸的笔调中见出沉郁之思。

宋·黄升

风流不在谈锋胜,袖手无言味最长。《鹧鸪天》　　风流:此指才学、文采。谈锋胜:指能说会道。袖手无言:指置身事外寡言少语冷眼旁观。　　一个人是否有学问、才学,不在于雄谈善辩,而寡言少语,成竹在胸才有韵味,更能令人玩味不尽。　　说明人的涵养在于内在美,并不是华而不实的夸夸其谈。

夜来能有几多寒?已瘦了梨花一半。《鹊桥仙》　　几多:多少。　　一夜中能有多少寒冷?梨花竟掉了一半。　　生动曲折地反映了作者的惜花之情。

宋·刘辰翁

春去,最谁苦? 但箭雁沉边,梁燕无主,杜鹃声里长门暮。《兰陵王》
春去:象征南宋的灭亡。箭雁:以受箭伤的雁比喻受到创伤的南宋君臣。沉边:指元军主帅伯颜把南宋君臣带往北方事。梁燕无主:梁上寻觅旧巢的燕子,失去了主人。这里借指亡国后无主可依的官民。长门:汉宫名。汉武帝时,陈皇后贬居的冷宫。这里指宋亡后临安的宫殿。　几句意为:春天走了,谁最辛酸? 只见中箭的大雁飞落边境,梁上的燕子失去了主人。杜鹃声里,长门宫又到了黄昏。几句表达了亡国之痛,思国之悲,难怪清人陈廷焯说:"词是悲宋,曲折说来,有多少眼泪。"(《白雨斋词话》)

梦从海底跨枯桑,阅尽银河风浪。《西江月》　枯桑:此用沧海变桑田的故事(见《神仙传》)。银河风浪:借指世事剧变的人间风浪。睡梦中经历了沧海桑田的变化,看尽了人间的风风雨雨。　二句不是一般的人生感叹,反映了作者在宋亡后眷念故国的悲痛感情。

宋·文天祥

堂堂剑气,斗牛空认奇杰。《酹江月》　堂堂:形容宝剑光芒四射。剑气:古代传说,好剑有精气直冲上天。斗牛:指北斗星和牵牛星。据《晋书·张华传》载,张华看到斗、牛之间有股紫气,去问懂天文的雷焕。焕曰:"宝剑之精,上彻于天耳。"并推测宝剑在丰城(今属江西),后果然在那里挖出一双宝剑。二句意为:光芒直冲云霄的宝剑,白白把我当作了报国杀敌的奇男子;英勇肝胆,可与剑气同贯星空。自责中可见诗人以天下为己任的博大胸襟。

为子死孝,为臣死忠,死又何妨。《沁园春》　死孝:死于孝。　儿子应该为孝顺父母而死,臣子应该为忠于国家而亡,这样死去又何妨。几句借歌颂双忠,表明了作者的生死观。

镜里朱颜都变尽,只有丹心难灭。《酹江月》　朱颜:指年轻的容貌。丹心:赤心,忠心。　从镜子里可以看出自己年轻的容颜已完全改变,只有报国的赤心至死不渝。二句展现了一个民族英雄的崇高心灵。

人生自古谁无死,留取丹心照汗

青。《过零丁洋》　　丹心：赤心。汗青：古时在竹简上写字，先将竹简放在火上烤干，以防蛀，称汗青，后引申为史册。　　自古以来，有谁能长生不死？我要留下一颗精忠报国的赤心，永远闪耀在青史上！表现了作者视死如归的英雄气概。

时穷节乃见，一一垂丹青。《正气歌》　　时穷：局势危困。穷，困窘。节：气节。见：通"现"。垂：留传。丹青：指史册，古时以丹册纪功，以青史纪事。　　局势艰危之时，才能显现出一个人的气节，他们永远记录在史册里，留传下来。

宋·罗大经《鹤林玉露》

读十遍，不如写一遍。《鹤林玉露·甲编·手写九经》卷之一　　意谓写比读更能加深记忆。

住世一日，则做一日好人；居官一日，则做一日好事。《鹤林玉露·甲编·好人好事》卷之二　　住世：生活在世上。居官：担任官职，做官。　　人活在世上一天，就要做一天好人；当一天官，就要做一天好事。告人力争做好人，多做好事。

心无愧怍，则无入而不自得；心无贪恋，则无往而不自安。《鹤林玉露·甲编·小官对移》卷之四　　愧怍(zuò)：惭愧，此指令人惭愧之事。

自得：自己觉得得意。自安：自己内心踏实。　　心里没有抱愧之事，那么无论到什么地方也不会不感到得意；心里没有贪恋之念，那么无论去什么地方也不会不感到踏实。　　意谓心底无私天地宽。

学不必博，要之有用；仕不必达，要之无愧。《鹤林玉露·甲编·学仕》卷之五　　仕：做官。　　学识不一定多么广博，关键要能够解决实际问题；官位不一定特别显要，但要能问心无愧。　　说明学习要学以致用，当官要无愧于事和人。

富贵何足求，节操为可尚。《鹤林玉露·甲编·伯夷传赤壁赋》卷之六　　尚：崇尚，注重。　　富贵有什么值得求取的，节操才是应该看重的。　　意谓节操重于财富。

成人不自在，自在不成人。《鹤林玉露·乙编·朱文公帖》(引谚语)卷之三　　成人：指事业成功的人。自在：放纵，放任。　　人要有所成就，就不能放任自己，放任自己，便不会有成就。　　说明必须严于律己，刻苦努力，才能干出一番事业。

一日一钱，千日一千。《鹤林玉露·乙编·一钱斩吏》卷之四　　一天拿一文钱，一千天就拿走一千文钱。原指窃钱罪大，现可说明积少成多的道理。

知善非难，行善为难。《鹤林玉露·丙编·蘧伯玉》卷之一　　知道什么是好事并不难,难的是亲自做好事。 强调做好事不在于说和知,重要的是做。

知贤非难,用贤为难。《鹤林玉露·丙编·蘧伯玉》卷之一 知道有才德的人并不难,难的是能任用有才德的人。 指出对于人才了解了还不够,更重要的是敢于启用。

劳则思,思则善心生;逸则淫,淫则恶心生。《鹤林玉露·丙编·诚斋夫人》卷之四 勤劳就会思虑,思虑了,就会萌发仁善之心;安逸就会淫乱,淫乱了,就会萌发邪恶之心。说明要避恶求善,就须舍逸取劳。语本《国语·鲁语下》:"民劳则思,思则善心生;逸则淫,淫则忘善,忘善则恶心生。"

宋·王沂孙

千古盈亏休问,叹慢磨玉斧,难补金镜。《眉妩》 慢:同"漫",意为徒,空。金镜:喻月亮。 别再问自古以来月亮的圆缺,可叹的是,白白的磨了玉斧,今夜的缺月难以修补。 借咏缺月难补,抒发了山河破碎,疆土难复的哀愁。

水远,怎知流水外,却是乱山尤远。《长亭怨》 乱山尤远:指友人更在乱山之外。 流水本已源远流长,谁知道流水之外,乱山更

远。 几句通过想象,转换空间,生动地表现了对远方友人的思念之情。

宋·蒋捷

流光容易把人抛,红了樱桃,绿了芭蕉。《一剪梅》 流光:光阴如水流逝。 光阴流逝,无情地把人抛弃,转眼间樱桃红了,芭蕉绿了。三句寄托了作者滞留他乡,思归不得的愁情,于写景中展现出一种清妍潇洒之美,语言清新、流丽,读来朗朗上口。

担子挑春虽小,白白红红都好,卖过巷东家,巷西家。《昭君怨》 卖花人的担子虽小,却挑着春光,各色各样的鲜花朵朵都好看,他卖过街巷东边,又来到街巷西边。几句写卖花人辛勤地把春光送遍了街巷。"挑春"二字语意新巧,形象生动。

宋·谢枋得

志之所在,气亦随之;气之所在,天地鬼神亦随之。《叠山集·与李养吾书》 志:意志。气:气节。所在:存在的地方。 一个人有了意志,气节也就会随之存在;始终

保持气节,连天地鬼神都会顺从。强调一个人必须要有志气。

大丈夫行事,论是非不论利害,论逆顺不论成败,论万世不论一生。

《叠山集·与李养吾书》　大丈夫:此指有作为的人。　有作为的人做事,要注重于是非曲直而不必计较个人的利害得失,要注重于是否顺应民心而不必强调个人事业的成败,要注重于历史的发展而不必顾及个人短暂的一生。　几句理明词畅,理直气壮。

宋·张炎

和云流出空山,甚年年净洗,花香不了。《南浦》　甚:无义,轻缓文气(张相《诗词典语辞汇释》)。春水和白云一起流出空旷的山谷,它年年不停地冲洗流淌,而两旁的花香永远洗不掉。　几句写山溪中之春水,运笔空灵,不乏动态美。诗人因此词而得"张春水"之雅号。

写不成书,只寄得相思一点。《解连环》　孤雁排不成字样,书信写不成,寄去的相思情如雁影只有一点。　二句借咏孤雁寄托故国之思,构思奇巧,词意委婉。

莫向长亭折柳,正纷纷落叶,同是飘零。《声声慢》　长亭:送别之地。折柳:古人有折柳送别的习俗。　不要在长亭折柳送别,此时正落叶飘零,恰与自己身世飘零相同。　几句表现了与友人离别之痛及自己孤独飘泊之苦。

宋·郑思肖

所谓诗,所谓文,实国事、世事、家事、身事、心事系焉。《心史总后序》　世事:社会上的事。　所谓诗文,实际都与国家的事、社会上的事、家庭的事、自身的事、心中的事相联系的呀。　说明脱离现实的创作是不存在的。

纸上语可废坏,心中誓不可磨灭。

《心史总后序》　纸上语:指作者所著《心史》中的诗文。心中誓:指抗元复国的决心。　纸上写的文字可以废掉,但抗元复国的决心决不可磨灭。　文字朴实,语意精深。

宁可枝头抱香死,何曾吹落北风中。《寒菊》　宁愿含着芳香枯萎在菊枝上,什么时候曾被那北风吹落?　二句借咏菊花,表达了作者坚守民族气节,不向敌人投降的决心。现常用来比喻革命者宁死不屈的无畏气概。

辽·金·元

金·吴激
《愈甫索水墨以诗寄之》

烟拂云梢留淡白,云蒸山腹出深青。《愈甫索水墨以诗寄之》　　山腹:指群峦叠嶂之间。　　云烟缥缈拂过云的梢端,留下一片淡白;云雾在群峦间蒸腾而出,呈现深青色。　　二句写景有浓有淡,宛如一幅秀美的水墨画。

金·刘迎
《题吴彦高诗集后》

万里山川悲故国,十年风雪老穷边。《题吴彦高诗集后》　　万里山川:指远离家乡,山川相隔。故国:故乡。老穷边:客居异域边地,终老一生。　　身居远隔万里的异域他乡,令人倍感思乡之悲;经历了十年风雪的磨难,只能终老边地。二句怜叹吴彦高久留金国,充满对诗人不幸的同情。写得浑朴庄重。

金·王若虚
《评东坡山谷四绝》之四

文章自得方为贵,衣钵相传岂是真。《评东坡山谷四绝》之四　　自得:自有所得。衣钵(bō):法衣和钵,比喻前代作家的风格。　　文章只有自己创新体、立新意才算可贵,沿袭前人怎能算是真正的创作?　　意谓文章贵在创新,而不能局限在古人的框子里。这是作者关于创作的一个基本思想。

金·元好问

秋风不用吹华发,沧海横流要此身。《壬辰十二月车驾东狩后即事》之二　　华发:白发。沧海横流:比喻社会动荡不安。　　秋风不用吹动我的满头白发,挽救国家的危难局势需要我去尽心竭力。　　二句表现了作者不恤年老,依然忠心报国的高尚情怀。

爱惜芳心莫轻吐,且教桃李闹春

风。《同儿辈赋未开海棠》之二　且教：暂且听任。　海棠十分珍重自己的花蕊，从不轻易吐露，暂且让那妖艳的桃李在春风中嬉闹吧。二句赋予海棠矜持、自重、谦让的品格，也寄寓着作者自己的胸怀。

一语天然万古新，豪华落尽见真淳。《论诗三十首》之四　天然：形容诗语平朴之至。豪华：指华丽辞藻。真淳：真实淳朴。　（陶渊明）诗语言平易自然，万古常新，华丽的字句去掉之后，就会显出真实淳朴的本色。　二句虽是赞美晋代陶渊明的诗歌创作，其实也是评价一首好诗的标准。

眼处心生句自神，暗中摸索总非真。《论诗三十首》之十一　神：此指精彩。暗中摸索：犹言苦思冥想。　作诗要眼有所见，心有所感，这样写出的诗句自然会精彩，苦思冥想写出的作品，不会真切感人。指出要写出好的作品，必须深入实践，写自己耳闻目睹、有所感受的东西。

纵横自有凌云笔，俯仰随人亦可怜。《论诗三十首》之二十一　俯仰随人：人俯己俯，人仰己仰，比喻别人怎么做自己也怎么做。　二句意为：任何人都可以手握凌云大笔纵横挥洒，跟在别人后面亦步亦趋真是太可怜了。　说明每个人应当根据自己的实际情况写出具有独特风格的作品，绝不能一味模仿他人。　前句本自唐代杜甫《戏为六绝句》诗之一"凌云健笔意纵横"。

金·董解元《西厢记》

月色溶溶夜，花阴寂寂春。《西厢记》　溶溶：月光荡漾的样子。寂寂：寂寞冷落。　春夜月光荡漾，花阴处人感寂寞冷落。　这是张生至莺莺居处侧近口占二十字的前十字，借咏叹春夜月色，表现了张生的寂寞和对爱情的追求。

此时风物正愁人，怕到黄昏，忽地又黄昏。《西厢记》第一折　风物：风光景物。愁人：使人愁。　此时眼前的景物让人愁，心里怕到黄昏时刻，忽然黄昏却已降临。几句借景传达出张生欲见情人却难见的微妙心态。

元·王恽《平湖乐》

江山信美，终非吾土，问何日是归年？《平湖乐·采菱人语隔秋烟》　信：确实。　江山诚然秀美，然而终非自己的家园，真不知何日何年才能返回自己的故乡。　表达了作者迫切的思乡之情。

元·脱脱等《宋史》

天变不足畏，祖宗不足法，人言不足恤。《宋史·王安石传》　天变：天象变化，指日蚀、月蚀、地震等。祖宗：指古时传下来的旧传统。法：效法。人言：指流言蜚语。恤：顾虑，忧虑。　天象变化不必畏惧，古时的那些旧传统不必效法，人们的流言蜚语不必顾虑。三句体现了王安石一往无前的改革精神。

大事不糊涂。《宋史·吕端传》　对大的事情头脑清楚，不糊涂。说明对大的原则问题态度明确，毫不含糊。

"莫须有"三字何以服天下。《宋史·岳飞传》　莫须有：意谓"也许有"。　"也许有"这三个字怎么能使天下人信服呢？　原是抨击秦桧对岳飞的诬陷，现常用以指出凭空捏造罪名害人的伎俩是骗不了人，难以服众的。

元·无名氏

宁可信其有，不可信其无。《盆儿鬼》杂剧楔子　宁可相信那件事是真有的，而不可相信它没有。言下之意相信比不相信好。现常用来劝人为应付事情的多变而作准备，以防意外。

先小人，后君子。《合纵记》杂剧　意谓先做小人把丑话（条件）讲在前头，以后再做君子讲交情，讲规矩。　现常用以今后自己要按原则办事的谦辞。

强中自有强中手。《赚蒯通》第三折　本领高强的人中间自然还有本领更为高强的人。　说明人不可自满，自傲，天外有天，山外有山。

江山易改，本性难移。《谢金吾》第三折　山河容易改变，人的习性很难改变。　强调人的思想、习惯、个性、作风是长期形成的，很难改变。

人心不足蛇吞象。《冤家债主》楔子　贪心不足的人，就像蛇想吞食大象一样可笑。　喻指人的贪得无厌。

人不可貌相，海水不可斗量。《小尉迟》杂剧第二折　相：察看，判断。　人不能凭外表来估量，就像海水不能用斗来量一样。意谓考察和评价一个人不能只看表面。

留得青山在，不怕没柴烧。《看钱奴》杂剧第二折　只要保留住青山，就不怕没有柴火烧。　比喻只要保留住基本条件，成事就不愁没有希望。

不读书有权,不识字有钱,不晓事倒有人夸荐。《朝天子·志感》曲
　　夸荐:夸奖和推荐。　　不读书却手中有权,不识字却囊中有钱,不谙于事还受到人们的赞扬和举荐。三句揭露了当时社会黑白颠倒的腐败现象,可谓深刻。

善有善报,恶有恶报,不是不报,时辰未到。《来生债》杂剧第一折
　　报:报应。时辰:时候,时机。行善有好的报答,为恶则有坏的报应;当时未报,不等于不报,而是时候还没有来到。　　四句劝人行善戒恶。

元·卢挚《中吕喜春来·和则明韵》之三

春来南国花如绣,雨过西湖水似油。《中吕喜春来·和则明韵》之三
　　春天到来,南方的花儿好像锦匠织绣,雨过天晴,西湖波光粼粼,浓绿似油。　　二句描绘南方春景的秀美,一"绣"一"油",诗人情味,尽寓其中。

元·关汉卿

花有重开日,人无再少年。《窦娥冤》杂剧楔子　　花儿凋谢后还有重开的日子,人老了就不会再有青春时光了。　　告戒人们要珍惜青春年华,不要虚掷时光。

为善的受贫穷更命短,造恶的享富贵又寿延。《窦娥冤》杂剧第三折
　　更:又。　　为人处世心地善良的人贫苦困穷并且寿命短暂,心地险恶做尽坏事的人却过着富乐尊贵的生活并且寿命久长。　　二句把当时那种是非颠倒的本质一针见血地揭露出来。

君子千言有一失,小人千言有一当。《包待制智斩鲁斋郎》杂剧第一折
　　有学问的人说一千句话不免有一处失当,平庸的人说一千句话也会有一句很中肯。　　意谓君子之言并非都是真理,小人之言也并非全无可取之处。说明对君子之言不可盲目信从,对小人之言不可不屑一顾。

着意栽花花不发,等闲插柳柳成阴。《包待制智斩鲁斋郎》杂剧第二折
　　着意:用心。等闲:随便,不经心地。　　用心种花,花却没有成活,随意在地上插上一枝柳条,却长出了柳树,有了树荫。　　喻指成心办的事没办成,无意中的行动却产生了结果。

芳槿无终日,贞松耐岁寒。《望江亭中秋切鲙》杂剧第一折　　芳槿(jǐn):有香气的木槿花,此花早上开放,下午凋谢。　　气味芬芳的木槿

花连一天也坚持不了就凋谢了,坚贞的松树却可以在严寒季节翠色不减。　喻指优裕条件下的爱情不一定牢固,只有经历了艰苦的磨难,爱情才能保持久远。

不求同日生,只愿同日死。《关大王独赴单刀会》杂剧第三折　不能求得同一天降生,却希望同一天死去。说明情谊之深。

儿孙自有儿孙福,莫为儿孙作远忧。《蝴蝶梦》楔子　后辈人自有他们自己的福分,不要为他们的前程忧虑。　指出老一辈不必过分为儿孙后辈操劳,操心,他们的前程应通过自己的努力去创造。

一夜夫妻百日恩。《救风尘》杂居第三折　百日:形容时间久远。一经结为夫妻,就有历久不衰的深厚感情。　形容夫妻感情深厚。

我是个蒸不烂,煮不熟,捶不扁,炒不爆,响当当一粒铜豌豆。《南吕一枝花·不伏老》散曲　连用四个叠句,反复取譬,以表达誓与恶势力抗衡到底的决心,也体现了作者强烈的战斗精神。

东洋海洗不尽脸上羞,西华山遮不了身边丑。《杜蕊娘智赏金线池》杂剧第二折　东洋海:泛指东方的海洋。西华山:即华山,古称西岳,五岳之一,在今陕西省华阴县南。东洋海水之大,却洗不尽脸上的羞耻,华山之高,但遮不住身边的丑

恶。　以夸张的手法形容着重丑显,再也无法粉饰掩藏了。

耕牛无宿料,仓鼠有余粮。《王闰香夜月回春园》(一作《钱大君智勘绯衣梦》)杂剧头折　宿料:过夜的草料。拉犁耕地的老牛没有过夜的草料,官仓的老鼠却有吃不完的粮食。二句通过耕牛和仓鼠的鲜明对比,深刻揭示了劳动人民和统治阶级的对立。

元·钟嗣成

有钱的高贵,无钱的低微。《一枝花·自叙丑斋》曲　低微:细小,比喻地位低下。　二句深刻揭示了当时社会金钱至上的丑恶风气。

木上节难镑刨,胎中疾没药医。《一枝花·自叙丑斋》曲　节:树木等的枝干连接处。镑(páng)刨:指用刀斧等砍削。镑,削。医:治疗。　树干上生长枝杈的地方难以用刀斧削平,胎中带来的疾病没有药物可以医治。　喻指人的禀性难移。

元·王实甫《西厢记》

系春心情短柳丝长,隔花阴人远天涯近。《西厢记》第二本第一折　春

心：喻爱恋之心。情短：意谓爱得不够。　我对你的爱远远不够，和柳丝的长相比反倒显得浅短。我很想亲近你，隔着花阴你好似那么遥远，相比之下，"天涯"反倒显得近了。　二句是莺莺相思心迹的吐露，表现了她一心想见张生的炽烈情感。

恭敬不如从命。《西厢记》第二本第三折　同对方恭敬客套，还不如顺从对方的要求。　多用于客套话，表示愿意按对方的要求、意见去做。

恨相见得迟，怨归去得疾。《西厢记》第四本第二折　迟：晚。疾：快，匆促。　怅恨彼此相见之晚，更抱怨你离我而去如此匆促。二句写出了许多恋人们的共同心理。

遍人间烦恼填胸臆，量这些大小车儿如何载得起？《西厢记》第四本第三折　遍：整个。胸臆（yì）：指内心。量：估量。这些大小：这么小。　整个人间的烦恼充塞内心，思量这么小的车如何载得动。极写烦恼之多。

我这里开时和泪开，他那里修时和泪修。《西厢记》第五本第一折　开：折开。修：写信。　我这里一边打开信一边流泪，他那里一边写信一边流泪。　以想象之词写莺莺对张生的爱情，感人至深。

元·马致远

看密匝匝蚁排兵，乱纷纷蜂酿蜜，急攘攘蝇争血。《双调夜行船》曲　密匝匝（zā）：密密麻麻地，一圈又一圈地。急攘攘（rǎng）：着急而纷乱的样子　看那些争名夺利之徒，像密密麻麻的蚂蚁排列战阵，像乱哄哄的蜜蜂酿蜜，又像急切纷乱的苍蝇争着吮血。　三句勾勒出了争名夺利者的丑恶形象，比喻妥帖生动。

枯藤老树昏鸦，小桥流水人家。古道西风瘦马。夕阳西下，断肠人在天涯。《越调天净沙·秋思》　昏鸦：黄昏时归巢的乌鸦。断肠人：指漂泊流浪，充满忧伤的旅人。天涯：天边。　枯藤缠绕着老树，枝头上伫立着归鸦无数。小河上架着孤零零的小桥，旁边居住着三两人家。西风吹过荒凉的古道，一匹瘦马在艰难地彳亍。夕阳西沉，天色渐暮，断肠的客子独行在天涯的长途。　这首小令起首三句十八字共九个名词，亦无一虚词，九种不同景物极和谐地组织在秋天夕阳之下，而秋天的旅思羁愁则通过景物自然呈现出来。末句点明主旨，情景交融，妙合无垠，故被称为"秋思之祖"（周德清《中原音韵·小令定格》）。

**梅花笑人休弄影,月沉时一般孤
零。**《寿阳曲》　梅花笑人:为"笑人
梅花"的倒装。弄影:使影子随着
自身晃动。　笑人的梅花啊,你
不要得意地晃动着身影,月儿西下
时,你也和我一样孤零零。　以
梅喻人,写女子独守空闺的深怨,
曲折有致,语淡而韵远。

千军易得,一将难求。《汉宫秋》杂剧
第二折　成千兵士容易征集,一
员将领却难寻求。　说明真正
的人才不易得到。

元·张可久

故人何在,前程莫问,心事谁同。
《人月圆·客垂虹》曲　故人:指前
代贤人。心事:乡思客愁。
前贤不知何处,自己的前程不必多
问,心事也不知与谁相同。　意
谓身居客乡,朋友难找,掌握不了
自己的命运,更无人理解心中的乡
思客愁。　三句表现了漂泊的
诗人孤独凄凉之感,写得沉郁
悲凉。

西风吹得闲云去,飞出烂银盘。
《人月圆·中秋书事》曲　烂银盘:
喻明月。　西风把浮云扫开一
旁,顿时现出了银盘似的月亮,发
出灿烂的光芒。　写中秋之月,

一"去"一"出",极具动感,令人精
神为之一振。

**文章糊了盛钱囤,门庭改做迷魂
阵,清廉贬入睡馄饨。**《醉太平·无
题》曲　迷魂阵:指迷魂的妓院。
睡馄饨:元人俗语,这里当指系于
身间的藏财用的褡裢。元马致远
《陈抟高卧》杂剧"穿着这紫罗袍似
酒布袋,执着这白象笏似睡馄饨"。
三句意为:再好的文章,不过用来
封糊装钱的囤帘,清白的门庭,不
惜改作迷魂的妓院,哪里去找什么
"清廉",全都打入了藏财的褡裢。
此乃愤世之语,刻画了物欲横流、
寡廉鲜耻的社会腐败情状,真是入
木三分。

**伤心秦汉,生民涂炭,读书人一声
长叹。**《卖花声·怀古》　秦汉:秦
代和汉代,泛指一代代。涂炭:苦
难深重,好像陷入泥泞、落入炭火中
一般。　历史一代代总是伤心,
老百姓生活在水深火热之中,读书
人只能发出长长的叹声。　表现
了作者对百姓苦难的无奈和同情。

元·马谦斋
《柳营曲·叹世》

**手自搓,剑频磨,古来丈夫天下
多。青镜摩挲,白首蹉跎,失志因
衡窝。**《柳营曲·叹世》曲　摩挲

(suō)：抚摩。蹉(cuō)跎(tuó)：虚度光阴。衡窝：简陋的栖身之所。衡，衡门，即横木为门。　我反复地搓着手，跃跃欲试，又一次次地磨着佩剑。古往今来，天下有多少豪杰男子，可我抚摩着铜镜，见到满头丝丝白发。光阴徒然流逝，我仍困窘在贫居陋室，无法施展抱负。　几句慨叹有为之士不为所用，庸碌而老，埋没终生。

元·白朴

不因酒困因诗困，常被吟魂恼醉魂。《阳春曲·知机》曲之三　酒困：被酒所困扰。吟魂：吟诗之思。醉魂：酒醉思绪。　不是因为被酒所困扰，而是因为被诗所困扰，常常被创作之思扰乱了醉酒之念。表明作者的诗歌创作欲望之强烈，甚至冲淡了浓厚的饮酒兴趣。

从来好事天生俭，自古瓜儿苦后甜。《喜春来·题情》曲　俭：少。从来都是天降好事的时候少，自古以来瓜儿总是先苦后甜。　喻指做什么事情都不是轻而易举的，而必须经过波折，付出辛勤的努力，然后才能实现。

对人娇杏花，扑人飞柳花，迎人笑桃花。《庆东原》　娇媚对人的是杏花，飞舞扑人的是柳花，笑靥迎人的是桃花。　三句将春花各自的妍态描摹得栩栩如生，入木三分。

元·姚燧《凭阑人·寄征衣》

欲寄君衣君不还，不寄君衣君又寒。寄与不寄间，妾身千万难。《凭阑人·寄征衣》曲　妾：女子自指。想给征夫寄冬衣，又担心他有了冬衣仍戍守边地不回家团圆，不寄吧，又心疼征夫天寒衣单被冻着。是寄还是不寄，自己左右为难。本篇以"熨帖细微"取胜，表现出闺中思妇的怨恨，以及对丈夫的无限深情，不失为元散曲中的佳作。

元·吴昌龄

青萍一点微微发，万树千枝和根拔。《风花雪夜》杂剧第二折　青萍：浮萍。宋玉《风赋》："夫风生于地，起于青蘋(萍)之末。"　风起于青萍之末时非常微弱，但狂怒起来万棵大树连根拔。　说明凡事都有从弱到强的过程，应当防患于未然。

心病还须心药医。《风花雪月》杂剧第二折　心病：常指内心不好直说的隐痛或隐情。　思想上的病症，还必须用针对这种病症的药来医治。　说明解决思想问题要对症下药。

元·纪君祥《赵氏孤儿》

人无害虎心，虎有伤人意。《赵氏孤儿》杂剧楔子　人没有伤害老虎的心思，老虎却有伤害人的意图。喻指坏人心地险恶，必须提防。

成则为王，败则为贼。《赵氏孤儿》杂剧第五折　成功的人就称帝王，失败的人就被称为贼寇。　说明人们是以成败论英雄的。

元·张养浩

无官何患，无钱何惮，休教无德人轻慢。《山坡羊·述怀》曲　患：忧虑。惮（dàn）：怕。休教：莫使。轻慢：不敬重，蔑视。　没有官位，有什么值得忧虑的？没有金钱，有什么值得惧怕的？切莫没有德行让人瞧不起。　意谓良好的德行是人立身的根本，而官位和金钱相比之下是微不足道的。

伤心秦汉经行处，宫阙万间都做了土。兴，百姓苦。亡，百姓苦。《山坡羊·潼关怀古》　宫阙：宫殿。可怜秦汉两朝当年所在地，万座宫殿终成一片废墟。王朝兴盛，苦的

是老百姓，王朝灭亡，苦的也是老百姓。　几句表现了作者对劳苦大众的同情，尤其是后两句大声鞭挞、鞭辟入里的论断和呼喊，更令人警醒，在古代诗歌作品中也是不多见的。

元·揭傒斯

但令全活众，妻子任长贫。《送人赴广州医官》　但令：只要使。妻子：妻和子女。任：听任。长：永远。　只要能让广大百姓存活，妻子儿女永远贫困也心甘情愿。二句表现了作者自甘清贫，一心为民的高尚情怀。

安得天下之吏廉且循，庶政如水无冤民。《燕氏救兄》　安得：怎样才能得到。循：守法。庶政：各种政务。　怎样才能使天下的官吏清廉守法，行政像水一样平正，不再有蒙冤受屈的人呢？　二句反映了作者对弊政的憎恨和对廉明政治的企盼。

宁揖屠狗人，不与俗士当。《赠王郎》　揖（yī）：拱手行礼。屠狗人：杀狗的人，泛称卑贱之人。俗士：指热衷功名的人。当：平等相处。　宁愿对屠狗人拱手作揖，也不同热衷功名的鄙陋之士对等相处。　二句表达了作者对钻

营名利者的痛恨和其清高的情怀。

宁上山头种禾黍,莫向他乡作羁旅。《送黄五舅得武陵校官还辰州寓居省侍》　禾黍(shǔ):粟和黍,泛指庄稼。羁旅:作客他乡。　宁愿在家乡山头上种植禾黍,也不要去异域他乡作旅客。　意谓他乡再好,终究比不上家乡亲切温暖。

因众者可以显立功,忘己者可以广得贤。《与尚书右丞书》　因:依靠。显:著。忘己:忘记自己,指不自恃自矜。广:多。　二句意为:依靠众人的力量,可以建立伟大的功劳,不自恃自矜,可以得到众多贤才的支持。　说明人要有所建树,一要得到大家的支持,也要谦以待人。

得众者昌,寡助者亡。《与尚书右丞书》　寡助:少有人支持、帮助。得到众人的帮助,就能强盛,失去众人的帮助,必然败亡。　说明众人力量所向,决定事情的成败。

千尺之松,不蔽其根者,独立无辅也;森木之林,鸟兽群聚者,众林咸济也。《与尚书右丞书》　咸济:全都出力接济。　高达千尺的松树,之所以不能遮蔽自己的根部,是因为它孑然而立,没辅株;树木茂密的森林,之所以鸟兽成群,是因为各种大树一起出力。喻指刚愎自用无济于事,只有利用众多贤才的智慧和力量,才会大有

作为。

元·范梈《王氏能远楼》

人生万事须自为,跬步江山即寥廓。《王氏能远楼》　跬(kuí)步:半步,跨一脚,相当于今一步。寥(liáo)廓(kuò):高远空旷。　人生在世,一切事情必须自己努力去做;只要坚持不懈,一步一步地走也能走出一片广阔天地。　指出任何人只要愿从小事做起,不懈努力,必能有所收获。

元·王冕

不要人夸好颜色,只留清气满乾坤。《墨梅》　清气:清香的气味,比喻清高的气节、操守。乾坤:天地。　墨梅不需要人们赞扬它姿色美好,只要留下清香的气味充满人间。　二句借咏墨梅,抒发了作者不迎合世俗,保持高尚节操的心志。

安得壮士挽天河,一洗烦郁清九区。《悲苦行》　安得:怎样才能得到。壮士:膂力过人的人。挽:引。天河:银河。烦郁:烦恼忧愁,比喻百姓所受的苦难。九区:九州,全中国。　怎样才能得一

个勇武过人的人,让他把银河之水引下来,冲洗干净人间全部烦恼忧愁,使全国百姓清心安宁。　二句以奇特的想象,表达了作者对处于水深火热之中的人民的深切关注和同情。

疏花个个因冰雪,羌笛吹他不下来。《素梅》之五十八　疏花:疏疏落落的梅花。羌笛吹:古代笛曲有《梅花落》一名,这里是实指,而不是用其曲名。　疏疏落落的几枝白梅,一朵朵花儿像一团团冰雪,即便吹起羌笛,他也不下来。二句看似咏梅,实则表现了作者身处困境而决不趋炎附势的意愿。

元·高明

光阴似箭摧人老,日月如梭趱少年。《琵琶记·丞相教女》　日月如梭:太阳和月亮像织布机上的梭子一样穿来穿去,形容时间流逝之快。趱(zǎn):赶。　时光就像飞箭一样流逝,催赶着人们衰老,太阳和月亮有如穿梭,来去不止,促推着年轻人。　意谓时光易逝,少不重来。提醒人必须珍惜时

光,争取有所作为,否则一事无成,后悔无及。

不是一番寒彻骨,争得梅花扑鼻香。《琵琶记·旌表》　彻骨:透到骨头里,形容程度极深。彻,通"透"。争得:怎么会得到。争,怎么。梅花如果不经过一番彻骨严寒的磨难,怎么会有扑鼻的芳香。喻指人只有经过一番艰苦的磨难,才可以有所成就。

上山擒虎易,开口告人难。《琵琶记·祝发买葬》　告:请求,求助。上山捉虎很容易,开口求人却非常难。　二句夸张地写出求人的不易,突出了人情的淡漠。

元·孟汉卿《魔合罗》

画虎画皮难画骨,知人知面不知心。《魔合罗》杂剧第一折　就像画虎画皮要画出它的骨骼很难一样,可以知道一个人的外貌,却不容易知道他的内心。　意谓人心不易测知。明施耐庵《水浒传》第四十五回作"画龙画虎难画骨,知人知面不知心"。

明·清

明·施耐庵《水浒传》

农夫心内如汤煮,楼上王孙把扇摇。《水浒传》第十六回　　王孙:泛指贵族子弟。　　庄稼人心急如焚,公子王孙却在高楼上摇扇取凉。二句深刻揭露了封建统治者不顾人民死活,只知自己享受的丑态。

人无刚骨,安身不牢。《水浒传》第二十四回　　刚骨:喻骨气。　　人没有坚强的骨气,立身就不坚定。说明凛然骨气对人生的重要性。

有缘千里来相会,无缘对面不相逢。《水浒传》第三十四回　　有缘分,两人相隔千里也能会面;没有缘分,彼此即使打个照面也跟没有遇到一样。　　说明巧合往往对事情产生很大的作用。

明·宋濂

禾黍必刈其稂莠,而后苗始茂;白粲必去其沙砾,而后食可餐。《进大明律表》　　刈(yì):割。稂(láng)莠(yǒu):有害的杂草。白粲:精纯的白米。　　稻米要苗壮地成长,就要先除去有害的杂草;白米要可口,就要先拣出米里沙砾。　　二句原是比喻必须先铲除奸佞,国家才能治理得更好。现也喻指先排除干扰因素或解决事先存在的小问题,事情才能向正确的方向发展。

尝一滴之咸,而知沧海之性;窥寸隙之光,而见日轮之体。《松风阁记》　　尝了一滴海水,就知道海水咸的本性;看到从缝隙里透出来的一点光,就知道太阳的光辉灿烂的样子。　　二句比喻由局部而推知全部,意同"窥一斑而知全豹"。

珠玉随风,冰雪在口。《药房樵唱序》　　(语言)如珠玉随风流转般顺畅,如冰雪含在口中般雅洁。　　二句形容语言清丽雅洁。阅读这样的文字,令人神清气爽,会产生一种心灵的愉悦感。

玉卮无当,其质虽美,弗适于用也。《送刑部尚书李公新除浙江省参知政事序》　　卮(zhì):古代的酒具。当(dàng):器物的底部。　　美玉制成的酒杯,却没有杯底,它的质地虽然美,却很不实用啊!　几句比喻人或物华而不实,虽外表华美精致,却无任何实用价值。

十指而掩日月之光,一口而没沧溟之水。《传法正宗记序》　掩:遮住。沧溟:大海。没:喝尽。　用十根手指就想遮住日月的光辉,一口就想喝掉大海的水。　二句原喻指文人以偏见相诟病。　现在多形容自不量力,做事妄想一蹴而就。

目能察黑白而不见其睫;必能识壮耄而不觉其形。《燕书四十首》　耄(mào):八九十岁,形容年纪很大。　眼睛能分辨黑白,却不能看到自己的睫毛;心能够察觉到壮年、老年,却无法察觉自己的身形。　二句形容一个人再聪明,有时候也难以清楚地了解自己。　说明自己最熟悉的地方或缺点,也会被自己忽视,因此,人贵有自知之明。

鸡司晨,犬警夜,虽尧舜不能废。《蘿山杂言》　司晨:公鸡报晓。　鸡在早晨报晓,狗在晚上警戒,这都是他们的长处,即使是尧舜这样的贤明君主,也不能抹煞。　二句强调小技有益,微善可采。指出每一个人都有其长处优点,即便微小,也不可忽视或抹煞,而应充分利用,扬起其长,避其短。

心散于博闻,技贫乎广蓄。《积书微第十》　博闻:指见多识广。广蓄:把各种东西一起收进来。知道的东西太多,心就容易分散;掌握的技艺太多,反而不能精湛。指出博而不精,广而不专,不足取,而要在精于一技的基础上再丰富自己的知识和技能,才能更好地发挥自己的才能。

尺薪不能温镬水;寸冰不足寒庖厨。《演连珠》　镬(huò):古代的锅。　一尺柴火不足以烧热一锅水;一寸冰不足以冷却整个厨房。二句比喻力量微弱,不能改变大局。

明·刘基

野梅烧不尽,时见两三花。《古戍》大火焚烧不能使野梅绝迹,居然还能时时见到三两朵梅花傲然独立。二句赞美野梅的顽强旺盛,与“野火烧不尽,春风吹又生”,颇有异曲同工之妙。

有伯乐而后识马,有匠石而后识梧槚。《照玄上人诗集序》　匠石:古代名石的巧匠,后泛指能工巧匠。梧、槚(jiǎ):良木。　有了慧眼识才的伯乐,骏马良驹才能被发现;有了匠石一样的能工巧匠,良木美树才能被发现。　二句喻指人才的发现,前提是要有识才者。

金玉其外,败絮其中。《卖柑者言》金玉:比喻华美。败絮:破棉花。外表像金玉般华美,内里尽是破棉絮。　比喻虚有其表及外表好而实质坏的人或物。

虎之跃也,必伏乃厉;鹄之举也,必拊乃高。《拟连珠》　厉:猛。鹄(hú):天鹅,似雁而大,颈长,飞翔甚高,羽毛洁白。拊(fǔ):拍击。老虎跳跃,一定要伏下身体才能跳得猛;天鹅飞翔,一定要双翅拍击才能飞得高。　二句比喻厚积才能薄发,学习、工作必须要有充分的准备,才能成功。

物有甘苦,尝之者识;道有夷险,履之者知。《拟连珠》　夷:平。履:踏、践。　东西是苦是甜,亲自尝过的人才知道;道路是平坦是危险,亲自走过的人才明白。　二句强调实践才能出真知。

骅骝、绿耳以之运磨,不若蹇驴之能;干将莫邪以之刈草,不若钩镰之利。《拟连珠》　骅(huá)骝(liú)、绿(lù)耳:良马名,周穆王八骏之二。蹇(jiǎn):跛。干将、莫邪:古名剑名,相传是春秋时吴人干将、莫邪所铸,锋利无比,是绝世宝剑。用骅骝、绿耳这样的名驹来拉磨,还不如跛脚的驴有用;用干将莫邪这样的利剑来割草,还不如铁钩镰刀锋利。　几句是说使用东西,任用人才,一定要扬长避短、物尽其用。

剪采为葩,不可以受风雨;画布为函,不可以当戈戟。《拟连珠》　采:彩色丝织品。葩(pā):花。

函:铠甲。当:抵挡。　用彩色丝绢扎成的花经不起风吹雨打,画在布上的铠甲不能抵挡锋利的兵器。"剪采为葩"、"画布为函"就是我们常说的"纸老虎",有其形而无其实。虚假的东西经不起考验,终有现出原形的时候。

三军一心,剑阁可以攻拔;四马齐足,孟门可以长驱。《拟连珠》　剑阁:四川剑门关,有"剑门天下险"之说。孟门:古山名,春秋时期晋国的要隘,在今河南省辉县以西。三军团结一心,即便是险要的剑阁也能攻破;马匹步伐一致听指挥,即便是隘道孟门也能长驱直入。二句比喻齐心合力,再困难的事情也能做成。

以一介之微挫其锋于顷刻,是何异乎以唾灭火,以瓠捍刃也。《郁离子》　介:通"芥",小草,比喻细微或微末的事物。瓠(hú):葫芦。想凭借芥草微弱的力量在顷刻之间挫败对手的锐气,无异于用唾沫灭火,用葫芦抵挡锋利的刀刃。几句批评做事急躁冒进,自不量力。

旱斯具舟,热斯具裘。《郁离子》斯:就。具:准备。　天气干燥的时候就要准备好船只,天气炎热的时候就要准备好皮衣。　二句强调防患于未然。

舟必漏也而后水入焉,土必湿也而后苔生焉。《郁离子》　船一定是因为有了漏洞，水才能进入；土一定是因为潮湿，才会长出苔藓。喻指人只有本身有了弱点，才会受制于邪恶之人。　说明必须严格要求自己，凡事要从自身找原因，并加以克服。

三悔以没齿，不如不悔之无忧也。
《郁离子》　三：泛指多。没齿：终身。　一辈子都在后悔，就无法体会到不后悔、无忧虑的幸福。指出与其事后总是后悔，不如事前提高自己的能力，做好充分准备。

以梧桐之实养枭而冀其凤鸣。《郁离子》　枭（xiāo）：鸟名，猫头鹰一类的鸟。凤鸣：《诗·大雅·卷阿》中说："凤皇鸣矣，于彼高冈。梧桐生矣，于彼朝阳。"后常用"梧凤之鸣"比喻政教和协、天下太平。此句意为：用梧桐的果实来喂养猫头鹰，希望它发出凤凰的鸣叫声。讽刺不切实际、痴心妄想。

智而能愚，则天下之智莫加焉。《郁离子》　加：胜过。愚：糊涂。聪明又懂得糊涂，那么天下就没有比他更聪明的人了。　说明聪明人懂得在恰当的时候、适当的地方"装糊涂"，这是一种人生的大智慧，所谓"难得糊涂"是也。

明·贝琼《殳山隐居夏日》

野花作雪都辞树，溪水如云欲到门。《殳山隐居夏日》　野花像雪花一样从树上纷纷落下，溪水翻滚如云，似乎已经到了家门口。　二句连用比喻和拟人手法，描绘了一幅生动的夏景图，清新可爱。

明·袁凯《客中除夜》

今夕为何夕，他乡说故乡。看人儿女大，为客岁年长。《客中除夜》岁年：年岁。　几句意为：今夜究竟是何夜？身在他乡，不禁说起了故乡；看着人家孩子已经长大，才知道自己客居他乡已经有好多年了。　四句诗把"每逢佳节倍思亲"的心情写得至为哀苦，读之令人倍觉心酸。

明·杨基

徐行不记山深浅，一路莺啼送到家。《天平山中》　徐行：慢而悠闲地行走。深浅：犹高低。　悠闲地走在归家路上，已忘了山的高低，途中莺啼鸟鸣陪伴着我到家。二句写诗人归家的喜悦之情，让人心生羡慕。

水吞三楚白，山接九疑青。《岳阳楼》　三楚：古代将黄淮至湖南一带分为西楚、东楚、南楚，合称三楚,后多指湘鄂广大地区。九疑:山名,在今湖南宁远县南。　　江水白茫茫一片,好似要吞噬三楚大地,群山连接着九疑山,四处郁郁葱葱。　　二句写登上岳阳楼所见之境,山水之壮观、视野之开阔,令人胸中顿生万丈豪情。

明·罗贯中《三遂平妖传》

贫居闹市无人问,富在深山有远亲。《三遂平妖传》第二回　闹市:繁华热闹的街市。远亲:血统关系疏远的亲戚。　家境贫寒,自居闹市也无人探问;家境富裕,即使住在深山里也有远房亲戚。　二句深刻揭示了以钱财交人的世态炎凉。

宁可清贫,不可浊富。《三遂平妖传》第三回　清贫:清廉而受苦。浊富:不义而富。　宁可清净廉洁地过着贫苦生活,也不能苟行不义富裕一生。　表达了正直之人的胸怀。二句本自唐代姚崇《冰壶诫》:"与其浊富,宁比清贫。"

明·高启

钟山如龙独西上,欲破巨浪乘东风。《登金陵雨花台望大江》　钟山:紫金山,在今南京东门外。　二句意为:在雨花台上眺望钟山,它就像一条巨龙独自直上西方,似乎要破浪乘风而去。　以钟山的非凡气势,喻明朝开国气象。

江山相雄不相让,形胜争夸天下壮。《登金陵雨花台望大江》　江:长江。山:钟山。　长江奔腾不息,钟山气势雄伟,两强相遇,互不退让,竞相展示自己壮美的气势。二句写自然之形胜,衬托出南京的钟灵毓秀,汇集了天下山水之菁华,得天独厚。

去日已去不可止,来日方来犹可喜。《忆昨行寄吴中故人》　二句意为:过去的时日已经过去,不可留滞;即来的时日刚刚来到,还算可喜。　现常用来劝诫人们对过去荒废的时日不必过去感伤,好在来日已到,正可努力奋发。

富老不如贫少,美游不如恶归。《悲歌》　腰缠万贯而年老,不如一贫如洗而年轻;尽情恣欲地外出旅游,不如穷困落拓地安居故里。意谓青春时光最宝贵,家乡最可亲。

雪满山中高士卧,月明林下美人来。《梅花九首》之一　梅花傲雪,品质高洁,犹如山中高士;梅花揽月,姿态优美,又如林中美人。　二句写雪夜观梅之感,全用比喻,清丽脱俗,妙不可言。

明·方孝孺

失火之家,三日不食;走而踬者,终身不御马。《汉章帝》　踬(zhì):跌倒,绊倒。　失火的人家,三天不敢生火做饭。骑马跌倒的人,一辈子都不敢再骑了。　比喻在某件事情上吃过苦头,以后也不敢再做同样的事,俗话说:"一朝被蛇咬,十年怕井绳。"也是同样的意思。

惩之甚者改必速,蓄之久者发必肆。《汉章帝》　惩:惩戒。畜:聚藏。肆:放纵。　对于错误严加惩处,就会迅速改正;如果一味容忍,那么蓄积日久,一旦爆发,必然猛烈不可收拾。　说明执法必须快而严,姑息养奸,后患无穷。

君子不特贵乎才略之优,而尤贵乎用之得其当。《王彪之》　不特:不只,不仅。　优秀的人不仅可贵在才能卓越,更可贵在懂得在何时、何地发挥自己的才能。　谓要充分发挥自己才能的前提是:选择好时机和地方。

义宜死也,虽假之以百龄之寿不苟生也;义宜贱也,虽诱之以三公之爵不苟贵也。《苏威》　义:符合正义和道德规范。宜:应该。假:借。苟:苟且。三公:封建社会执掌军政大权的高官。爵(jué):爵位。　为了正义应当献出生命,那么即使借给你百岁的高寿,也决不苟且偷生;为了正义需要地位卑微,即使以高官厚禄引诱你,也决不苟且求荣。　这就是儒家所谓"杀身成仁","舍生取义",为了正义大德,金钱名利甚至生命都可抛弃。

祸恒发于太忽,而事多败于不断。《窦武》　断:决断。恒:常常。忽:疏忽。　祸患灾难往往产生于一时疏忽,事情失败常常是因为优柔寡断。　强调为人处事,细致严谨,果断坚定,那么没什么是不能成功的。

遗今而专乎古,则其失为固;遗古而务乎今,则失为妄。《后乐斋记》　固:固执,顽固不化。妄:无知妄为。　丢掉今人的优秀之处,只知效仿古人,必然流于顽固不化,停滞不前;抛弃前人的优秀成果,一味致力于现代,必然狂妄无知,任意妄为。　提出应客观认识继承前人和发展创新的问题,两者相辅相成,缺一不可。

匹夫而忧天下,无位而论世事,时俗以为狂,而君子之所取也。《后乐斋记》　匹夫:寻常的人,百姓。狂:狂妄,不循常规。　布衣百姓却心忧天下兴衰,不居高位却谈论国家大事。世俗以为是狂妄之人,然而品德高尚的人却常常这样做。　　所谓天下兴亡,匹夫有责,普通百姓也应关心国家大事,以天下为己任。

乐止夫物之内者,其乐浅;乐超乎物之表者,其乐深。《菊趣轩记》快乐意趣如果只停留在事物的表面,这种快乐意趣是浅薄的;快乐意趣如果是深入事物内部而超出事物之外,那么这种快乐意趣是深厚的。　　此句原是方孝孺对陶渊明赏菊而发的议论,他说:"渊明之属意于菊,其意不在菊也,寓菊以舒其情耳。"赏菊如此,其他也不例外,重在由彼及己,物我相融,寓情于物。

迁善改过,莫善于益。《益斋记》迁善:指学习别人的长处。益:进步、发展。　　学习别人长处,改正自己过失,没有比不断进步、时时提高自己更好的事情了。指出取长补短,不断发展自己、完善自我,才能慢慢走向成功。

学匪疑不明,而疑恶乎凿,疑而能辨,斯为善学。《学箴》匪:非。凿:固执。　　学习没有疑问,就不是真正理解明白,而发现问题又不一味固执己见,提出问题又能加以辨析,这才是善于学习。　　言学习不仅要善于质疑,对疑问的解决更应持正确的态度和方法。

燕安溺人,甚于洪波。《幼仪杂箴》

燕安:即宴安,安逸享乐。　　安逸享受会让人沉溺,这比洪波巨浪更可怕。　　指出沉溺于物质生活,贪图享乐,不思进取,后患无穷。

虚己者,进德之基。《杂诫》基:根本。　　虚心自谦,是培养自己高尚品德的基础。

图人者适以自图,灭人者适以自灭。《周济之事》适:正好,恰巧。算计别人的人,恰恰是算计了自己;毁灭他人的人,恰恰是在毁灭自己。　　二句强调害人必害己,作茧必自缚。

不惑于恒人之毁誉,故足以为君子。《毁誉》恒人:常人、一般人。毁:非议,诋毁。誉:赞誉。不被常人的诋毁和赞誉所迷惑,这样才算是真正的君子。　　这就必须时时保持一种冷静、理智的状态,宠辱不惊,又不失自知之明。

以骥待马,则马皆骥也。《深虑论十》骥:良马。　　用对待骏马的态度去对待普通的马,那么普通的马也能成为良驹。　　二句以比喻说明,善于鼓舞士气,激发普通人的潜力和斗志,不失为一种用人艺术。

好诞者死于诞,好夸者死于夸。《越巫·吴士》诞(dàn):荒诞,虚妄。　　喜欢荒诞的人一定会死于荒诞,喜欢自夸的人一定会死于夸口。　　意谓荒诞、狂妄之人一定会落个可悲的下场。

明·于谦

清风两袖朝天去,免得闾阎话短长。《入京诗》　　清风两袖:两袖清风,比喻廉洁。朝天:朝见天子。明朝,在外地做官的人要进京,总要搜刮民财准备贡品礼物献给皇帝或显贵权臣。闾(lú)阎(yán):古时贫苦者居住地,代指老百姓。我寸物不带,甩着两只长袖入京去朝见天子,免得老百姓说长道短。二句诗表现出作者廉洁的品质,自有一股浩然的正气。

碎骨粉身全不怕,要留清白在人间。《石灰吟》　　粉身碎骨毫不畏惧,只要清白留在人间。　　诗的前两句是:"千锤万凿出深山,烈火焚烧若等闲。"诗人借咏石灰以言志,表现了正直、刚毅的品性,以及视死如归、义无反顾的高洁品质。

一寸丹心为报国,两行清泪为思亲。《立春日感怀》　　丹心:赤诚的心。　　我一颗赤心渴望着报效国家;身在异乡,思念亲人又不禁使我双眼泪流成行。　　二句写出了一个忠臣义士的感情波澜。

名节重泰山,利欲轻鸿毛。《无题》之三　　把名誉与节操看得比泰山还重,把利益和物欲看得比鸿毛还轻。说明人必须重名节,轻利欲。

明·周致尧《西津夜泊》

卧听海潮吹地转,起看江月问人低。《西津夜泊》　　夜泊西津,仰卧舟中,耳闻潮水拍岸声,觉得天地也随之旋转;起身望月,月儿压近水面,好似与人低声细语。　　二句写诗人客舟他乡,淡淡的哀愁弥漫在字里行间。

明·王越

自笑年来常送客,不知身是未归人。《与李布政彦硕、冯金宪景阳对饮》年来:犹每年。　　暗自笑己,每年常送客远去,却忘了自己也是一个漂泊异乡的过客。　　二句传达出深沉的孤独之感、思乡之苦。"自笑"、"不知"看似自我调侃,故作轻松,反显出无限辛酸。

发为胡笳吹作雪,心因烽火炼成丹。《断句》　　为:因为。胡笳:北方民族的一种乐器。烽火:古代边防报警点起的烟火。丹:朱砂,指红色。　　胡笳声声,头发因此被吹成了雪白;战火熊熊,心儿因此被锻炼成了红色。　　二句诗抒写了边塞战士的豪情壮志,想象丰富新颖,"雪"与"丹"又形成视觉上的强烈对比,表现出浓浓的浪漫主义色彩。

明·唐寅

绿杨枝上啭黄鹂,红杏梢头挂酒旗。《杏林春燕》　啭(zhuàn):婉转动听的鸟鸣声。酒旗:古代酒家的标帜,用布缀于竿头,悬挂在酒店门口,招引顾客。　黄莺儿在绿杨树枝上宛转歌唱,红杏枝头酒旗招展。　"绿""黄""红"颜色鲜艳,绚烂多姿,描绘出春之盛景,情趣盎然。

晓鸦无数盘旋处,绿树枝头一线红。《晓起图》　一线红:指曙光初露。　清晨,放眼望去,无数鸦鸟盘旋在天空,在绿树枝头,一抹红艳艳的朝霞正缓缓升起。二句写晨起所见,宛如一幅画,绿树与红霞相映,绚烂娇媚,令人心动!

明·王守仁

志不立,天下无可成之事。《教条示龙场诸生·立志》　如果不立志,天下没有能做成的事情。　强调人立志的重要。

不贵于无过而贵于能改过。《教条示龙场诸生·立志》　不以没有过错为可贵,可贵的是知错就改。说明人不可能一辈子不犯错,而有错即改是必须具有的修养。

授书不在徒多,但贵精熟。《传习录》上　徒:只是,仅仅是。　传授书本知识,不能只求内容多、范围广,最重要的是能把最精粹的知识传授给学生,使学生学有所得。指出讲授知识贵精不贵多。

为学大病在好名。《传习录》上　好(hào):喜欢,求取。　做学问,最大的病患是贪求虚名。说明做学问必须扎扎实实,不可追求虚名。

谦者,众善之基;傲者,众恶之魁。《传习录》下　魁:首领,此指肇事者。谦虚,这是成就各种好事的基础;骄傲,这是产生各种坏事的魁首。说明人必须用心谦虚,切戒骄傲。

种树者必培其根,种德者必养其心。《传习录》下　要把树种好,必须注重培育树根;要培养高尚的道德,必须加强自身修养。

知是行之始,行是知之成。《传习录》下　行:行动,实践。　求知是实践的开始,实践是求知的实现。　二句阐述了知与行的相互关系,是不可割裂的。

明·李梦阳

日抱扶桑跃,天横碣石来。《泰山》

扶桑：神话中的树名,传说日出于扶桑之下,拂其树杪而升。碣石：古山名,在今河北省昌黎县北,其余脉的柱状石亦称碣石,该石自汉末起已逐渐沉没海中。秦始皇、汉武帝、曹操都曾在此观海,《汉书·武帝纪》记载："(汉武帝)行自泰山,复东巡海上,至碣石。"　登山远眺,红日好似环抱扶桑一跃而出,泰山又像横空而来,倚凭着青天。　二句极言泰山之雄伟,有顶天立地、包揽宇宙之气势。

茅以韧为席,柏以劲为薪。《杂诗》之二　韧：柔软。席：炕席,夜卧所铺,比喻受到宠爱。劲：刚强正直。薪：柴草。　茅草因为柔软而被当成了炕席,柏树因为刚直而被劈成了柴禾。　二句喻指小人因为善于谄媚逢迎而受宠,贤才因为刚直不阿而遭打击排挤。比喻形象、深刻。

孤舟夜泊东游客,恨杀长江不向西。《夏日夜泊别友人》　恨杀：怨恨之极。　友人夜泊孤舟即将东游,恨在江水不向西流。　友人东去不可挽留,却埋怨长江不能西流,看似无理,却把挽留不住友人时无可奈何,痛惜之情表达得更为含蓄、深沉。

匡庐小琐拳可碎,鄱阳触怒踢欲裂。《戏作放歌寄别吴子》　匡庐：即江西庐山。相传殷周之时有匡俗兄弟七人结庐于此,故有此称。琐：细小。鄱阳：即鄱阳湖,在今江西省北部。　庐山如此渺小,我一拳即可将它击碎;鄱阳湖如果惹怒我,我一脚即可将它踢碎。二句诗想象丰富,气势逼人,诗人口气极大,表现出他开天裂地的魄力,令人叹为观止。

明·顾璘《度枫木岭》

峻嶒忽在下,衣襟带云雾。《度枫木岭》　峻(líng)嶒(céng)：高峻突兀的样子。　高峻的山峰突然就出现在脚下,云雾缭绕牵动了衣襟。　二句写诗人登上枫木岭时的独特感受,颇有点飘飘欲仙的气氛。诗意悠远,情趣盎然。

明·何景明

水际浮云起,孤城日暮阴。万山秋叶下,独坐一灯深。《十四夜》　水边升起层层浮云,夕阳西下,孤城渐渐暗去。群山连绵,秋叶凋零,林中深处,竟有一盏孤灯独明。二句写景由远及近,最后落在一点光明之上,在"山"、"水"、"城"的衬托下,"一灯"显得如此孤独寂寞,又是那么神秘莫测,不由人联想猜测：在灯下的会是什么人呢？

断金俟同志,抱玉难自宣。《种麻篇》　断金:截断金块,比喻艰巨的任务。抱玉:怀抱玉璧,比喻真才实学。宣:显示。　要截断金块,需要志同道合的人一起努力;一个人即使有真才实学,自己也难以显示出来。　二句喻指完成一项伟大的事业,要有众多的有志者共同奋斗;一个人再有才干,不融入集体也难以发挥出来。

明·薛瑄《薛子道论》

一念之非即遏之,一动之妄即改之。《薛子道论·上篇》　非:不对。遏:制止。妄:谬误。　一有错误的念头,就要马上遏止;一有错的举动,就要立即改正。　说明人不能姑息自己的错误。

万金之富,不以易吾一日读书之乐也。《薛子道论·上篇》　易:换。即使富有万金,也不能换得我一天读书的乐趣。　意谓读书是人生最大的乐趣,任何东西无法取代。

学不进,率由于因循。《薛子道论·上篇》　率(shuài):大概,一般。因循:遵循旧有的东西。　学问没有长进,大抵都因死守前人的结论。　说明学有所成,就必须大胆探索,勇于创新,而不能拘泥于前人的窠臼。

人未己知,不可急求其知;人未己合,不可急与之合。《薛子道论·中篇》　己知:对自己有所了解。己合:与自己相处融洽。合,融洽。别人还没有了解自己,不必急于让别人了解;别人还没有与自己相处融洽,不要急于同别人融洽相处。指出交结朋友不能由着自己,而应当充分尊重对方,耐心等待对方。

不可乘喜而多言,不可称快而易事。《薛子道论·中篇》　乘:趁,凭借。快:快乐。易:改变。　不能乘着高兴而多说话,不能乘着快乐而更换正在做的事。　意谓人不能得意忘形,为所欲为,而应当培养自我克制的能力。

勿恃其不攻,恃吾有所不可攻。《薛子道论·下篇》　恃:依靠,凭借。攻:此指人身攻击。　不要依赖于对方不进行人身攻击,而要依赖自己确实没有可攻击之处。说明做人处世,首先要自己行为举止端正,这样就不怕别人的蜚短流长了。

为政,通下情为急。《薛子道论·下篇》　通:通晓,熟知。　执掌政事,最急迫的事是了解下层的情况。

一字不可轻与人,一言不可轻许人。《薛子道论·下篇》　与:给予。许:允诺。　一个字也不要轻易给人,一句话也不要轻易答应别人。　强调待人接物应当谨慎。

明·吴承恩《西游记》

美不美，乡中水；……亲不亲，故乡人。《西游记》第五回　　意谓家乡的水才算得上美，家乡的人才令人感到亲切。　　几句话表达了对家乡的眷恋之情。

宁恋本乡一捻土，莫爱他乡万两金。《西游记》第十二回　　本乡：家乡。捻：捏，比喻极少。　　宁愿眷恋故乡的一小捏细土，也不要喜爱异域他乡的上万两黄金。强调人要热爱自己的家乡，不要为他乡的丰富财物迷住心窍。

处世须存心上刃，修身切记寸边而。《西游记》第二十六回　　心上刃："忍"字的拆写。寸边而："耐"字的拆写。　　意谓处世修身必须牢记"忍耐"二字。　　这是成大事者必备的修养之一。

千日行善，善犹不足；一日行恶，恶自有余。《西游记》第二十八回　　行善：做好事。行恶：做坏事。　　即使做一千天的好事，好事还算不上多；而做一天的坏事，坏事就有余了。　　指出好事应当天天做，坏事一件也不能做。

不受苦中苦，难为人上人。《西游记》第三十二回　　不受尽苦难，就不能出人头地。　　说明要有所成就，就必须经历磨难，能吃大苦。

山高自有客行路，水深自有渡船人。《西游记》第七十四回　　客：指出行的人。　　山再高，也会有人走的路；水再深，也会有划船渡过。以形象的比喻指出，任何艰难险阻都可以征服。

有风方起浪，无潮水自平。《西游记》第七十五回　　有风才会起浪，没有浪潮水自然会平静。　　喻指任何问题的出现都有其根源和原因。

莫信直中直，须防仁不仁。《西游记》第八十一回　　不要轻信貌似正直的人，必须防备表面上看来很仁慈实则相反的人。　　告诫人们不要以言以貌衡量人，要加倍警惕那些装成正直、仁慈的伪君子。

留得五湖明月在，何愁没处下金钩。《西游记》第八十二回　　五湖：泛指湖。　　只要江湖明月能保留住，就不怕没地方垂钓。　　比喻只要保留住最基本的条件，就不愁没有希望。多用来劝慰人在受到重大损失时只要能保住生命就行了。意思与"留得青山在，不怕没柴烧"相似。

海阔从鱼跃，天空任鸟飞。《西游记》第八十四回　　从：任从。任：听任，任凭。　　大海辽阔，任从鱼儿跳跃，天空无际，听凭鸟儿飞翔。　　比喻人在无限自由的环境里能充分施展才能，实现抱负。

明·徐渭

白璧本不暇,青蝇亦何为。《寄吴宣镇》　　白璧:洁白的玉璧。璧,玉。瑕(xiá):玉表面上的杂色斑点。青蝇:苍蝇的一种。　　如果洁白的美玉上本来就没有一点杂色斑点,那么青蝇又能怎样呢?喻指人只要端正行己,就不怕被人诬陷。

灰不死,恐还要燃;树不槁,恐还要发。《歌代啸》杂剧第一出　　槁:枯干。　　燃后的灰烬不彻底扑灭,恐怕还会重燃;树木不完全枯干,恐怕还会重新发芽。　　喻指坏事如不彻底杜绝,就会继续出现。说明除恶务尽。

珍木无弱羽,广川饶劲鳞。《赠陈君》　　羽:代指鸟。广川:大的江河。饶:丰富,多。劲鳞:大而壮的鱼。鳞,代指鱼。　　珍贵的树木上没有娇弱的飞鸟,大江大河里不乏肥壮的游鱼。　　喻指国家强盛,就会人才会聚。

明·杨慎《滇池曲》

天气常如二三月,花枝不断四时春。《滇池曲十二首》之三　　天气常如二三月的春季,四季繁花似锦。二句明白如话,是描写昆明的绝唱,千古流传。

明·王问《赠吴之山》

看君已作无家客,犹是逢人说故乡。《赠吴之山》　　无家客:指客居异乡。　　你已成了漂泊异乡的人,还是逢人便说自己的故乡。二句抒写了吴之山浓浓的思家之情。沈德潜评论此诗曰:"其声凄以哀。"读之令人断肠。

明·文嘉《明日歌》

明日复明日,明日何其多!日日待明日,万世成蹉跎。《明日歌》　　蹉(cuō)跎(tuó):光阴白白地过去。　　几句意为:一个明天接着又是一个明天,明天是何等的多啊!如果每天都等着明天,那么即使有一万个一辈子,也都可以虚度过去。　　说明人生有限,时间宝贵,万不可虚度年华;今天的事今天就做,绝不能拖至明天。

明·谢榛《中秋宴集》

江汉光翻千里雪,桂花香动万山

秋。《中秋宴集》　江汉：长江、汉水。　中秋之夜，明日朗照，千里的江汉就像雪一样洁白耀眼。桂花清雅浓郁的香气弥漫在群山之间，令人陶醉。　二句从视觉和嗅觉写中秋夜景，前用比喻，后用夸张，极富感染力。

明·李开先《宝剑记》

丈夫有泪不轻弹，只因未到伤心处。《宝剑记·夜奔》　丈夫：大丈夫，堂堂男子汉。弹(tán)：形容使眼泪流出。　大丈夫不轻易流淌眼泪，只是因为未到非常伤心的地步。　意谓男子汉也有常人的情感，也会流泪。现常用前句说明：男子汉应当意志刚强。也说成："男儿有泪不轻弹，只是未到伤心处。"

明·俞大猷

爱国诗词迫盛唐。《送王桂峰》　迫：逼近。　意为：明末清初的爱国诗词完全可与盛唐相比。盛唐是中国诗歌发展的鼎盛之期，诗人如云，佳作辈出，宋、元、明都无法超越。但是明末清初，在改朝易代之际，涌现出许多一腔热血的爱国诗人，创作了大量表现爱国情感的诗歌。这些诗歌在艺术成就上或许不及唐诗，但诗中表现出来的浩然正气与视死如归的气魄，却可与盛唐气象一比高下。评价深中肯綮。

丈夫不逆旅，何以及苍生。《秋日山行》　丈夫：大丈夫，志高有为之士。逆旅：客舍，此指四海为家。苍生：老百姓。　大丈夫如果不南征北战，四海为家，怎么能有助于老百姓呢。　二句表现了作者以天下为己任，为民众幸福不辞劳苦的壮阔胸怀。

明·归有光《庄氏二子字说》

智而用私，不如愚而用公。《庄氏二子字说》　智：指聪明才智。愚：指朴实厚道。　用聪明才智而谋一己之利，不如用朴实厚道而谋众人之利。　赞美纯朴无私的高尚品格。

明·李攀龙《广阳山道中》

雷声千嶂落，雨色万峰来。《广阳山道中》　嶂(zhàng)：高险而又像屏障的山。　雷声隆隆，惊天动地，就像千座高山倒塌下来；大雨倾盆，遮天蔽日，就像万座山峰涌到眼前。　二句以形象的比喻描绘暴风雨的场面,使人如临其境。

明·海瑞

丈夫所志在经国,期使四海皆衽席。《横溪行送郑一鹏给内》 丈夫:大丈夫。经国:治理国家。期:希望。四海:泛指天下。衽(rèn)席:卧席,代指寝处之所。 男子汉大丈夫志在为治理国家而出力献身,所希望的是让普天下百姓都过上舒适的生活。 二句表现了作者以天下为己任的阔达胸怀。

美曰美,不一毫虚美;过曰过,不一毫讳过。《治安疏》 虚美:虚夸美好。讳:忌讳。 好就说好,一点也不夸张其好;错就说错,一点也不掩饰其错。 这种实事求是的精神,也应该成为今人为人处世的信条。

明·李贽

天下之至文,未有不出于童心焉者。《童心说》 童心:即真心,真实感情。 最好的文章,没有不是出自作者的真情实感。 李贽提出"童心说",是为了反对灭人伦、去人欲的宋明理学,具有针砭时弊的积极意义。

夺他人之酒杯,浇自己之垒块。《杂说》 垒块:喻心中不平。借他人杯中之酒来浇灭心中的不平之气。 此句典出《世说新语》:"阮籍胸中垒块,故须以酒浇之。"极言内心愤懑。现也指引用他人言辞来表达自己内心的苦闷忧愁。

口谈道德而心存高官,志在巨富;既已得高官巨富矣,仍讲道德、说仁义自若也。《焚书·又与焦弱侯》 自若:煞有介事,一本正经。 嘴上谈论道德,心里想的却是高官厚禄;已经得到高官,享受到厚禄,却还煞有介事地谈论仁义道德。 几句一针见血地揭露了道学家的虚伪,以及道貌岸然的伪君子,可谓淋漓尽致。

明·戚继光

繁霜尽是心头血,洒向千峰秋叶丹。《望阙台》 满眼秋霜,都是诗人的心血化成,这满腔热血随秋霜撒向秋叶,将它们都染成了红色。二句诗巧借秋景表达了诗人为国驰骋疆场、鞠躬尽瘁的耿耿忠心。形象鲜明,十分壮美。

但使雕戈销杀气,未妨白发老边才。《登盘山绝顶》 雕戈:刻着花纹的戈,泛指武器。销杀气:消除战祸。未妨：不妨。边才：守边疆的人。 只要能用手中的武器制止住敌人的侵犯，我就不妨守边到老。 二句诗表现了诗人的爱国情怀。

封侯非我意，但愿海波平。《韬钤深处》 封侯：受封为侯，喻获取功名利禄。海波：海上的波涛，比喻倭患（当时倭寇经常侵扰我国沿海地区）。 获取功名利禄并非我的意愿，我只想平息海上倭寇。二句反映了作者不求名利，一心报国的高尚思想。

明·汤显祖《牡丹亭》

梦回莺啭，乱煞年光遍。人立小庭深院。炷尽沉烟，抛残绣线，恁今春关情似去年？《牡丹亭·惊梦》 沉烟：沉木香的烟。恁（rèn）：这样，如此。 婉转莺啼将好梦惊醒，一年的时光又匆匆流逝。我独自一人立在庭院之中，看沉烟燃尽，飘出丝丝轻烟，为什么今年的春光与去年这般相似？ 汤显祖的《牡丹亭》传奇描写了官宦小姐杜丽娘追求自由、青春与爱情的故事，《游园惊梦》是其中最为精彩的一出。杜丽娘幽闺深锁，寂寞伤春，游园遣怀，竟在梦中与年轻书生柳梦梅相遇相爱。这一段【绕地游】是杜丽娘在出场时所唱，表现了她青春的觉醒，渴望着自由与爱情。

袅晴丝吹来闲庭院，摇漾春如线。停半晌、整花钿。没揣菱花，偷人半面，迤逗的彩云偏。步香闺怎便把全身现！《牡丹亭·惊梦》 晴丝：虫类所吐的、在空中飘荡的游丝，春天晴朗的日子里常常可以见到。花钿：用金、银、玉、贝等制成的花朵状的首饰。没揣：突然。菱花：菱花镜，古代铜镜名，多为六角形或背面刻有菱花。迤逗：挑逗；引诱。彩云：女子的发髻。 晴丝袅袅，吹落庭院，春天似乎也如这晴丝般飘飘摇摇，牵动了少女的心怀。杜丽娘对镜梳妆，突然在镜中看到自己如花的美貌，情为之所动，竟然不小心把自己的发髻也弄偏了。杜丽娘觉得自己似乎失态了，自责道：大家闺秀怎能如此随便走出闺阁之门呢？ 《牡丹亭·惊梦》中这一段【步步娇】描写了杜丽娘游园之前梳妆打扮的情景，通过细节动作表现了她想去又怕去的矛盾心情。

如花美眷，似水流年。《牡丹亭·惊梦》 美眷：美满的爱人。杜丽娘的美貌就像春花一般绚丽妩媚，而青春的时光就像流水一样匆匆流逝。 这是柳梦梅对杜丽娘唱词中的一句，反映了他珍惜青春与爱情的心理。

没乱里春情难遣,蓦地里怀人幽怨。《牡丹亭·惊梦》　没乱里:心绪很乱。　蓦(mò)地里:出人意料地。　杜丽娘在花园赏景,不知为何心绪烦乱,春情难以排遣,突然之间特别想念那个心中的他,一腔幽怨。　二句唱词细腻地刻画出怀春少女的微妙心理。

三分春色描来易,一段伤心画出难。《牡丹亭·写真》　三分春色:喻指容貌。一段伤心:指恋情。容貌可以描画,可是幽怨悲伤之情是很难通过画笔来传达的。　二句充分表达了杜丽娘的一片痴情。

明·臧懋循《元曲选序》

快者掀髯,愤者扼腕,悲者掩泣,羡者色飞,是惟优孟衣冠,然后可与于此。《元曲选序二》　掀髯(rán):仰面开口张须而笑。髯,胡须。扼腕:握持其腕,愤怒的样子。优孟衣冠:指演戏。优孟,春秋时楚国乐人,擅长模拟他人,惟妙惟肖,被认为是戏剧演员的鼻祖。真正优秀的戏曲表演艺术家,会使人高兴得须眉尽张,愤怒得扼腕不止,悲伤得掩面哭泣,兴奋得眉飞色舞,只有优孟才能达到这样的表演水准。　几句赞叹曲艺表演

艺术家精湛的表演艺术。刻画生动,形象可感。

明·兰陵笑笑生《金瓶梅》

吃着碗里,看着锅里。《金瓶梅》第十九回　一边吃着碗里的食物,一边看着锅里的食物。　形容人的贪得无厌,贪心不足。

好心当成驴肝肺。《金瓶梅》第二十八回　明明是一片好心,却被看作是驴的肝肺。　意谓好心却没有好报。　现常用于自己受到委屈时的埋怨,或责备人不该错怪好人。

当面鼓,对面锣。《金瓶梅》第五十一回　二句意为:当着面敲锣,面对面打锣。　比喻当面把话讲清楚。

君子一言,快马一鞭。《金瓶梅》第五十三回　君子一句话就算数,就像快马抽一鞭子就疾奔到底一样。比喻一言为定,说话算数,绝不反悔。

人善被人欺,马善被人骑。《金瓶梅》第七十六回　人善良会被人欺侮,就像驯良的马会被人骑一样。　这里强调的是人不能表现得过于软弱。

不见棺材不掉泪。《金瓶梅》第九十八回　比喻不到绝望的时候不死心,或看不到最后结果不罢休。形容人的固执。

明·张居正

枥骥不忘千里志,病鸿终有赤霄心。《慰刘生卧病苦吟》　枥骥:伏枥之骥。枥,食槽。骥,骏马。鸿:指鸿鹄,天鹅。赤霄:有红色云的天空,指极高的天空。前句本三国曹操《龟虽寿》诗:"老骥伏枥,志在千里。"　骏马伏在食槽上,也不忘疾驰千里的志向;天鹅疾病缠身,始终都有直冲云霄的雄心。二句喻指有志之士虽然身遭疾困,仍然怀有远大抱负。

雉飞不出林,鹏举轻千里。《送黄将军》　雉(zhì):小鸟名,无法久飞。鹏:传说为最大的鸟。举:飞。　雉鸟怎么都飞不出树林,大鹏只要展翅高飞,根本不把千里长空做在眼里。　喻指卑琐小人目光短浅,英雄豪杰志向远大。

遇事则委难以责人,事平则抑人以扬己。《答施兵宪》　委:推委,把事情叫别人去做。　凡事难做的,就推脱给别人,还百般责难;事情完成了,就千方百计贬低别人,宣扬自己。　二句活画出一副沽名钓誉者的嘴脸。

宁有瑕而为玉,毋似玉而为石。《辛未会试录序》　瑕(xiá):玉上的杂斑。毋(wū):不要。　二句意为:宁可做一块有杂斑的美玉,也不要做貌似美玉的石头。　比喻指出哪怕做有缺点的卓荦之人,也不要做徒有虚表的庸碌之人。

测浅者不可以图深,见小者不可以虑大。《翰林院读书说》　图:计谋。　在浅水中测量的人不能够思谋深水中的情况,终日只看见细小事物的人不能够考虑重大的问题。　说明人必须开阔视野,这样才能眼光远大。

违众之罪小,负国之罪大;一时之谤轻,异日之谴重。《答上师相徐存斋》之十八　众:指邪曲之人。负:辜负。异日:他日。　四句意为:违背众人意愿,这个罪不大,辜负了国家,其罪就大了;一时受到诽谤算不了什么,可日后的谴责就很严重了。　表现了作者敬奉国事,不徇私情的磊落胸怀。

志成于惧,而荒于怠。《赠毕石菴先生宰朝邑叙》　惧:戒惧,谨慎敬畏。荒:荒废。怠:懈怠,怠惰。志向的实现,在于谨慎敬畏,而志向的落空,在于懈怠。　说明要实现自己的奋斗目标,必须恭敬谨慎,不能懒惰。

惧则思,思则通微;惧则慎,慎则不败。《赠毕石菴先生宰朝邑叙》　惧:这里指敬畏。通微:通晓细小的问题。　四句意为:敬畏,就会思考,思考,就会通晓一切;敬畏，就会谨慎，谨慎，就会实施成功。　说明人必须心存敬畏（包括对长辈、对生命等等）。

天下大事，以为无足虑，则必有大可虑者。《与操江宋阳山》　天下之事，如果认为没有什么值得忧虑的，就一定会有极可忧虑的事。说明对任何事情都不能掉以轻心，而应当认真对待。

先立于不败以求胜，何事不可为乎?《答刘总督》　做事先要考虑不失败，而后再去求胜，这样还有什么事不成功?　意谓做事应当积极稳妥，一步一步地提出目标，这样才能取得成功。

是不必己，非不必人。《少师存斋徐相公七十寿序》　是：对，正确。非：不对，错误。　对的不一定是自己，错的不一定是别人。　说明人贵有自知之明，不能自以为是。

不患不富，患不知节。《请裁抑外戚疏》　患：忧虑，担心。节：节制。不担心富裕不了，只担心花销大手大脚，毫无节制。　说明只要俭朴为事，就一定能达到富裕。

明·顾宪成 《题东林书院对联》

家事、国事、天下事，事事关心。《题东林书院对联》　家里的事、国家的事，天下的事，样样事都关心。说明人不仅要关心家事，更要关心国家大事，关心时事。上联为"风声、雨声、读书声，声声入耳"。

明·董其昌《画旨》

读万卷书，行万里路。《画旨》说明学习知识，一方面要多读书，另一方面要深入现实生活，投身到大自然的怀抱中去。　二句原是论作画，如今也可泛指做一切学问，必须学习和实践并行。

明·袁宏道《行素园存稿引》

行世者必真，悦俗者必媚。真久必见，媚久必厌。《行素园存稿引》行世：指作品流传。悦俗：迎合世俗。　作品能够流传于世，其内容、情感必然真实；作品一味迎合世俗，必呈诡媚之态。内容和情感真实的作品，终究会显现它的作用，那些阿谀奉迎的作品，终究会让人讨厌。　这是论作文之道，其实为人何尝不是如此。

明·袁中道《德山别杨西来》

人生贵知心，定交无暮早。《德山别杨西来》 暮早：早晚。 人生交友,贵在知心,建立友谊是无所谓早晚的。 二句意谓交友贵在相知,而不在结交早晚。

明·吴本泰《送人之巴蜀》

云开巫峡千峰出,路转巴江一字流。《送人之巴蜀》 巫峡：在长江三峡中绵延最长,西起四川省巫山县大溪,东至湖北省巴东省官渡口。两岸绝壁峭崖,船行极险。巴江：从四川巫山县到湖北巴东的长江段。 云开雾散,巫峡逶迤,千峰矗立,长江就在群山之间蜿蜒,奔流前行,成"巴"字状。《太平御览》载："阆、白二水东西流,曲折三回如巴字,故谓之三巴。"(《太平御览·州郡部十四·渝州》)二句极写巴江的奇特自然现象。

明·冯梦龙

人无千日好,花无百日红。《古今谭概》 人不会永远事事如愿,花朵不可能开不败。 二句说明事物在不断发展变化,好事不会永久,所以人在顺利发达之时,也不要得意忘形,而要为即将来到的逆境做好准备。

人逢喜事精神爽,月到中秋分外明。《古今小说》(《喻世明言》) 人遇到高兴的事情时精神就特别爽利,月亮到了中秋的时候就特别明亮。这是人之常情,物之常态。

死时不作他邦鬼,生日还为旧土人。《警世通言·白娘子永镇雷峰塔》 他邦：其他国家,此泛指异乡。生日：活着的时候。旧土：故土。死了也不做异乡鬼,活着永远是故土的人。 二句意谓无论生死,永远留在故乡的土地上。

心正自然邪不扰,身端怎有恶来欺。《警世通言·白娘子永镇雷峰塔》 邪：指奸邪之人。扰：侵扰。恶：邪恶之人。 心地纯正,奸邪之人自然不能侵扰,行为端正,邪恶之人怎能寻衅欺侮? 二句意谓只要想得正、做得合法,邪恶之人自然不能相犯。 说明人必须堂堂正正做人,才能抵御一切不良思想的侵蚀。

运去黄金失色,时来铁也生光。《警世通言·赵春儿重旺曹家庄》 运：运气。时：时机。 运气没了,黄金也会黯然失色;时机来了,就是黑铁也会发出耀眼的光泽。二句慨叹人生遭际无常。

男儿不展风云志,空负天生八尺躯。《警世通言·旌阳宫铁树镇妖》 男儿：男子汉。风云志：比喻远大志向。 男子汉如果不能施展远大志向,也就白白辜负了上天赋予的八尺身躯。　强调人必须志在有为。

踏破铁鞋无觅处,得来全不费工夫。《醒世恒言·吕洞宾飞剑斩黄龙》四处寻找,磨破了一双铁鞋也无法找到,但偶然找到时却一点功夫也没有费。　二句意谓有心求之不得,无心求之却很容易得到。语本元代马致远《吕洞宾三醉岳阳楼》杂剧第四折:"踏破铁鞋无觅处,算来全不费工夫。"

人不可貌相,海水不可斗量。《醒世恒言·卖油郎独占花魁》　相:观察。　意谓不可以相貌外表衡量人。

古人结交在意气,今人结交为势利。《醒世恒言·苏小妹三难新郎》意气:志趣和性格。势利:权势和利益。　古人交友重在意气相投,现在的人交友重在权势利益。二句通过古与今的鲜明对比,揭露了当时社会的世态炎凉。

三百六十病,唯有相思苦。《醒世恒言·吴衙内邻舟赴约》　"三百"句:泛指各种病。　在众多的病中,唯有两地相思最令人痛苦。

明·庄元臣《叔苴子》

惟无不师者,乃复能为天下师。《叔苴子·内篇》卷一　只有对什么人都拜师求教的人,才能成为众人的老师。　说明要丰富自己的知识,就必须善于向各种各样的人虚心学习、求教。

善学者穷于一物,不善学者穷于物物。《叔苴子·内篇》卷四　穷:探究到底。物物:各种事物,一切事物。　善于学习的人对一事一物抓住不放,深入探究。不善于学习的人则什么东西都要研究,都想学会。　说明心志专一,才是善于学习,也能学到东西。

不有败,安有功。《叔苴子·内篇》卷四　安:哪里,怎么能。功:成功。　没有失败,哪会有成功。意谓失败是成功之母。

小人有恶中之善,君子有善中之恶。《叔苴子·内篇》卷五　君子:有才德的人。　小人一般而言很坏,但坏中有好的一面;君子一般而言很好,但好中也有不好的一面。　说明应当辩证地看人,要具体分析其优点和缺点,切忌一概而论。

君子之为君子也,一人死而万人寿,一人痛而万人愈,一人忧而万人乐,一人劳而万人逸。《叔苴子·内篇》卷五　君子:有道德有修养的人。寿:长寿。痛:病。愈:痊愈。逸:安闲。　君子之所以为君子,因他宁愿自己死而使众人长寿,自己病以便众病者痊愈,自己忧以使众人快乐,自己劳顿以使众人安逸。　这里是在强调真正有道德修养的人应当时时事事为他人着想,给他人带来幸福。

虽有良剑,不锻砺则不铦;虽有良弓,不排檠则不正。《叔苴子·外篇》卷一　锻砺:锤炼,磨砺。铦(xiān):锋利。排檠(qíng):矫正弓弩的工具,此指用排檠矫正。虽然有质地精良的剑,如果不好好磨砺,也不会锋利;虽然有上等材料制成的弓,如果不用器具矫正,也不能百发百中。　喻指虽然有好资质人才,如果不加以严格培养、教育,他们很难发挥作用。

必然者有时而不然,而不必然者有时而或然也。《叔苴子·外篇》卷二　或然:或许又成了那个样子。一定要发生的有时并没有发生,不一定能发生的有时却真的发生了。　指出事物的产生有其偶然性。

明·瞿式耜

只手遮天曾几时,万人有口终能说。《送洪半石归楚》　只手:一只手。几时:多长时间。　一手遮天的事情能维持多久? 众人都有一张嘴,总能把一切是非曲直说清楚。　说明权势掩盖不了事实真相,公道自在人心,是非自有公论。

冰炭炎凉转瞬换,但期长保凌寒节。《圉中见雪援笔志感》　炎凉:热和冷。瞬(shùn):眨眼,形容时间极短。瞬,同"瞬"。期:希望。凌寒节:傲霜斗寒的节操。　人情世态忽而如冰寒凉,忽而如炭火炙手,反复无常,变幻不定;我只希望自己永葆傲霜斗寒的节操。二句表现了作者不趋势媚俗,刚直不阿的可贵精神。

有花常同笑,无月不同圆。《钱用弼诞日赋二十韵》　有花儿开放,人们就在一起欢笑嬉闹,月亮隐去,大家纷纷散去,不再聚合。二句借"有花共笑"、"无月不圆",讥讽反复无常的世态炎凉,冷漠无情。

已拼薄命付危疆,生死关头岂待商。《庚寅十一月初五日闻警诸将弃城而去城亡与亡余自暂一死别山张司马自江东来城与余同死被刑不屈累月幽囚漫赋数章以明厥志别山从而和之》之二　薄命:轻微之命,自谦之辞。付:交给。危疆:面临危难的疆土。商:商量。　我已下定决心把自己生命献给保卫祖国的事业,在这生死关头,哪里还容得商量。表现了作者扶明抗清、誓死保卫疆土的无畏精神。

明·夏完淳

人生孰无死,贵得死所耳。《狱中上
母书》　　孰:谁。死所:死于需要
死的地方,即谓死得有意义。所,
地方。　　人生在世,谁能免于一
死?可贵的是要死得有价值。
夏完淳是明末清初的爱国英雄,反
清复明的义士。清顺治四年(1647)
他被捕,当年九月十九日慷慨就
义,年仅17岁。

**英雄恨,泪满巾,何年三户可亡
秦。**《仙吕傍妆台·自叙》　　三户可亡
秦:典出《史记·项羽本纪》:"楚南
公曰:'楚虽三户,亡秦必楚!'"秦
王朝最终却被楚人所灭。　　英
雄遗恨难消,伤痛洒泪,不知何年
能像楚人亡秦一样,反清复明,重
建江山。　　几句充分表现了作
者抗敌爱国的精神。

**今生已矣,来世为期;万岁千秋,
不销义魂。**《土室余论》　　已:终
止。来世:下一辈子。义魂:正义
的魂魄。　　这一辈子就算结束
了,我把希望寄托在下一辈子
上;即使千年万年以后,我的刚
正之心也不会销蚀。　　几句
表现了作者为理想奋斗不息的
英雄气概。

明·顾梦游
《同蔡大美、徐曰赞、
沈治先秦淮夕泛》

杨柳风千树,笙歌月一船。《同蔡大
美、徐曰赞、沈治先秦淮夕泛》　　黄昏
时分泛舟秦淮河,千棵柳树在风中
婀娜起舞,美妙的音乐此起彼伏,
更有那皎洁的月光洒满船舱。
二句记荡舟秦淮河的情景,令人心
神荡漾。

清·吴伟业

**恸哭六军俱缟素,冲冠一怒为红
颜。**《圆圆曲》　　恸(tòng)哭:痛哭。
六军:泛指朝廷的军队。缟(gǎo)
素:白色丧服。冲冠:"怒发上冲
冠",指发怒。红颜:美女,指陈圆
圆。　　二句意为:明朝军队(为
崇祯之死)都在失声痛哭,服丧致
哀,而吴三桂怒发冲冠,其实只是
为了美女陈圆圆。　　据诗意,陈
圆圆时为平西伯吴三桂小妾,农民
起义军李自成攻克北京,陈被俘。
吴出于私恨,遂引清兵入关,以致
大明江山一败涂地。诗人委婉曲
折地谴责了吴三桂的叛变行为,但
流露出的"女人祸水"的陈腐之见,
实不足取。现常用"冲冠"句嘲讽

不爱江山爱美人的蠢行。

须知道，是两家妆素，一种人材。

《沁园春》　　两家：指水仙和海棠（见词小序）。妆素：指水仙"洗尽尘埃"的清逸淡雅，和海棠"红粉燕脂"的娇艳妖媚。人材：喻指两种花都是冰肌玉骨的美人。　　要知道，水仙和海棠虽有不同的"气质"，但都堪称美人。　　二句以花喻人，说明人的美也有千万种，不必强求一种。

也不赴，公卿约；也不慕，神仙学。任优游，散诞断云孤鹤。《满江红·感兴》　　公卿：指达官贵人。散诞：闲散放诞。　　不去赴贵族高官的宴请，也不羡慕神仙在那高高的天庭，只愿像那闲云野鹤，自由自在过着远离凡尘俗世的生活。　　二句表现了诗人不追逐名利，不趋附时尚的独立清醒的处世态度。

清·黄宗羲

天下之治乱，不在一姓之兴亡，而在万民之忧乐。《明夷待访录·原臣》　　治乱：安定和混乱。一姓：一国之主。忧乐：痛苦和欢乐。　　国家的安定或者混乱，不在于最高统治者的兴亡，而是取决于百姓是痛苦还是安乐。　　意谓国家兴亡取决于人民。

锦糊灯笼，玉镶刀口，非不好看，讨一毫明快，不知落在何处矣！

《胡子藏院本·序》　　锦：指锦缎，一种有彩色花纹的丝织物。用锦缎糊的灯笼，用美玉镶嵌的刀口，漂亮是漂亮，但是灯笼不能照明，刀口不再锋利，这又有什么用处呢？　　几句原是针对语言风格所发表的议论，作者认为诗词曲的语言应该自然、平易，而堆砌华丽的辞藻、生僻的典故，不可能传递真实的情感，营造脱俗的意境。

有死天下之心，而后能成天下之事；有成天下之心，而后能死天下之事。《明名臣言行录序》　　死：为动用法，为……而死。　　有了为天下而死的决心，才能成就天下大业；有了完成天下大事的理想，才能为天下大事献身。　　指出成大事业者，必具理想与决心。

死犹未肯输心去，贫亦其能奈我何！《山居杂咏》　　死：清兵入关，黄宗羲曾参与了抗清斗争，几经生死。输心：出卖灵魂，这里指降清。　　死都不能使我投降，贫贱又能拿我怎么样！　　二句表现了作者贫贱不移，坚定不屈的民族气节。

清·归庄

静掩蓬门独惆怅，从他芳草自菲

菲。《落花》之一　　掩：关。蓬门：
用蓬草编的门户，喻贫寒之家。惆
怅：哀伤。从：听任，任凭。芳草：
比喻趋时者。菲菲：形容茂盛。
我掩上蓬草编制的屋门，只身一人
默默地忧虑伤感；听凭那些随波逐
流的人争耀夺宠去吧。　　二句
抒发了作者的忧时忧世之思，反映
了作者愤世嫉俗、守节不移的情怀。

中华七万里，何地无人杰。《古意》
之五　　七万里：形容地域之广。
人杰：杰出的人才。　　二句表现
了作者对中华民族的热爱和自信。

**百围之木，始于勾萌；万里之途，
起于跬步。**《赠小儿医王君序》　　百
围：一百抱。围，合抱。勾萌：刚
刚露出地面的幼芽，弯的叫勾，直
的叫萌。跬(kuǐ)步：迈一步的距
离。　　一百抱粗的大树，是从刚
刚破土的幼芽开始长起的；万里远
的路途，是从最初的一步开始迈出
的。　　喻指人和一切事物都是
从小到大，从弱到强逐渐发展起来
的，必须从小加以爱护和培育。

人生何必同？要在有所立。《顾宁
人去冬寄诗次韵答之》　　要：关键。
立：建树。　　人生在世何必要与
众人苟同？最关键的是自己能够
有所建树。　　意谓人不能随波
逐流，而应当志向坚定，争取干出
一番事业来。

东隅不可追，桑榆或非后。《生日自
述》之三　　东隅(yú)：太阳升起的
地方，借指早晨，比喻人之青壮年
时期。追：追回。桑榆：日落时余
光所在的地方，借指黄昏，此喻老
年。　　早晨已经逝去，不可追
回，黄昏也许不算晚。　　言下之
意是一定要抓紧晚年的时光，争取
老有所为。

清・朱舜水

**三日不读，口生荆棘；三日不弹，
手生荆棘。**《答野节问》之四　　荆棘
(jí)：丛生的多刺植物，比喻阻逆之
事。弹(tán)：指弹琴。　　三天
不读书，嘴里就像长了荆棘；三天
不弹琴，手上就像长了荆棘。　　
说明做任何事不可时停时歇，而必
须持之以恒。

**非读书不能作文，非熟读不能作
文。**《答安东守约问》之二十　　不读前
人的书就不能写文章，不熟读前人
的书，同样不能写文章。　　指出
要写出好文章，必须常读、熟读前
人的书。

**数千金拮据而成，数十金零星而
尽。**《中原阳九述略・虏害十条》　　拮
(jié)据：经济窘迫，此指俭省。
数千斤黄金，只要紧缩开支，也可
以积攒起来；数十斤黄金，如果是
零零碎碎地花用，也会花完。

喻指积少可以成多，忽小能够费大。　说明必须节俭为事，不可大手大脚。

公则生明，廉则生威。《伯养说》公：公正。威：威望。　公正，就会心明眼亮；廉洁，就会威望崇高。　说明为政必须用心公，持身廉。

清·陈确

积雨无干土，疾风无静林。《东里谣》　阴雨绵绵，就不会有干燥的土地；狂风劲吹，就不会有寂静的树林。　二句说明事物的状态都是有条件的，条件变化了，事物的状态也会随着变化。

贫人愁贫贫不去，病人愁病病不疗。《君莫愁》　疗：医治，医治好。穷人为贫穷发愁，贫穷不会因此而除去；病人为疾病发愁，疾病不全因此而治好。　指出遇到不如意的事一味消极悲观，无济于事，而应当积极想办法加以解决。

隤垣可复筑，盛年不重还。《改篇后句又书示董甥八公》　隤（tuí）垣（yuán）：坍塌的墙壁。隤，通"颓"，坍塌。盛年：壮年。　倒塌的墙壁还可以重新垒筑，青春可就一去不复返了。　强调人切不可虚掷时光，而应当抓紧青春好年华，

干一番事业。

知过之谓智，改过之谓勇。《瞽言·近言集》　二句意为：能够认识到自己的过错，这就叫有智慧；能够改正自己的错误，这就叫有勇气。　意谓能充分认识自己的错误并加以认真改正的人，是智慧之人。

君子不患人之不己知，患不自知也。《瞽言·近言集》　君子：有学问修养的人。患：担心，忧虑。君子不担忧别人不了解自己，担忧的是自己不能正确地认识自己。强调自知之明是一个人最基本的修养。

恶不自恶，恶必极；善不自善，善必至。《圣人可学而至论》　自恶：自以为恶。恶，坏。极：达到极点。自善：自以为善。善，好。至：极，达到顶点。　自己本性就坏，但还不以为坏，这就必然坏到极点；自己本性很好，但还不以为好，这就必然好到极致。　说明人不能怙恶不悛，而应当不断为善。

谓己不可，自诬也；谓人不可，诬人也。《圣人可学而至论》　诬：诬蔑。　说自己不行，这是诬蔑自己；说别人不行，这是诬蔑别人。意谓无论对自己还是对别人，都必须正确地评估，看不到自己的长处和看不到别人的长处，都不足取。

能敬之人，时见得自己不是；不敬之人，时时见得自己是。《书示仲儿》

敬：恭敬谨慎。是：正确。　恭敬谨慎的人，每时每刻都能发现自己不对的地方；不恭敬谨慎的人，每时每刻都看到自己的正确。说明人必须谨慎待己，这样才能发现自己的错误并加以改正，不断进步；反之，总会以为自己正确，从而看不到身上存在的错误，无法自觉改正，误己误事。

清·李渔

今美于昨，明日复胜于今。《〈笠翁余集〉序》二句　原表现了李渔对文学创作的态度，即文学创作是不断向前发展的，今天胜于昨天，明天又胜于今天，总之"长江后浪推前浪"，后辈胜过前辈。　这也揭示了事物发展的一个规律。　现也常用来正确对待自己，看待事物。

变则新，不变则腐；变则活，不变则板。《闲情偶寄》　变化才能有所创新，不变则腐朽衰败；变化才能充满生机，不变则刻板守旧。二句也是论文学创作。作文是这样，做事也是这样，创新、变化才能不断向前发展。

清·顾炎武

亘地黄河出，开天此一门。《龙门》

亘：横渡，贯穿。一门：指龙门，即龙门山，在今山西省河津县西北和陕西省韩城市东北。黄河流经此处，两岸峭壁对峙，形如门阙，故名。　黄河横贯天地，奔腾万里，这里就是开天辟地的天下第一门。　二句极言黄河势不可挡的气势和龙门山得天独厚的位置。

天下兴亡，匹夫有责。《正始》
匹夫：普通老百姓。　对于国家兴亡，每个普通百姓都有责任。二句反映了作者博大的爱国情怀，流传至今，成为中华民族几经危难屹立不倒的精神所在。

人之为学，不可自小，又不可自大。《自视欿然》　自小：胸无志向。自大：恃才傲物。　一个人读书或做学问，不可胸无大志，也不可恃才傲物，目空一切。　阐述了为学应具有的正确态度。

君子之学，死而后已。《与人书》之六
君子：有才学的人。已：停止。君子求学问，一直到死才停止。意谓君子活到老，学到老。

公则说，信则人任焉。《郡县论》之五。　说（yuè）：通"悦"，喜悦。信：守信用。任：信任。　做事公正，人们就会喜悦，讲信用，人们就会信任。　说明为政必须公正守信。

生来一诺比黄金，那肯风尘负此心。《推官二子执后欲为之经营而未得也而二子死矣》诗之一。　　诺：允诺。那：通"哪"。风尘：承担的劳顿。负：背弃。　　二句意为：我这个人生来就把应诺看得如同黄金一般贵重，哪能因为自身困顿而言而无信。　　二句表现了作者坚守信用的处世态度。

清·龚鼎孳《百嘉村见梅花》

天涯疏影伴黄昏，玉笛高楼自掩门。《百嘉村见梅花》　　疏影：梅花。北宋林逋《山园小梅》诗云："疏影横斜水清浅，暗香浮动月黄昏。"乃咏梅之绝句。　　游子漂泊异乡，黄昏时分竟只有梅花相伴；远处高楼上又传出幽怨的笛声，更添几分凄凉萧瑟，游子无奈，掩门不听。二句诗写游子的孤寂与无奈，"自掩门"的细节将游子之心表露无遗。

清·侯方域《答张尔公书》

傀儡学技，音节虽工，面目非情，必俟筵终殇散始复本来。《答张尔公书》　　傀儡：用土木制成的偶像。工：精通。俟(sì)：等待。筵终殇散：宴席结束。　　木偶学习演剧技艺，虽然能精通音律，但是全无感情，只是重复模拟，到了曲终人散，就恢复了"木偶"的本性。以比喻说明，人若学傀儡，只知道机械地模仿，那么就不可能学到真正的知识和技术，只有用心去学，全情投入，才能有所收获。

清·王夫之

烟云泉石，花鸟苔林，金铺锦帐，寓意则灵。《夕堂永日绪论内编》　　金铺锦帐：喻景物极美，犹如金子铺就，锦缎织就。　　浮云泉水奇石，花鸟薜苔丛林，景色虽美，只有寄寓人的主观感受，才能神妙动人。　　几句论述诗之情与景的关系，强调"寓意"，即景中有情，一切景语，皆是情语，这是文学创作的重要规律。

才以用而日生，思以引而不竭。《周易外传·震》　　引：延长，即不断思考。　　人的才华不断发挥其作用就能每天有所增长，经常思考思维就能永不枯竭。　　指出不断学习、思考，人就会越来越聪明，越来越能干。

君子择交，莫恶于易与，莫善于胜己。《张子正蒙注·有德篇》　　君子：有才德的人。择友：择人交友。恶：坏，不好。易与：原指容易对付，此指庸碌无才之人。　　君子择友,最不好的是结交那种庸碌之人,最理想的是结交强于自己的人。　意谓君子应与强于自己的人结交,决不能结交庸人。

己不逮而恶人之骄,自弃者也。《张子正蒙注·有德篇》　不逮:不及。恶(wù):说人坏话。自弃:自甘落后。　自己比不上人家,却诬赖人家骄傲,这是自甘落后。指出人应当服人之长,正视自己的不足,勇于向别人学习。

以天下之功为功,而不功其功,此之谓公。《读通鉴论》卷二　把天下人的功绩都作为是功绩,但是不把那功绩占为己有,这就是"公"。意谓天下是天下人的天下,切勿存将天下之物、天下之事、天下之人、天下之功据为己有的念头。

不自信而人孰信之?不自度而安度人?《读通鉴论》卷九　度(duó):揣度,理解,认识。安:怎么。　自己都不相信自己,又怎么能得到别人的信任?自己都不了解自己,又怎么能去理解别人呢?　二句强调自信与自知的重要性。

清·施闰章《钱塘观潮》

声如千骑疾,气卷万山来。《钱塘观潮》　潮声像千军万马疾奔而来,气势如万山席卷而至。　诗人通过形象比喻描写钱塘潮的磅礴气势,给人以听觉和视觉上的双重体验。

清·陈维崧

准拟骑鲸,不然射虎,一吐胸中郁!《念奴娇》　准拟:准备,打算。骑鲸:骑在鲸鱼背上。李白曾自谓"海上骑鲸客"。比喻远游海上。射虎:用李广射虎典。比喻从征边塞。李广是西汉著名军事家,历经文帝、景帝三朝,被称为"飞将军",但其时运不济,一生未得封侯。《史记·李将军列传》记载:"广出猎,见草中石,以为虎而射之,中石没镞。"郁:郁闷,指怀才不遇之愤。准备远游海上,或者从征边塞,以一吐胸中之郁闷。　词人自比李白、李广,"骑鲸"、"射虎"表现其雄心壮志,豪气干云,无奈也是怀才不遇,古今相同,故有"一吐胸中郁"之说。

暝色官桥,消尽了,带雨绿帆千叶。《琵琶仙·阊门夜泊用白石词韵》　暝色:暮色,指傍晚时分。绿帆:船帆水中倒影,故是绿色。千叶:指千艘船。　官桥上笼罩着暮色,渐渐消去;白天千艘船冒雨驶过官桥,无数沾着雨水,倒映水中而成绿色的船帆渐渐消失。

写景动中有静,别具一格。

清·朱彝尊《桂殿秋》

共眠一舸听秋雨,小簟轻衾各自寒。《桂殿秋》　舸(gě)船。簟(diàn):竹席。衾(qīn):被子。晚上我们躺在船舱里,听着秋雨打着船篷,寒气袭来,小凉席、薄被子已不能温暖我们。　字里行间透出往事不堪回首的悲凉之情。

清·屈大均

碧玉归无地,丹心痛入天。《谒文丞相祠》　碧玉:指碧血。苌弘是周朝时的大夫,忠心耿耿,因得罪了朝中权贵而蒙冤被杀,传说有人慕名收集了他的血液藏在家里,三年后这些干血块竟然化为碧玉(事见《庄子·物外》)。后"苌弘化碧"常与"望帝啼鹃"连用,形容刚烈忠诚之士,为正义事业而蒙冤抱恨。这里指文天祥为元人所杀。丹心:赤诚的心,这里指文天祥的一片忠心,其《过零丁洋》诗云:"人生自古谁无死,留取丹心照汗青。"　二句是悼念南宋忠臣文天祥,实也写出了自己报国不成、眼见异族入侵的悲痛心情。

从来天下士,只在布衣中。《鲁连台》　士:指杰出之人。布衣:平民百姓。　从来天下的英雄俊杰,都出自平民百姓中间。　借古喻今,说明选拔人才不能讲究出身。

英雄不失路,何以成功名。《赠朱士稚》　失路:行非其路,比喻不得志。功名:功绩和名声。　英雄如果不经历一番坎坷,怎么能建立功业,扬名于世呢?　意谓不经过艰苦的磨难,就不能有所成就,因而也不能成为英雄。

清·王士禛

他日差池春燕影,只今憔悴晚烟痕。《秋柳四首》之一　他日:往日,过去。这里指春天。差(cī)池:参差不齐。　回忆起往日春光明媚时,燕儿忽高忽低穿梭于柳树间,而如今,却只见柳条黯淡枯萎,在暮色中孤苦伶仃。　前一句充满春天的欢乐,后一句蕴含秋日的感伤,前后对比强烈,更显出"秋柳"枯槁凄凉之态。

青笠红衫风雪里,一林枫柏马萧萧。《自沙河至唐婆岭即事》　柏(jiù):乌柏树。萧萧:形容马叫声。　头戴青色斗笠,身着红色衣衫,在白雪茫茫中驰骋。马儿嘶鸣,穿过一片枫柏树林。　二句勾勒出了一幅雪中独骑的画面,表现出如侠士般的快意潇洒。

清·顾贞观
《金缕曲·秋暮登雨花台》

如此江山刚换得,才子几篇词赋!吊不尽,人间今古。《金缕曲·秋暮登雨花台》　刚换得:指明清易代。眼前的江山刚易主,文人的几篇辞赋,真是悼不尽人间今古。　几句表达了深沉的亡国之痛。

清·唐甄《潜书》

位在十人之上者,必处十人之下;位在百人之上者,必处百人之下;位在天下之上者,必处天下之下。《潜书·抑尊》　处:置身。地位在十个人之上的,必须置身于十人之下;地位在一百人之上的,必须置身于一百人之下;地位在全天下的人们之上的,必须置身于天下的人们之下。　意谓无论是一般官员还是国家的最高统治者,都必须谦以待众,绝不能自视高贵,目中无人。

直言者,国之良药;直言之臣,国之良医也。《潜书·抑尊》　直言:正直的言论。　正直的言论,是国家上好的药品;敢于发表正直言论的大臣,是国家高明的医生。　说明统治者必须重用直言之臣,善于采纳直言。

以死心处死者成,以生心处死地者败。《潜书·利才》　死心:必死的念头。生心:生还的念头。人处在死亡的困境中,如果怀着拼死一搏的决心,事情反而会成功;如心里时时想着生还,那么事情反而会失败。　说明处理事情从最坏处着想,往往能防患未然,争得好的结果。

木之有根,无长不实;人之有心,无运不成。《潜书·辨儒》　长(zhǎng):生长。实:结出果实。运:运用。　树木有了根须,如果不生长,就不能结出果实;人有心智,如果不运用,就不能获得成功。　说明人有了心智,还必须经常运用,这样才能建立事功。揭示了才智和实践的辩证关系。

清·原济《苦瓜和尚话语录》

我之为我,自有我在。《苦瓜和尚话语录》　我之所以为我,是因为有我(的面目)在。　二句意谓(绘画)应充分表达自己的感情,这样的画就能体现自己的个性。

道出了个性乃艺术的真谛,绘画如此,其他艺术创作亦如此。

清·洪昇

今古情场,问谁个真心到底?《长生殿·传概》　从古至今,在爱情上,到底谁是始终真心的呢?此诘问是对唐明皇在马嵬坡赐死杨贵妃而发,今天也不无警戒意义。

可知他朱甍碧瓦,总是血膏涂!《长生殿·疑谶》　朱甍(méng)碧瓦:红色的屋顶绿色的瓦,指帝王家豪华的宫殿。甍,屋脊。血膏:喻指百姓血汗。　帝王家金碧辉煌的宫殿,都是用百姓的血汗换来的。　这是对封建统治者奢豪生活的痛斥。

西湖一勺水,阅尽古来人。《乙卯春日湖上》　二句意为:西湖虽小渺如一勺之水,然而自古以来,它见证了朝代更替和悲欢离合。写来以小见大,饱含历史沧桑感。

器满才难御,功高主自疑。《淮水吊韩侯》　器满:盛水器皿,盈溢而出。比喻指才华横溢。御:支配和控制。　才华横溢的人难以控制,功劳大的臣下,君主便要疑忌。二句深刻揭示了封建社会官场的

丑恶。

亲知把臂他乡少,贫贱论交此地难。《谏李东琪》　亲知:亲人和知己。把臂:握住胳膊,以示亲密。他乡异客,很少遇到握手言欢的亲人和知己;贫穷卑微,此处人地两生,很难结交志同道合的朋友。二句流露出漂泊异乡的孤独辛酸,同时传递出人情冷漠的凄凉无奈。

清·孔尚任《桃花扇》

萧然,美人去远,重门锁,云山万千,知情只有闲莺燕。《桃花扇·题扇》　萧然:冷落,凄清。　四周一片冷清,美人杳然无踪,只见门儿深锁,好似与她隔了几重云山,也只有那莺莺燕燕才知道。侯朝宗回媚香楼寻李香君不成,抒发了这番感慨。

清·钮琇《春草》

多情陌上双蝴蝶,犹是飞飞失故丛。《春草》　蝴蝶多情,成双成对在陌头柳上飞舞,原来它们飞来飞去仍在找寻昔日的栖身之地。二句借景抒情,述说自己亡国失家之痛,惶惶不知应向何处栖身。

清·查慎行

清泉自爱江湖去,流出红墙便不还。《玉泉山》　　清泉因爱广阔的江河湖海奔流而去,流出红墙便不复返。　　二句赞美清泉不为红墙所拘禁,实乃暗寓诗人发誓冲破重重阻力,一展宏图伟业。

风收云散波忽平,倒转青天作湖底。《中秋夜洞庭湖对月》　　中秋月夜,风儿收敛,云朵四散,洞庭湖面分外平静,皎皎明月映水中,好像把无际的天空沉入洞庭湖,作了湖底。　　二句想象奇特,静景中蕴含动势,更显洞庭秋月的独特魅力。

清·纳兰性德

一生一代一双人,争教两处销魂。相思相望不相亲,天为谁春?《画堂春》　　一生一代:犹言此生此世。争:怎么。　　此生此世我们就是天生的一对,如今怎么让我们分身两地受煎熬。互相思念,互相盼望,却不能结合,老天到底能为谁带来春天?　　二句写得柔肠百转,哀感摧人心肝。传说纳兰性德年轻时与表妹相恋,两人曾海誓山盟,共约白头。不料表妹被选入宫,性德魂牵梦萦,饱受相思之苦。

山一程,水一程,身向榆关那畔行。夜深千帐灯。《长相思》　　榆关:山海关。那畔:那边,指关外。　　过了一山又一水,过了一水又一山,千军万马赶往山海关外。夜幕之下,千百个营帐透出灯光,远望犹如满天繁星。　　几句写白天跋涉的辛苦及边塞壮阔夜景,写景自然圆融,不着痕迹。清代王国维评价说:“‘明月照积雪’……此种境界,可谓千古壮观。求之于词,唯纳兰容若塞上之作,如《长相思》之‘夜深千帐灯’,……差近之。”《人间词话》）

清·屈复《偶然作》

百金买骏马,千金买美人,万金买高爵,何处买青春?《偶然作》　　高爵:高官厚禄。　　百金可以买到骏马,千金可以买到美人,万金可以买到高官厚禄,但再多的金银能到哪里去买青春。　　几句极写青春可贵,劝诫人们切莫虚掷光阴。

清·方苞《原过》

苟以细过自恕而轻蹈之,则不至于大恶不止。《原过》　　苟:如果。

细过：小的过错。大恶：大的罪衅。　如果因为小错就原谅自己并轻易地重蹈覆辙，那么不到犯大错是不会停止的。　说明小错不纠，而放纵自己，渐渐发展，最终会酿成大祸。

清·郑燮

些小吾曹州县吏,一枝一叶总关情。《潍县署中画竹呈年伯包大中丞括》些小：微小。吾曹：吾辈。郑燮曾在山东范县、潍县为官。　我们这些小官小吏,一定要关心百姓疾苦,哪怕是一枝一叶极细小的事情都要放在心上。　二句表现了作者做官为民的博爱思想,难能可贵,值得赞扬。

写取一枝清瘦竹,秋风江上作渔竿。《予告归里,画竹别潍县绅士民》写取：画成。　画一根清瘦的竹子做成鱼竿,秋日带着它去江边钓鱼。　二句以竹喻高洁,又以钓鱼翁的形象,暗寓归隐山林之意,表现了诗人超凡脱俗、不与世俗同流合污的愿望。郑板桥画竹、写竹,竹几乎就是他人生的写照。

千磨万击还坚劲,任尔东西南北风。《竹石》坚劲：坚强,挺拔。青松立在岩石之中,历经折磨,还

是那样坚强,挺拔,不管来自哪方的狂风,都不能使它弯腰。　二句赞美青松伟岸不屈的高洁品质,也是诗人自比。

立朝何必无纤过,要在闻而遽改之。《立朝》立朝：立身朝廷。纤：细小。要：关键。遽(jù)：急速,立即。　在朝廷做事不可能一点细小的过错都没有,关键在于听说后立即改正。　意谓办错事是难免的,但必须立即改正。

志亦不能为之抑,气亦不能为之塞。《赠潘桐冈》　即使政治上不得志,志向也不能为之压抑,刚正之气也不能为之阻塞。　意谓即使身处逆境,也不要丧志。　二句是作者劝勉友人的话,也是作者自己的愿望。

新竹高于旧竹枝,全凭老干为扶持。《新竹》　新长出来的竹枝高出旧有的竹枝,全都是因为有老竹干扶持的结果。　喻指新一代之所以取得超出前人的成就,是因为有了前人奠定的基础和先辈的积极支持。

文与可画竹,胸有成竹;郑板桥画竹,胸无成竹。《题画·竹》　文与可：名同,字与可。宋代画家,善画竹,有"墨竹大师"之称,是苏轼的表兄。成语"胸有成竹"即由他而起。郑板桥：即郑燮,字克柔,号板

桥。中国清代画家、书法家、文学家,为"扬州八怪"之一,其诗、书、画世称"三绝",画擅兰竹。　苏轼在《文与可画筼筜谷偃竹记》中说:"画竹,必先得成竹于胸中。"是说文与可在画竹之前,对竹的形象、构造等已了然于胸,不必看竹,即可下笔成竹。但是郑板桥并不同意"胸有成竹"的绘画理念,他说:"与可之有成竹,所谓渭川千亩在胸中也;板桥之无成竹,如雷霆霹雳,草木怒生,有莫知其然而然者。盖大化之流行,其道如是,与可之有,板桥之无,是一是二,解人会之。"郑板桥认为事物千变万化,人不可能尽知其奥妙,所以画竹之时,竹之形态随意而生,并不是事前设想好的样子。"胸有成竹"和"胸无成竹"代表了两种绘画理念,一重"形似",强调结果;一重"神似",强调变化。当然,在绘画中"形"与"神"不可分割,"形神兼备"当是最高境界。

读书求精不求多,非不多也,唯精乃能运多,徒多徒烂耳。《板桥集·序》　运多:此指能触类旁通。徒烂:指空有其名。　读书只求精读不求多读,并不是读书不多,因为只有精读才能触类旁通;一味贪多,空有其名而已。几句揭示了精读和泛读的关系,尤其强调了精读的重要性和必要性。

读书以过目成诵为能,最是不济事。《潍县署中寄弟墨第一书》　不济事:指没有效果。　读书的时候,以过目成诵为最有能力的表现,其实这是最没有效果的方法。指出"过目成诵"看似快速高效,其实流于表面,只是一种瞬间记忆,只入眼而不入心,不能维持长久,于己无益。

吃亏是福。《题潍县官廨》　郑板桥解释这句话说:"满者损之机,亏者盈之渐。损于己则盈于彼,外得人情之平,内得我心之安,即平且安,福即在是矣。"自己吃亏,让别人能够愉快、顺利,自己内心则得到平静、安宁,这何尝不是一种福气呢?当然,"吃亏"并不是一味地忍让和妥协,在竞争激烈的现代社会里,合理合法地争取你应得的东西,这不用退让。

清·程允升《幼学琼林》

为善则流芳百世,为恶则遗臭万年。《幼学琼林》　做好事的人,美名流传千万年;做坏事的人,臭名昭著千万年。　说明人的名誉,都掌握在自己手里,只要肯于积累善端,就能获得令名,后人永远会赞美他,反之,就会臭名远扬,后人永远会憎恶他。

清·孙洙《唐诗三百首》

熟读唐诗三百首,不会吟诗也会吟。《唐诗三百首·序》　　吟诗:作诗,写诗。　　二句说明唐诗代表了中国古代诗歌的最高艺术成就,因此强调要多读、熟读,写诗就能得心应手。

清·曹雪芹《红楼梦》

假作真时真亦假。《红楼梦》第一回　把假的当作真的,(时间一长)那真的也就成了假的了。　　这是《红楼梦》中"太虚幻境"里的一副对联。说明由于长期伪装使人真假难分。　　现常被引用来形容黑白不分,真假难辨。

机关算尽太聪明,反误了卿卿性命。《红楼梦》第五回　　机关:周密而巧妙的计谋。卿卿:对人亲昵的称呼,有时含戏谑、嘲弄之意。要尽了心机,真是太聪明了,可算机来算机去反而断送了你自己的性命。　　告诫人们用尽阴谋诡计,伤害他人,必然自食恶果,没有好下场,这就是所谓聪明反被聪明误。

世事洞明皆学问,人情练达即文章。《红楼梦》第五回　　洞明:透彻了解。练达:老练通达。　　能了解人情世故的变化,就是一门学问,有老练的方法应付,就是一篇好文章。　　说明人在社会上立身处世,要把人情世故这门学问好好学到手,因为它也是一门深奥的学问。

月满则亏,水满则溢。《红楼梦》第十三回　　亏:亏缺。　　月亮圆了,随即转为亏缺,水流满了器具,就会溢淌出。　　喻指事物达到顶点便会走向衰落。

好风凭借力,送我上青云。《红楼梦》第七十回　　凭借强劲的风,送我直上云霄。　　原咏柳絮借着东风之力,上天追逐白云。　　现多指把握好的机会,借助有利条件,实现自己的远大理想。有时也用作贬义,揭露、嘲讽野心家和趋炎附势之徒的用心和丑恶行径。

自许州官放火,不许百姓点灯。《红楼梦》第七十七回　　二句原本是劳动人民对那些为所欲为、专横跋扈的反动官吏的辛辣嘲讽,后也用以形容那些只许自己胡作非为,对他人的正常行为却横加限制的人。现常说"只许州官放火,不许百姓点灯"。

不是东风压了西风,就是西风压了东风。《红楼梦》第八十二回　　小说中喻指家庭中的矛盾着的双方,总有一方要占上风。后喻指进步势力与反动势力尖锐对立、不可调和。现常说"不是东风压倒西风,就是西风压倒东风"。

心病终须心药医,解铃还须系铃人。《红楼梦》第九十回　　心头之病,必须使用治心病的药治疗;要解开铃铛上的绳子,还要请来那个系铃铛的人。　　二句喻指遇到问题或面对困难,一定要找出原因,对症下药,否则只能事倍功半,甚至徒劳无功。

牡丹虽好,全仗绿叶扶持。《红楼梦》第一百一十四回　　牡丹:牡丹花,系著名的观赏植物。　　喻指一个人再有才干,没有众人的帮助、支持,也不能成就事业。

清·袁枚

桂林天小青山大,山山都立青天外。《同金十一沛恩游栖露寺望桂林诸山》桂林的山比天还要高大,每一座都撑破了天矗立到了天外。　　二句以夸张的手法,极赞桂林山峰的奇特。想象新颖,夸张之中饱含情趣,别具一格!

清·赵翼

矮人看戏何曾见,都是随人说短长。《论诗五绝》　　矮人句:语出《朱子语类》:"如矮人看戏相似,见人道好,他也道好。"矮人,这里喻指随声附和而无真才实学的"批评者"。　　那些矮人看戏,其实什么都没看到,都是跟着别人说长道短。　　形象嘲讽了没有主见只知附和他人的文学评论者。现也用以讽刺那些人云亦云者。

江山代有才人出,各领风骚数百年。《论诗》之二　　江山:指国家。才人:才华横溢的作家。风骚:《风》指《诗经》中的《国风》,《骚》指《楚辞》中的《离骚》,这里泛指诗文创作。　　中国文坛世世代代都有才华横溢的文学新人出现,他们各自开创一代新风,传扬数百年。现常用此二句诗来说明文学园地人才辈出的情形。

清·钱大昕《恒言录》

日间不作亏心事,半夜敲门心不惊。《恒言录》　　意谓白天不做坏事,心里没鬼,不用提心吊胆。现多用以表明自己光明磊落,行为端正,心里很坦然。也用来说别人只要没做不好的事,就用不着怕人找麻烦。也作"白天不作亏心事,晚上不怕鬼敲门"。

清·曾廷枚《古谚闲谭》

远水难救近火，远亲不如近邻。
《古谚闲谭》卷一　　远处的水救不了近处的火灾，远方的亲戚不如邻居。　　形象地说明缓不济急。现常用来形容需要迫切，刻不容缓。

清·黄景仁《癸巳除夕偶成》

悄立市桥人不识，一星如月看多时。《癸巳除夕偶成》二首之一　　独自站在市桥旁，没有人认识我，仰首长空，把一颗星星当做月亮凝视许久。　　二句写望月怀人，却着笔于星星，来寄托自己的情愫，别出心裁，其寂寞孤独也更胜人一筹。

清·郭嵩焘

天下求治见治难，群邑得理天下安。《送吴之官浙江》之四　　治：太平，安定。群邑：各个地方。理：治理。　　要求得天下太平，这是十分艰巨的，只有各个地方都井然有序，天下才会安定。　　说明地方官必须敬谨用政，这是攸关天下安定的大事。

人生当作五湖游，安能终老荒山丘。《王望云思亲图》　　五湖：泛指各地。安能：怎能。　　人生在世，应当走遍五湖四海，怎能在荒僻的山丘中困守一辈子。　　意谓男子汉应当以四海为家有所作为，而不能苟且一生。

丈夫知四方，忍为别离哀。《送王归湘乡兼寄曾九弟》　　忍：岂忍，岂肯。　　男子汉大丈夫志在四方，岂肯因为别离而忧伤？　　二句写出了男子汉的宽大胸怀。

人生踪迹如流水，到处渟洄不自持。《杨海琴以所藏〈春明忆旧图〉摩赠杨性农》　　渟(tíng)洄(huí)：水积聚而倒流。渟，水流聚在一起。洄，水逆流。自持：指自我支配。　　人生在世，踪迹有如流水，到处积聚而后倒流，不能自己把握。　　二句慨叹世道纷乱，自己不能掌握自己的命运。

清·刘开《问说》

非学无以致疑，非问无以广识。《问说》　　无以：不能。　　不学习知识，就不能产生疑问提出问题；不问问题，就不能解决疑惑增长知识。　　二句强调了学习、质疑、提问三者之间的关系。

清·林则徐

苟利国家生死以,岂因祸福避趋之。《赴戍登程口占示家人》　苟:如果。以:与,交出。避趋:逃避和趋求。　如果对国家有利,我可以牺牲生命。怎么能够见灾祸就避开,见利益就去追求呢?　二句表现了作者视国家利益高于一切的情怀。

余生岂惜投豺虎?群策当思刺犬羊。《壬寅二月祥符河复仍由河干遣戍伊犁蒲城相国涕泣为别愧无以慰其意呈诗二首》之一　余生:晚年。投豺虎:投身豺虎出没的地方,喻指被遣戍伊犁。群策:大家出主意。制犬羊:比喻制服敌人。犬羊,指英国侵略者。　自己晚年被遣戍豺狼出没的边远地区有什么值得可惜的?大家应当群策群力,以便制服侵略者。　二句表现了作者身遭厄运仍不忘捍卫国家的高尚情怀。

海纳百川,有容乃大;壁立千仞,无欲则刚。对联　仞(rèn):古时八尺或七尺叫做一仞。　像大海汇纳百川那样,胸怀就会阔大,像千仞峭壁耸立那样,没有私欲,就能刚正不阿。　这是林则徐广州查禁鸦片期间写的一副对联,

做人、为官皆可作为座右铭。

清·龚自珍

著书都为稻粱谋。《乙酉·咏史》稻粱:指食物。谋:谋取。　我写书都是为了谋饭吃罢了。作者这样说,实际上是为了避嫌,以麻痹统治者,使自己的著作得以流传。　现多用以表白自己著书仅为了糊口;或用以嘲讽某些作者胸无大志。

四海变秋气,一室难为春。《自春徂秋,偶有所触,拉杂书之,漫不诠次,得十五首》之二　四海:普天下。秋气:秋天的气象,比喻衰败景象。天下都已秋天了,一个房间难以留住温暖的春天了。　二句诗原是对清朝统治的警告,整个国家已经衰败,单靠清王室的力量欲挽狂澜,谈何容易?现在也指大势所趋,仅靠个人或少部分人的力量去改变是很难的。

落红不是无情物,化作春泥更护花。《己亥杂诗》之五　落红:落花。暗指离开官场。化作春泥:比喻新的人生开始。　落花并不是没有感情的物体,它化作泥土,还要培育更美丽的花。　二句寄寓作者虽然辞官,却视作新生活的开始,仍想为国家出点力的思想。现常用以喻指革命前辈离开工作

新蒲新柳三年大,便与儿孙作屋梁。《己亥杂诗》之七 蒲:杨柳的一种。 杨柳树只才长了三年,就砍下来给儿孙作屋梁。 二句诗以木材喻人才,说明人才培养存在"提前使用"的弊端。

我劝天公重抖擞,不拘一格降人材。《己亥杂诗》之一百二十五 天公:对天的敬称。抖擞(sǒu):振作。格:框子。 我劝老天爷重新振作精神,不必拘守一定的规格,让大量人才降临于世。 二句借呼求天公,表达了作者对统治阶级以各种条件扼杀人才的愤怒,和对人才的渴望。 现常用以强调使用人才不应拘泥于所谓的规章制度,必须唯才是举。

此生欲问光明殿,知隔朱扃几万重?《桂殿秋》 朱扃(jiōng):朱红的门。扃,门。 我这一生想要寻找光明的殿堂,不知中间隔了几万重的大门啊? 二句诗强烈地表现了诗人追求光明的愿望和光明难寻的无奈。

士皆知有耻,国家永无耻矣;士不知耻,为国之大耻。《明良论二》 士:读书人。 如果一个国家的读书人都有羞耻心,那么这个国家永远不会遭受耻辱;如果一个国家的读书人都厚颜无耻,这才是一个国家的奇耻大辱。 几句指出,知识分子代表了一个国家先进的文化和思想,是一个国家道德精神的体现者。而"士"的堕落,恰恰说明了这个国家的没落。

清·谭嗣同

我自横刀向天笑,去留肝胆两昆仑!《狱中题壁》 去留:死去和留在人世,指作者自己和逃脱了的战友。肝胆:红心。昆仑:山名,形容高大。 我手持宝刀尽情地朝天大笑,无论死去的还是留下的,忠肝义胆都像昆仑山一样高大。 "戊戌变法"失败后,作者拒绝出逃,后被捕英勇就义。二句写出了作者临危不惧、死而无悔的斗争精神和对还在继续斗争的革命者的鼓励。

清·魏源

不忧一家寒,所忧四海饥。《偶然吟十八首呈娄源董小槎先生为和师感兴诗而作》之八 四海:天下各地。 我不忧虑自家的寒苦,所忧虑的是普天下人民大众的饥馑。 二句诗表现了作者对劳动人民的同情。

志士惜年,贤人惜日,圣人惜时。《默艑上·学篇三》   有志的人珍惜每一年的时间,贤明的人珍惜每一天的时间,圣人珍惜每一小时的时间。   意谓人越是胸怀广,志向大,就越是珍惜时间。

人定胜天,造化自我。《默艑上·学篇八》   造化:自然,自然界的创造者。   人一定能战胜自然,自然和命运就掌握在我的手中。二句充分肯定了人的主观能动性,表现了作者战胜自然、改造自然的雄心壮志。

君子以细行律身,不以细行取人。《默艑下·治篇一》   细行:小事小节。身:自身,自己。取人:选择人才。   君子在小事小节上严格要求自己,但不以小事小节选取人才。   意谓君子对于自己,哪怕是小事小节也严格要求,而对别人则主要看其大节。

为国家厘细务百,不若定大计一;为国家得能吏百,不若得硕辅一。《默艑下·治篇一》   厘:整理,治理。细务:琐事,无关紧要的事务。大计:重大的谋划。硕辅:贤良的辅佐之臣。   替国家做好一百件微小的事情,不如决定一项重大的计策;替国家寻得一百名能干的一般官吏,不如寻得一名贤良辅佐之臣。   意谓应当为国家谋大事、举大才。

人者,天地之仁也。《默艑下·治篇三》   仁:核心、精神。   人,是天地之间的精华。   这是对个体生命的充分肯定和热情赞颂。

用人者,取人之长,辟人之短;教人者,成人之长,去人之短也。《默艑下·治篇七》   辟(bì):通"避",躲开,让开。成:成长,发展。   使用人,应当使用他的长处,避开他的短处;教育人,应当发展他的长处,克服他的短处。

孤举者难起,众行者易趋。《默艑下·治篇八》   孤举:单飞。举,飞。趋:疾走,快步而行。   独自一个高飞,难以飞起,许多人一快行走,则容易走得快。   喻指单枪匹马不能成事,只有大家齐心协力才可以把事情办好。说明注意发挥众人的力量。

世昌则言昌,言昌则才愈昌;世幽则言幽,言幽则才愈幽。《默艑下·治篇十二》   言:言论,思想。幽:昏暗。   时世昌盛,人们的思想就会活跃,畅所欲言;思想活跃畅所欲言,人才就会更加大量地涌现出来;世道昏暗,人们的思想就会受压抑不敢讲话,思想压抑不敢讲话,人才就将很少出现。   说明国家政治贤明与否是人才成长的重要条件。

居功之行,人不功其行;求报不惠,人不报其惠。《默艑下·治篇十六》   居功:自以为有功。行:行为。功其行：以其行为功。报：报答。惠：恩惠。 自以为有功的行为，人们并不认为这种行为有功;希望得到报答的恩惠，人们并不报答这种恩惠。 说明人不能自以为有功、为求得报答而行善施惠。

清·梁启超《双涛园读书》

何时睹澄清，一洒民生艰。《双涛园读书》 睹(dǔ)：看见。澄清：肃清混乱局面，天下安宁。洒(xǐ)：通"洗"，清除。 什么时候能够看到天下安宁，好让人民生活的困苦为之清洗干净了。 二句表达了作者忧国忧民之思。

清·徐锡麟《出塞》

只解沙场为国死，何须马革裹尸还。徐锡麟《出塞》 马革裹尸：用马皮把尸体包裹起来，指军人战死沙场。典出《后汉书·马援传》："男儿要当死于边野，以马革裹尸还葬耳，何能卧床上在儿女子手中邪?" 大丈夫只懂得为国家安危牺牲性命，哪还需要马革裹尸，回家安葬? 二句表现了义无反顾、视死如归的战斗决心。徐锡麟是反清的革命义士，他被捕牺牲

时，年仅 34 岁。联系诗人的生平再读这两句诗，更觉得慷慨悲壮，豪气干云。

清·秋瑾

画工须画云中龙，为人须为人中雄。《赠蒋鹿珊先生言志且为他日成功之鸿爪也》 云中龙：传说龙在云中最活跃。雄：英雄。 画家应当画云中龙，做人就要做人中的豪杰。 二句表达了作者非凡的志向。

身不得，男儿列，心却比，男儿烈。《满江红》 列：行列，类。烈：刚直。 我的身体虽不能归入男子行列，但我的心却要比男子刚烈。 几句鲜明地刻画出了作者刚毅不凡的性格和胸怀。

一腔热血勤珍贵，洒去犹能化碧涛。《对酒》 碧涛：碧血的波涛。满腔的热血自己要珍重，到时候把它洒出去，定能变成碧血波涛。意谓要爱惜自己，以便将来献身于革命的暴动。 二句表现了作者忠贞的爱国之心。

拼将十万头颅血，须把乾坤力挽回。《黄海舟中日人索句并见日俄战争地图》 拼着牺牲十万人的性命，誓要把天地扭转过来。 二句出自"鉴湖女侠"秋瑾之手，表现出力

挽狂澜的雄心壮志,真是巾帼不让须眉。秋瑾,一个原本可以在闺阁之中悠闲度日的贵妇人,在民族危亡之际,毅然投身革命。她被捕牺牲时年仅 32 岁,宋庆龄称赞她是"最崇高的革命烈士之一"。

清·王国维《人间词话》

雾里看花,终隔一层。《人间词话》二句原是王国维评价姜夔词作的,他认为姜夔之词写景状物不够真切,就如雾里看花,模糊不清。现常用来形容对人或事看得不透彻,只看到一个模糊的表面现象,而不能洞悉本质。

古今之成大事业、大学问者,必经过三种之境界:"昨夜西风凋碧树。独上高楼,望尽天涯路。"此第一境也。"衣带渐宽终不悔,为伊消得人憔悴。"此第二境也。"众里寻他千百度,蓦然回首,那人却在灯火阑珊处。"此第三境也。《人间词话》　王国维认为治学分三个境界。第一境界是:"昨夜西风凋碧树。独上高楼,望尽天涯路。"此句出自北宋晏殊的《蝶恋花》。意在做学问者,即便困难重重,也应坚持理想,执着追求,登高望远,居高临下,看清事物发展的总貌和趋势,不因暂时的艰难困苦而改变心意。第二境界是:"衣带渐宽终不悔,为伊消得人憔悴。"此句引自北宋柳永的《蝶恋花》。意在做学问者,必须坚定不移地为了自己的理想而奋斗,全心投入,孜孜以求,废寝忘食,即使形容憔悴也毫无怨言。第三境界是:"众里寻他千百度,蓦然回首,那人却在灯火阑珊处。"此句引自南宋辛弃疾的《青玉案》。意在做学问者,经过长时间的潜心研究,终有一天自然会豁然开朗,修成正果,进入治学的自由王国。这最后一个境界看似得来全不费工夫,其实必须经过前两个境界的锤炼,是治学者毕生精力之结晶。

词目笔画索引

盗。　43

力胜贫,慎胜祸。　77

三　画

三十功名尘与土,八千里路云和月。　177

三人行,必有我师焉:择其善者而从之,其不善者而改之。　21

三人牧一羊,羊不得食,人亦不得息。　74

三寸之舌,强于百万之师。　71

三日不读,口生荆棘;三日不弹,手生荆棘。　231

三分春色二分愁,更一分风雨。　154

三分春色描来易,一段伤心画出难。　223

三百六十病,唯有相思苦。　227

三军一心,剑阁可以攻拔;四马齐足,孟门可以长驱。　209

三军可夺帅也,匹夫不可夺志也。　22

三折肱知为良医。　11

三悔以没齿,不如不悔之无忧也。　210

干将不可以缝线,巨象不可使捕鼠。　93

士大夫众则国贫。　62

士之为人,当理不避其难,临患忘利,遗生行义,视死如归。　57

士不可以不弘毅,任重而道远。仁以为己任,不亦重乎?死而后已,不

亦远乎?　21

士为知己者死,女为悦己者容。　75

士而怀居,不足以为士矣。　23

士穷乃见节义。　131

士皆知有耻,国家永无耻矣;士不知耻,为国之大耻。　246

士虽有学,而行为本焉。　33

工多技则穷。　68

工贵其久,业贵其专。　186

工欲善其事,必先利其器。　24

才子词人,自是白衣卿相。　157

才以用而日生,思以引而不竭。　234

才者德之资也,德者才之帅也。　161

丈夫不逆旅,何以及苍生。　220

丈夫为志,穷当益坚,老当益壮。　95

丈夫有泪不轻弹,只因未到伤心处。　220

丈夫志,当景盛,耻疏闲。　158

丈夫志四海,万里犹比邻。　86

丈夫非无泪,不洒别离间。　144

丈夫知四方,忍为别离哀。　244

丈夫所志在经国,期使四海皆衽席。　221

丈夫贵不挠,成败何足论。　179

大丈夫行事,论是非不论利害,论逆顺不论成败,论万世不论一生。　195

大凡物不得其平则鸣。　132

大风起兮云飞扬,威加海内兮归故乡。安得猛士兮守四方?　65

天下之事，苟善处之，虽悔，可以成功；不善处之，虽利，反以为害。 169

天下之治乱，不在一姓之兴亡，而在万民之忧乐。 230

天下无粹白之狐，而有粹白之裘，取之众白也。 56

天下兴亡，匹夫有责。 233

天下求治见治难，群邑得理天下安。 244

天下熙熙，皆为利来；天下攘攘，皆为利往。 73

天无一点云，星斗张明，错落水中，如珠走镜，不可收拾。 180

天不老，情难绝。 152

天不再与，时不久留。 57

天气常如二三月，花枝不断四时春。 219

天长地久有时尽，此恨绵绵无绝期。 134

天生百种愁，挂在斜阳树。 173

天生丽质难自弃。 134

天生我材必有用，千金散尽还复来。 117

天地无全功，圣人无全能，万物无全用。 45

天网恢恢，疏而不失。 17

天行健，君子以自强不息。 1

天苍苍，野茫茫，风吹草低见牛羊。 101

天时不如地利，地利不如人和。 35

天时地利与人和，"燕可伐欤"曰"可" 187

天作孽，犹可违；自作孽，不可逭。 3

天若有情天亦老。 138

天变不足畏，祖宗不足法，人言不足恤。 198

天降大任于是人也，必先苦其心志，劳其筋骨，饿其体肤，空乏其身，行拂乱其所为，所以动心忍性，曾益其所不能。 38

天接云涛连晓雾，星河欲转千帆舞。 175

天涯疏影伴黄昏，玉笛高楼自掩门。 234

天街小雨润如酥，草色遥看近却无。 129

天道无亲，常与善人。 17

天意怜幽草，人间重晚晴。 142

天憎梅浪发，故下封枝雪。 173

夫人不言，言必有中。 22

夫子步亦步，夫子趋亦趋。 42

夫君子之行，静以修身，俭以养德；非澹泊无以明志，非宁静无以致远。 88

夫唯不争，故无尤。 13

夫谋必素见成事焉，而后履之。 12

无人信高洁，谁为表予心。 108

无风水面琉璃滑，不觉船移。微动涟漪，惊起沙禽掠岸飞。 154

无以人灭天，无以故灭命，无以得殉名。 41

无可奈何花落去，似曾相识燕归来。 152

无边落木萧萧下，不尽长江滚滚来。

217

不在其位,不谋其政。 21

不有败,安有功。 227

不因酒困因诗困,常被吟魂恼醉魂。 203

不自见,故明;不自是,故彰;不自伐,故有功;不自矜,故长。 13

不自重者取辱,不自畏者招祸。 149

不自信而人孰信之? 不自度而安度人? 235

不汲汲于富贵,不戚戚于贫贱。 79

不孝有三,无后为大。 37

不求同日生,只愿同日死。 200

不足于行者,说过;不足于信者,诚言。 64

不忧一家寒,所忧四海饥。 246

不识庐山真面目,只缘身在此山中。 166

不责人以细过,则能吏之志得以尽其效。 163

不责人所不及,不强人所不能,不苦人所不好。 107

不鸣则已,一鸣惊人。 73

不知有汉,无论魏晋。 94

不知而自以为知,百祸之宗也。 57

不知而言,不智;知而不言,不忠。 51

不知则问,不能则学,虽能必让,然后为德。 62

不知何处吹芦管,一夜征人尽望乡。 127

不知所从而好从人,不知所违而好违

人,其败一也。 82

不受苦中苦,难为人上人。 218

不饱食以终日,不弃功于寸阴。 93

不学问,无正义,以富利为隆,是俗人者也。 62

不学墙面,莅事惟烦。 4

不要人夸好颜色,只留清气满乾坤。 205

不厚其栋,不能任重。 12

不是一番寒彻骨,争得梅花扑鼻香。 206

不是东风压了西风,就是西风压了东风。 242

不贵于无过而贵于能改过。 215

不复知人间有羞耻事。 156

不修身而求令名于世者,犹貌甚恶而责妍影于镜也。 102

不食嗟来之食。 30

不怨天,不尤人,下学而上达。 23

不闻不若闻之,闻之不若见之,见之不若知之,知之不若行之。 62

不逆诈,不亿不信。 23

不耻相师。 130

不积跬步,无以至千里;不积小流,无以成江海。 60

不读书有权,不识字有钱,不晓事倒有人夸荐。 199

不患人之不己知,患其不能也。 23

不患无位,患所以立。 19

不患不富,患不知节。 225

不患贫而患不均,不患寡而患不安。 25

不涸泽而渔,不焚林而猎。 67

见人之过,得己之过;闻人之过,得己
　　之过。　182

见义不为,无勇也。　18

见可而进,知难而退。　9

见过忘罚,故能谏;见贤忘贱,故能
　　让;见不足忘贫,故能施。　67

见贤思齐焉,见不贤而内自省也。
　　19

见兔而顾犬,未为晚也;亡羊而补牢,
　　未为迟也。　75

见素抱朴,少私寡欲。　13

见善如不及,见不善如探汤。　25

手自搓,剑频磨,古来丈夫天下多。
　　青镜摩挲,白首蹉跎,失志因衡窝。
　　202

毛羽不丰满者,不可以高飞。　75

气蒸云梦泽,波撼岳阳城。　113

长于春梦几多时,散似秋云无觅处。
　　153

长太息以掩涕兮,哀民生之多艰。
　　48

长风几万里,吹度玉门关。　117

长风破浪会有时,直挂云帆济沧海。
　　118

长记曾携手处,千树压西湖寒碧。
　　188

长安一片月,万户捣衣声。　117

长者不为有余,短者不为不足。　41

长袖善舞,多钱善贾。　54

仁人之所以为事者,必兴天下之利,
　　除去天下之害。　33

仁义本何常,蹈之则君子。　178

仁者见之谓之仁,知者见之谓之知。

1

从山阴道上行,山川自相映发,使人
　　应接不暇。　97

从此无心爱良夜,任他明月下西楼。
　　128

从来天下士,只在布衣中。　236

从来好事天生俭,自古瓜儿苦后甜。
　　203

从别后,忆相逢,几回魂梦与君同。
　　164

从善如登,从恶如崩。　12

父母之心,人皆有之。　36

父母之爱子,则为之计深远。　76

今夕为何夕,他乡说故乡。看人儿女
　　大,为客岁年长。　210

今日不为,明日亡货,昔之日已往而
　　不来矣。　44

今古情场,问谁个真心到底?　238

今生已矣,来世为期;万岁千秋,不销
　　义魂。　229

今年花胜去年红,可惜明年花更好,
　　知与谁同。　155

今夜月明人尽望,不知秋思在谁家。
　　129

今美于昨,明日复胜于今。　233

今宵酒醒何处?杨柳岸,晓风残月。
　　156

今朝有酒今朝醉,明日愁来明日愁。
　　143

公则生明,廉则生威。　232

公则说,信则人任焉。　233

公道达而私门塞,公义明而私事息。
　　63

为善易,避为善之名难;不犯人易,犯
　　而不校难。　149

为善的受贫穷更命短,造恶的享富贵
　　又寿延。　199

为富不仁,为仁不富矣。　36

心之所感有邪正,敬言之所形有是
　　非。　183

心之官则思,思则得之,不思则不得
　　也。　38

心无愧怍,则无入而不自得;心无贪
　　恋,则无往而不自安。　193

心正自然邪不扰,身端怎有恶来欺。
　　226

心苟无瑕,何恤乎无家。　7

心病还须心药医。　203

心病终须心药医,解铃还须系铃人。
　　243

心欲小而志欲大,智欲员而行欲方,
　　能欲多而事欲鲜。　67

心绪逢摇落,秋声不可闻。　111

心散于博闻,技贫乎广蓄。　208

尺有所短,寸有所长;物有所不足,智
　　有所不明。　50

尺薪不能温镂水;寸冰不足寒庖厨。
　　208

引而不发,跃如也。　39

以一介之微挫其锋于顷刻,是何异乎
　　以唾灭火,以瓠捍刃也。　209

以人言善我,必以人言罪我。　54

以力服人者,非心服也,力不赡也。
　　以德服人者,中心悦而诚服也。
　　35

以天下之功为功,而不功其功,此之
　　谓公。　235

以仁心说,以学心听,以公心辩。
　　64

以正治国,以奇用兵,以无事取天下。
　　15

以死心处死者成,以生心处死地者
　　败。　237

以全举人固难,物之情也。　59

以汤止沸,沸愈不止,去其火则止矣。
　　56

以近知远,以一知万,以微知明。
　　61

以言伤人者,利于刀斧;以术害人者,
　　毒于虎狼。　149

以势交者,势倾则绝;以利交者,利穷
　　则散。　106

以直报怨,以德报德。　23

以贤临人,未有得人者也;以贤下人
　　者,未有不得人者也。　46

以所见可以占未发,睹小节固足以知
　　大体。　74

以梧桐之实养枭而冀其凤鸣。　210

以铜为镜,可以正衣冠;以古为镜,可
　　以知兴替;以人为镜,可以明得失。
　　110

以得为在民,以失为在己;以正为在
　　民,以枉为在己。　43

以善胜人者,未有能服人者也;以善
　　养人者,未有不服人者也。　45

以富贵有人易,以贫贱有人难。　57

以德和民,不闻以乱。　6

以骥待马,则马皆骥也。　213

予其惩,而毖后患。　6

立身成败，在于所染。　111

立朝何必无纤过，要在闻而遽改之。　240

玄都观里桃千树，尽是刘郎去后栽。　133

宁与黄鹄比翼乎？将与鸡鹜争食乎？　50

宁上山头种禾黍，莫向他乡作羁旅。　205

宁为兰摧玉折，不作萧敷艾荣。　96

宁为鸡口，无为牛后。　76

宁以义死，不苟幸生，而视死如归。　156

宁可枝头抱香死，何曾吹落北风中。　195

宁可信其有，不可信其无。　198

宁可清贫，不可浊富。　211

宁有瑕而为玉，毋似玉而为石。　224

宁固穷以济意，不委屈而累己。　95

宁恋本乡一捻土，莫爱他乡万两金。　218

宁揖屠狗人，不与俗士当。　204

它山之石，可以攻玉。　4

写不成书，只寄得相思一点。　195

写取一枝清瘦竹，秋风江上作渔竿。　240

礼义不愆，何恤于人言。　10

礼不下庶人，刑不上大夫。　30

礼尚往来，往而不来非礼也，来而不往非礼也。　30

必然者有时而不然，而不必然者有时而或然也。　228

司马昭之心，路人所知也。　89

民之多幸，国之不幸也。　9

民不畏死，奈何以死惧之。　17

民不富，士不荣；君不胜，国不壮。　158

民为贵，社稷次之，君为轻。　39

民以食为天。　79

民可明也，不可愚也；民可教也，不可威也。　167

民可使由之，不可使知之。　21

民生在勤，勤则不匮。　9

民枕倚于墙壁，路交横于豺虎。　103

民罔常怀，怀于有仁。　3

民恶忧劳，我佚乐之；民恶贫贱，我富贵之；民恶危坠，我存安之；民恶灭绝，我生育之。　44

出于其类，拔乎其萃。　35

出无谓之言，行不必为之事，不如其已。　167

出师未捷身先死，长使英雄泪满巾。　123

出淤泥而不染，濯清涟而不妖。　160

皮之不存，毛将安傅。　8

发为胡笳吹作雪，心因烽火炼成丹。　214

圣人千虑，必有一失，愚人千虑，必有一得。　27

对人娇杏花，扑人飞柳花，迎人笑桃花。　203

对孤峰绝顶，云烟竞秀，悬崖峭壁，瀑布争流。　189

有情芍药含春泪,无力蔷薇卧晓枝。
171
有缘千里来相会,无缘对面不相逢。
207
有德者必有言,有言者不必有德。仁
者必有勇,勇者不必有仁。　23
百川学海而至于海,丘陵学山不至于
山,是故恶夫画也。　77
百围之木,始于勾萌;万里之途,起于
跬步。　231
百金买骏马,千金买美人,万金买高
爵,何处买青春?　239
百战百胜,非善之善者也;不战而屈
人之兵,善之善者也。　28
百闻不如一见。　79
存在得道,而不在于大也,亡在失道,
而不在于小也。　67
夺他人之酒杯,浇自己之垒块。
221
灰不死,恐还要燃;树不槁,恐还要
发。　219
达师之教也,使弟子安焉,乐焉,休
焉,游焉,肃焉,严焉。　56
死生亦大矣,而无变乎己,况爵禄乎!
43
死时不作他邦鬼,生日还为旧土人。
226
死犹未肯输心去,贫亦其能奈我何!
230
成人不自在,自在不成人。　193
成也萧何,败也萧何。　178
成则为王,败则为贼。　204
成事不说,遂事不谏,既往不咎。

19
尧之都,舜之壤,禹之封,于中应有,
一个半个耻臣戎。　185
至治之世,其民不好空言虚辞,不好
淫学流说。　58
至赏不费,至刑不滥。　67
此生欲问光明殿,知隔朱扃几万重?
246
此处不留人,自有留人处。　100
此曲只应天上有,人间能得几回闻。
124
此时风物正愁人,怕到黄昏,忽地又
黄昏。　197
此身谁料,心在天山,身老沧洲。
178
此情无计可消除,才下眉头,却上心
头。　175
此情可待成追忆,只是当时已惘然。
141
师必胜理行义,然后尊。　56
师严然后道尊,道尊然后民知敬学。
31
师者,人之模范。　76
师者,所以传道授业解惑也。　130
师其意,不师其辞。　132
光阴似箭催人老,日月如梭趱少年。
206
当仁,不让于师。　25
当年不肯嫁东风,无端却被秋风误。
171
当交颜而面从,至析离而背毁。　93
当面鼓,对面锣。　223
当断不断,反受其乱。　71

自暴者，不可与有言也；自弃者，不可与有为也。　37

似花还似非花，也无人惜从教坠。　164

后生可畏，焉知来者之不如今也。　22

行一不义，杀一不辜而得天下，皆不为也。　35

行之而不著焉，习矣而不察焉。　38

行云却在行舟下，空水澄鲜。俯仰留连，疑是湖中别有天。　154

行世者必真，悦俗者必媚。真久必见，媚久必厌。　225

行百里者半于九十。　75

行事在审己，不必恤浮议。　169

行到水穷处，坐看云起时。　115

行贤而去自贤之心，焉往而不美！　54

行贤而去自贤之行，安往而不爱哉？　42

舟大者任重，马骏者远驰。　104

舟必漏也而后水入焉，土必湿也而后苔生焉。　209

会当凌绝顶，一览众山小。　121

合抱之木，生于毫末；九层之台，起于累土；千里之行，始于足下。　16

众之为福也大，其为祸也大。　56

众心成城，众口铄金。　11

众里寻他千百度，蓦然回首，那人却在，灯火阑珊处。　184

众皆竞进以贪婪兮，凭不厌乎求索。　47

众怒难犯，专欲难成。　9

众恶之，必察焉；众好之，必察焉。　25

匈奴未灭，无以家为。　72

名无固宜，约之以命，约定俗成谓之宜，异于约则谓之不宜。　63

名不可简而成也，誉不可巧而立也，君子以身戴行者也。　33

名节重泰山，利欲轻鸿毛。　214

多力而伐功，虽劳必不图。　33

多少六朝兴废事，尽入渔樵闲话。　153

多见者博，多闻者知；距谏者塞，专己者孤。　74

多行不义，必自毙。　6

多言，德之贼也；多事，生之仇也。　106

多言数穷，不如守中。　13

多情只有春庭月，犹为离人照落花。　145

多情自古伤离别，更那堪冷落清秋节。　156

多情陌上双蝴蝶，犹是飞飞失故丛。　238

多端寡要，好谋无断。　89

色厉而内荏，譬诸小人，其犹穿窬之盗也与？　26

壮心未与年俱老，死去犹能作鬼雄。　179

冰炭不同器，日月不并明。　73

冰炭炎凉转瞬换，但期长保凌寒节。　228

庄敬日强，安肆日偷。　32

亦余心之所善兮，虽九死其犹未悔。

围师必阙,穷寇勿迫。　29

足国之道,节用裕民,而善臧其余。
　62

男儿不展风云志,空负天生八尺躯。
　226

男儿何不带吴钩,收取关山五十州。
　138

男儿要当死于边野,以马革裹尸还葬
耳。　95

男大当婚,女大当嫁。　189

男女授受不亲。　37

吟安一个字,捻断数茎须。　144

邑犬之群吠兮,吠所怪也;非俊疑杰
兮,固庸态也。　50

别方不定,别理千名,有别必怨,有怨
必盈,使人意夺神骇,心折骨惊。
　98

别有幽愁暗恨生,此时无声胜有声。
　134

别来沧海事,语罢暮天钟。　128

牡丹虽好,全仗绿叶扶持。　243

告我以吾过者,吾之师也。　131

我之为我,自有我在。　237

我无尔诈,尔无我虞。　9

我劝天公重抖擞,不拘一格降人材。
　246

我有三宝,持而保之:一曰慈,二曰
俭,三曰不敢为天下先。　16

我自横刀向天笑,去留肝胆两昆仑!
　246

我住长江头,君住长江尾。日日思君
不见君,共饮长江水。　168

我这里开时和泪开,他那里修时和泪
修。　201

我是个蒸不烂,煮不熟,捶不扁,炒不
爆,响当当一粒铜豌豆。　200

我善养吾浩然之气。　35

乱石穿空,惊涛掠岸,卷起千堆雪。
　165

乱花渐欲迷人眼,浅草才能没马蹄。
　135

乱点桃蹊,轻翻柳陌。多情为谁追
惜?　173

利可共而不可独,谋可寡而不可众。
　150

私怨不入公门。　54

兵无常势,水无常形,能因敌变化而
取胜者,谓之神。　29

兵无强弱而将有能否。　96

兵形象水,水之形避高而趋下,兵之
形避实而击虚,水因地而制流,兵
因敌而制胜。　29

兵者,国之大事,死生之地,存亡之
道,不可不察也。　27

兵者,诡道也。　28

兵制胜败,本在于政。　68

兵贵胜,不贵久。　28

兵闻拙速,未睹巧之久也。　28

何世无奇才,遗之在草泽。　91

何处合成愁?离人心上秋,纵芭蕉不
雨也飕飕。　191

何当共剪西窗烛,却话巴山夜雨时。
　142

何时睹澄清,一洒民生艰。　248

何昔日之芳草兮,今直为此萧艾也。
　48

133

沉恨细思,不如桃杏,犹解嫁东风。
　151

怀重宝者,不以夜行;任大功者,不以
　轻敌。　76

忧劳可以兴国,逸豫可以亡身。
　156

怅望关河空吊影,正人间、鼻息鸣鼍
　鼓。谁伴我,醉中舞?　176

快者掀髯,愤者扼腕,悲者掩泣,羡者
　色飞,是惟优孟衣冠,然后可与于
　此。　223

究天人之际,通古今之变,成一家之
　言。　70

穷则独善其身,达则兼善天下。　39

良弓之子必先为箕,良冶之子必先为
　裘。　46

良马不念秣,烈士不苟营。　129

良田之晚播,愈于卒岁之荒芜也。
　93

良匠能与人规矩,不能使人必巧。
　92

良医之治病也,攻之于腠理。　53

良药苦于口,而利于病;忠言逆于耳,
　而利于行。　87

识时务者在乎俊杰。　90

君,舟也;人,水也。水能载舟,亦能
　覆舟。　110

君子一言,快马一鞭。　223

君子与君子以同道为朋,小人与小人
　以同利为朋。　155

君子千言有一失,小人千言有一当。
　199

君子之于子,爱之而勿面,使之而勿
　貌,导之道而勿强。　64

君子之为君子也,一人死而万人寿,
　一人痛而万人愈,一人忧而万人
　乐,一人劳而万人逸。　227

君子之自行也,敬人而不必见敬,爱
　人而不必见爱。　58

君子之交淡若水,小人之交甘若醴;
　君子淡以亲,小人甘以绝。　42

君子之学,死而后已。　233

君子之学也,入乎耳,箸乎心,布乎四
　体,形乎动静。　60

君子之学进于道,小人之学进于利。
　105

君子不以天下俭其亲。　36

君子不以言举人,不以人废言。　24

君子不怨天,不尤人。　36

君子不特贵乎才略之优,而尤贵乎用
　之得其当。　212

君子不患人之不己知,患不自知也。
　232

君子不器。　18

君子不镜于水而镜于人,镜于水,见
　面之容,镜于人,则知吉与凶。
　34

君子以文会友,以友辅仁。　22

君子以细行律身,不以细行取人。
　247

君子必慎其独也。　32

君子扬人之善,小人讦人之恶。
　111

君子成人之美,不成人之恶,小人反
　是。　22

八　画

表曲者景必邪,源清者流必洁。 162

拔一毛而利天下,不为也。 39

拣尽寒枝不肯栖,寂寞沙洲冷。 164

坦坦之利不以功,坦坦之备不为用。 44

担子挑春虽小,白白红红都好,卖过巷东家,巷西家。 194

抽刀断水水更流,举杯销愁愁更愁。 118

抱薪救火,薪不尽,火不灭。 70

拂拭腰间,吹毛剑在,不斩楼兰心不平。 187

其曲弥高,其和弥寡。 59

其身正,不令而行;其身不正,虽令不从。 22

其知弥精,其所取弥精;其知弥粗,其所取弥粗。 57

其持之有故,其言之成理。 62

其政闷闷,其民淳淳;其政察察,其民缺缺。 15

取用于国,因粮于敌。 28

取其一,不责其二;即其新,不究其旧。 130

取其道不取其人,务其实不务其名。 162

取诸人以为善,是与人为善者也。 35

苦恨年年压金线,为他人作嫁衣裳。 143

昔时人已没,今日水犹寒。 108

昔诗人什篇,为情而造文;辞人赋颂,

为文而造情。 100

苛政猛于虎。 30

若待上林花似锦,出门俱是看花人。 129

英雄无用武之地。 162

英雄不失路,何以成功名。 236

英雄恨,泪满巾,何年三户可亡秦。 229

苟以细过自恕而轻蹈之,则不至于大恶不止。 239

苟正其本,刑将措焉;如失其道,议之何益。 107

苟利于时,其致一揆。何谓物我之异,无计今古之殊。 104

苟利国家生死以,岂因祸福避趋之。 245

苟虑害人,人亦必虑害之;苟虑危人,人亦必危之。 58

直如朱丝绳,清如玉壶冰。 97

直如弦,死道边;曲如钩,反封侯。 96

直言者,国之良药;直言之臣,国之良医也。 237

茅以韧为席,柏以劲为薪。 216

茅草弗去,则害禾谷;盗贼弗诛,则伤良民。 45

林中多疾风,富贵多谀言。 74

林深则鸟栖,水广则鱼游,仁义积则物自归之。 111

枝上柳棉吹又少,天涯何处无芳草。 165

枥骥不忘千里志,病鸿终有赤霄心。 224

受人养而不能自养者,犬豕之类也。 45

贪多务得,细大不捐。 131

贪贾三之,廉贾五之。 79

念腰间箭,匣中剑,空埃蠹,竟何成! 时易失,心徒壮,岁将零。 183

贫人愁贫贫不去,病人愁病病不疗。 232

贫生于富,弱生于强,乱生于治,危生于安。 80

贫而无怨难,富而无骄易。 23

贫则见廉,富则见义,生则见爱,死则见哀,四行者不可虚假,反之身者也。 33

贫居闹市无人问,富在深山有远亲。 211

贫贱夫妻百事哀。 136

服之于内,而禁之于外,犹悬牛首于门,而卖马脯于内也。 27

周公恐惧流言日,王莽谦恭未篡时。 135

鱼,我所欲也,熊掌,亦我所欲也,二者不可得兼,舍鱼而取熊掌。 38

鱼处水而生,人处水而死,故必相与异,其好恶故异也。 42

狐裘虽敝,不能补以黄狗之皮。 71

忽见陌头杨柳色,悔教夫婿觅封侯。 113

忽如一夜春风来,千树万树梨花开。 125

狗不以善吠为良,人不以善言为贤。 43

饰人之心,易人之意,能胜人之口,不能服人之心。 42

饰知以惊愚,修身以明污,昭昭乎若揭日月而行也。 42

饱食终日,无所用心,难矣哉。 26

变白以为黑兮,倒上以为下;凤皇在笯兮,鸡鹜翔舞。 50

变则新,不变则腐;变则活,不变则板。 233

夜来能有几多寒?已瘦了梨花一半。 191

夜雨滴空阶,晓灯暗离室。 100

底事昆仑倾砥柱,九地黄流乱注。聚万落千村狐兔。 177

庖人虽不治庖,尸祝不越樽俎而代之矣。 40

放下屠刀,立地成佛。 189

法无常则网罗当道路。 82

法者,所以适变也,不必尽同;道者,所以立本也,不可不一。 161

法修则安且治,废则危且乱。 161

波渺渺,柳依依;孤村芳草远,斜日杏花飞。 148

治大国若烹小鲜。 15

治天下国家,必本诸身。其身不正,而能治天下国家者,无之。 169

治世之能臣,乱世之奸雄。 89

治国无法则乱,守法而弗变则悖。 58

治国者譬若乎张琴然,大弦急则小弦绝也。 66

治道之要有三,曰立志、责任、求贤。 169

学不必博,要之有用;仕不必达,要之

无愧。 193

学不进,率由于因循。 217

学而不已,阖棺乃止。 66

学而不化,非学也。 182

学而不厌,诲人不倦。 20

学而不思则罔,思而不学则殆。 18

学而时习之,不亦说乎? 17

学则正,否则邪。 77

学似海收天下水,性如桂奈月中寒。 160

学问之道无他,求其放心而已矣。 38

学如不及,犹恐失之。 21

学进于振,而废于穷。 80

学者犹种树也,春玩其华,秋登其实;讲论文章,春华也,修身利行,秋实也。 102

学者贵于行之,而不贵于知之。 162

学非师而功益劳,友非人而过益滋。 159

学所以开人之蔽,而致其知。学而不知其方,则反以滋其蔽。 186

学视者先见舆薪,学扣者先闻撞钟。 45

学匪疑不明,而疑恶乎凿,疑而能辨,斯为善学。 213

宠位不足以尊我,而卑贱不足以卑己。 80

审其所好恶,则其长短可知也;观其交游,则其贤不肖可察也。 44

审知今则可知古,知古则可知后。 57

官不及私昵,惟其能;爵罔及恶德,惟其贤。 3

官在得人,不在员多。 162

空山不见人,但闻人语响。 115

试问闲愁都几许? 一川烟草,满城风絮,梅子黄时雨。 171

郎骑竹马来,绕床弄青梅。 117

诗三百,一言以蔽之,曰:思无邪。 19

诗万首,酒千觞,几曾着眼看侯王? 174

诗之作,与人生偕者也。 158

诗可以兴,可以观,可以群,可以怨。 26

诗有恒裁,思无定位。 99

诗者,人心之感物而形于言之余也。 183

诚者,天之道也;思诚者,人之道也。 37

诚者自成也,而道自道也。诚者物之终始,不诚无物。是故君子诚之为贵。 32

视徒如己,反己以教,则得教之情也。 56

详交者不失人,而泛结者多后悔。 93

居马上得之,宁可以马上治之乎? 72

居功之行,人不功其行;求报不惠,人不报其惠。 247

居安思危,思则有备,有备无患。 9

孤臣霜发三千丈,每岁烟花一万重。 176

九　画

十 画

十一画

十二画

插天翠柳,被何人,推上一轮明月。
174
壹引其纲,万目皆张。 58
敬贤如大宾,爱民如赤子。 79
落日照大旗,马鸣风萧萧。 121
落叶满空山,何处寻行迹。 127
落尽梨花春又了,满地残阳,翠色和
烟老。 153
落红不是无情物,化作春泥更护花。
245
落花人独立,微雨燕双飞。 164
落絮无声春堕泪,行云有影月含羞,
东风临夜冷于秋。 191
落霞与孤鹜齐飞,秋水共长天一色。
109
朝饮木兰之坠露兮,夕餐秋菊之落
英。 47
朝忘其事,夕失其功。 44
朝菌不知晦朔,蟪蛄不知春秋。 40
雄鸡一唱天下白。 138
悲哉秋之为气也!萧瑟兮草木摇落
而变衰! 51
悲莫悲兮生别离,乐莫乐兮新相知。
48
悲歌可以当泣,远望可以当归。
176
遇事则委难以责人,事平则抑人以扬
己。 224
遗今而专乎古,则其失为固;遗古而
务乎今,则失为妄。 212
蛟龙得云雨,终非池中物也。 90
黑云压城城欲摧,甲光向日金鳞开。
138

智之如目也,能见百步之外,而不能
自见其睫。 54
智不公,则福日衰,灾日隆。 57
智而用私,不如愚而用公。 220
智而能愚,则天下之智莫加焉。
210
智者千虑,必有一失;愚者千虑,必有
一得。 72
智者不背时而侥幸,明者不违道以干
非。 108
智者不愁,多为少忧。 84
智将务食于敌。 28
智能之士,不学不成,不问不知。
78
筚路蓝缕,以启山林。 9
惩之甚者改必速,蓄之久者发必肆。
212
循序而渐进,熟读而精思。 183
痛不著身言忍之,钱不出家言予之。
80
善人者不善人之师,不善人者善人
资。不贵其师,不爱其资,虽智大
迷。 14
善不可失,恶不可长。 6
善不由外来兮,名不可以虚作。 50
善为君者,劳于论人,而佚于治官。
33
善用兵者,避其锐气,击其惰归。
29
善出奇者,无穷如天地,不竭如江河。
28
善有善报,恶有恶报,不是不报,时辰
未到。 199

有民。　66

熟读唐诗三百首,不会吟诗也会吟。
　242

翩若惊鸿,婉若游龙。　86

嬉笑怒骂,皆成文章。　168

操吴戈兮被犀甲,车错毂兮短兵接。
　旌蔽日兮敌若云,矢交坠兮士争
　先。　49

燕子不知何世,入寻常、巷陌人家,相
　对如说兴亡,斜阳里。　173

燕安溺人,甚于洪波。　213

燕雀安知鸿鹄之志哉。　71

燕雀戏藩柴,安识鸿鹄游。　86

燕燕飞来,问春何在,唯有池塘自碧。
　187

橘生淮南则为橘,生于淮北则为枳。
　27

器满才难御,功高主自疑。　238

赠人以言,重于金石珠玉。　61

镜里朱颜都变尽,只有丹心难灭。
　192

罄南山之竹,书罪无穷;决东海之波,

流恶难尽。　105

鞠躬尽力,死而后已。　88

藏之名山,传之其人。　70

羁鸟恋旧林,池鱼思故渊。　93

繁礼君子,不厌忠信;战陈之间,不厌
　诈伪。　54

繁霜尽是心头血,洒向千峰秋叶丹。
　221

鹪鹩巢于深林,不过一枝;偃鼠饮河,
　不过满腹。　40

瞻前而顾后兮,相观民之计极。夫孰
　非义而可用兮,孰非善而可服?
　48

瀑布自前岩穴濆涌而出,投空下数十
　尺,其沫乃如散珠喷雾,日光烛之,
　璀璨夺目,不可正视。　182

靡不有初,鲜克有终。　5

譬如为山,未成一篑,止,吾止也。
　21

露从今夜白,月是故乡明。　122

黯黯青山红日暮,浩浩大江东注。
　172

图书在版编目(CIP)数据

中国历代名言精编/本社编.—上海:
上海古籍出版社,2011.12(2024.12重印)
ISBN 978-7-5325-6093-6

Ⅰ.①中… Ⅱ.①本… Ⅲ.①名句—汇编—中国—古
代 Ⅳ.①H136.3

中国版本图书馆CIP数据核字(2011)第206631号

中国历代名言精编

本社 编

戚同仁 注释·今译·释意

上海古籍出版社出版发行

(上海市闵行区号景路159弄1-5号A座5F 邮政编码201101)
(1)网址:www.guji.com.cn
(2)E-mail:gujil@guji.com.cn
(3)易文网网址:www.ewen.co

启东市人民印刷有限公司印刷

开本890×1240 1/32 印张9.5 插页2 字数220,000
2011年12月第1版 2024年12月第11次印刷
印数:15,751-17,850
ISBN 978-7-5325-6093-6

G·543 定价:26.00元

如发生质量问题,读者可向工厂调换